✳ **pmvREISEFÜHRER**

2. Auflage Frankfurt a.M. 2014

PETER MEYER VERLAG

Mit 154 Einkehrtipps!

SCHÖNSTE ORTE RUND UM BERLIN

Ausflüge zu Schlössern, Seen und Sehenswürdigkeiten in Brandenburg

WOLFGANG KLING

2

Rund um Berlin – das ist die ideale Landschaft, um dem Stress des Alltags »Ade« zu sagen. Egal, wie Sie das am liebsten tun wollen, zwischen Wannsee und dem Fläming, zwischen dem Müggelsee und der Märkischen Schweiz, zwischen Oranienburg und Rheinsberg, zwischen Königs Wusterhausen und dem Spreewald werden Sie in traumhaft schöner Natur ein unglaublich reiches Angebot an Freizeitvergnügungen vorfinden: Vom gemütlichen Spaziergang durch einen der zahlreichen Schlossparks über eine vergnügliche Kahnfahrt im Spreewald bis zu mehrtägigen Paddeltouren auf dem Oder-Spree-Kanal.

Hier können Sie auf bestens ausgebauten Wegen durch einsame Gegenden radeln und wandern – und das höchstens (aber selten) 100 km von Berlin entfernt. Die Routenvorschläge in diesem Buch werden ergänzt durch die zahlreichen Rundwege vor Ort. Nicht fehlen darf dabei der Flaeming-Skate®, ein über 200 km langes, asphaltiertes Skater-Paradies durch den Landkreis Teltow-Fläming. Hier und überall kommen Sie unterwegs durch mittelalterliche Städte und idyllische Fachwerkdörfer, entdecken imposante Industrie-Denkmäler und durchstreifen immer wieder schönste Natur, in der sich nicht nur Störche und Kraniche wohlfühlen.

Dank der letzten Eiszeit, die die märkische Landschaft modellierte, taucht an fast jeder dritten Wegbiegung ein neuer See auf, über 3000 gibt es in Brandenburg! Mehr als in jedem anderen Bundesland. Da fällt es nicht schwer, im Sommer einen sauberen **Badesee** zu finden, oder einen zum Segeln, zum Paddeln und Tauchen. Oder gar eine ganze Kette von Seen für die Dampfertour und zum Wasserwandern. Ein gutes Dutzend Strandbäder finden Sie in diesem Buch vorgestellt. Das ganze Jahr über geöffnet sind etliche moderne **Wellnesstempel** wie etwa in Bad Saarow, Neuruppin, Bad Belzig, Lübbenau und Wendisch Rietz, wo Sie Ihre Auszeit in Thermalsole genießen können. Und nicht zuletzt: Im Berliner Umland lässt sich längst eine hervorragende **regionale Küche** genießen. Ich kann mich noch gut erinnern, wie ich zu

DDR-Zeiten hungrig vor verschlossenen, staatseigenen HO-Gaststätten stand. Das ist Schnee von gestern. In diesem Buch finden Sie **133 Tipps zur guten Einkehr** – in schönen Restaurants, alten Gutshöfen und Landhäusern sowie in mehreren prächtig restaurierten Schlössern! In diesem Sinne ist unser Buch auch ein kulinarischer Führer. Einige Lokale sind farblich hervorgehoben, weil sie zusätzlich etwas Besonders sind oder bieten. Dort, wo es sich schön schlafen lässt, sind zudem Unterkunftspreise genannt. Unter den stets angegebenen Internetadressen finden Sie oft preiswerte Arrangements. Liegen Sie entspannt im Fürstenbett oder am Badeseestrand ist es Zeit, eins unserer 13 Essays zu lesen, die vertiefende Geschichten hinter der Geschichte erzählen.

Und wie kommen Sie hin? Alle 77 Orte und die fast 200 Sehenswürdigkeiten oder Aktivitäten sind mit sehr genauen Angaben zu **ÖPNV, Auto- und Radanfahrt** beschrieben. Hier können Sie oft kombinieren: Anreise mit der Bahn und radeln vor Ort oder weiter per Schiff. Die eigens für dieses Buch gezeichnete Umgebungskarte sowie der S-Bahn-Plan der BVG helfen, das Auto auch mal stehen zu lassen.

Dann kann's ja eigentlich los gehen. Vielleicht kommen Sie nach Ihrem Besuch zu einem ähnlichen Resultat wie vor rund 150 Jahren der märkische Wanderer und Dichter *Theodor Fontane:* »Ich bin durch die Mark gezogen und habe sie reicher gefunden, als ich zu hoffen wagte.«

Ich wünsche Ihnen viel Vergnügen bei Ihren Ausflügen und Entdeckungstouren

Wolfgang Kling

Über den Autor

Wolfgang Kling lebt seit 1977 in Berlin. Als freier Reisejournalist hat er das Umland von Berlin intensivst bereist und stellt hier die schönsten Ausflüge und Sehenswürdigkeiten vor. Die beste Ergänzung zu seinem Stadtführer »77 beste Plätze Berlin« und »Berlin und Umgebung mit Kindern« (zusammen mit Ina Kalanpé), beide im pmv Peter Meyer Verlag erschienen.

MOBIL OHNE AUTO

Mit Bahn & Bus

Zur Verkehrsgemeinschaft Berlin-Brandenburg (VBB) haben sich 44 regionale Verkehrsunternehmen zusammengeschlossen. Der VBB-Tarif gilt damit nicht nur für Berlin und das unmittelbare Umland, sondern für Berlin und ganz Brandenburg. Es gibt drei Tarifbereiche:

A Innenstadt Berlin,

B bis zur Stadtgrenze,

C 15 km breiter Gürtel rund um Berlin.

Zusätzlich haben die kreisfreien Städte Potsdam und Brandenburg auch drei Tarifbereiche (ABC). Fahrausweise können für zwei benachbarte Tarifbereiche (AB, BC), für die drei Tarifbereiche ABC (inkl. Potsdam und Flughafen Berlin-Schönefeld) und für ABC plus einen oder zwei Landkreise gelöst werden. Die folgende Übersicht versucht etwas Struktur in das Tarifsystem zu bringen.

Kurzstrecke: 1,50 €, ermäßigt 1,20 €.

Einzelfahrt: AB 2,60 €, ermäßigt 1,60 €, BC 2,90 €, ermäßigt 2 €. Umsteigen in derselben Richtung möglich. ABC 3,20 €, ermäßigt 2,30 €, Umsteigen und Fahrtunterbrechung in derselben Richtung möglich.

Tageskarte: AB 6,70 €, ermäßigt 4,70 €, BC 7 €, ermäßigt 5,10 €, ABC 7,20 €, ermäßigt 5,30 €. Gilt nach Entwertung bis 3 Uhr früh des Folgetages.

Gruppentageskarte: AB 16,20 €, BC 16,50 €, ABC 16,70 €. Für bis zu 5 Pers oder Eltern mit allen Kindern, gilt 1 Tag.

Gruppentageskarte für Schüler: AB 3,10 €, ABC 3,20 €. Gilt ab 10 Pers.

7-Tage-Karte: AB 28,80 €, BC 29,70 €, ABC 35,60 €, ABC plus ein Landkreis 42,20 €, ABC plus 2 Landkreise 51,30 €. Gültigkeit endet nach Entwertung am 7. Kalendertag um 24 Uhr.

☀ **Tipp:** Die ↗ *Deutsche Bahn* bietet außerdem an:

Brandenburg-Berlin-Ticket, 29 € im Internet und Automat, 31 € am Schalter, gültig 9 – 3 Uhr des Folgetages, am Wochenende ganztags.

Brandenburg-Berlin-Ticket Nacht, 22 € im Internet und Automat, 24 € am Schalter. Gültig täglich 18 – 6 Uhr des Folgetags.
Eigene Kinder und Enkel unter 15 Jahre fahren kostenlos mit.

Citytourcard 48 Std: AB 16,90 €, ABC 17,90 €. Hat nach der Entwertung 48 Stunden Gültigkeit, gilt für 1 Erw und bis zu 3 Kinder (6 – 14 Jahre).

Berlin WelcomeCard 48 Std: AB 18,50 €, ABC 20,50 €.

Berlin WelcomeCard 72 Std: AB 24,50 €, ABC 26,50 €.

Berlin WelcomeCard 5 Tage: AB 31,50 €, ABC 36,50 €. Im Tarifbereich AB gilt die Berlin WelcomeCard für 1 Erw, in ABC für 1 Erw und bis 3 Kinder unter 15 Jahre. Außerdem erhalten Inhaber Ermäßigungen bei zahlreichen Veranstaltungen. Die WelcomeCard kann mit verschiedenen Museumspässen kombiniert werden, ↗ Berlin Tourismus Marketing GmbH.

Fahrradmitnahme ist in der Regional- und S-Bahn sowie auf Fähren ganztägig, in der U-Bahn Mo – Fr 9 – 14 und ab 17.30 Uhr sowie Sa, So ganztägig erlaubt. Bei U- und S-Bahn darf mit dem Fahrrad nicht in den 1. Wagen eingestiegen

 Die **Fahrplantabellen** der gewünschten Linien kann man sich unter www.vbbonline.de herunterladen und ausdrucken.

Das Weite liegt so nah: Das Brandenburg-Motto trifft auch auf den 630 km langen Fernradweg Berlin – Kopemhagen zu (www.bike-berlin-copenhagen.com)

werden. Für die Mitnahme muss ein Fahrschein zum ermäßigten Tarif (Kurzstrecke 1,10 €, Berlin AB 1,70 €, Berlin BC 2 €, Berlin ABC 2,30 €, Tageskarte: Berlin AB 4,70 €, Berlin BC 5,10 €, Berlin ABC 5,30 €) gelöst werden. Nur Inhaber der WelcomeCard können ein Fahrrad anstelle von Gepäck oder eines Hundes kostenlos mitnehmen.

Freie Fahrt haben **Kinder** bis zum vollendeten 6. Lebensjahr (auf Fähren bis 3 Kinder), Begleiter von Schwerbehinderten, Rollstühle, Kinderwagen und Gepäck oder Hund.

Schreiben Sie an:
pmv Peter Meyer Verlag, Schopenhauerstraße 11, 60316 Frankfurt a.M. info@PeterMeyerVerlag.de, www.PeterMeyerVerlag.de

facebook.com/PeterMeyerVerlag.de

❶ *VBB-Infocenter,* VBB Verkehrsgemeinschaft Berlin-Brandenburg GmbH, Hardenbergplatz 2, 10623 Berlin-Charlottenburg. ℂ 030/25414141, www.vbb.de. *Bahn/Bus:* RE1, RE2, RE7, RE14, S3, 5, 7, 9, 75, U2, 9 Zoologischer Garten. *Zeiten:* Mo – Fr 8 – 20, Sa, So 9 – 18 Uhr.

▶ *All diese Adressen und Informationen zu gewinnen, hat viel Zeit und Mühe erfordert. Doch trotz aller Sorgfalt können sich Fehler einschleichen. Noch weniger sind wir dagegen gefeit, dass sich Daten bereits während des Niederschreibens oder kurz nach Erscheinen des Buches ändern. Auf jeden Fall freuen wir – Verlag und Autor – uns, wenn Sie uns auf Fehler und Veränderungen aufmerksam machen. Auch zusätzliche Tipps sind jederzeit willkommen! Verwertbare Korrekturen werden mit einem Produkt aus unserem Verlagsprogramm belohnt. Achtung: Die Aufnahme und Beschreibung in diesem Buch unterliegt der Auswahl durch den Autor und kann nicht erkauft werden. Anzeigenschaltung ist unabhängig davon möglich.*
Wir freuen uns über Ihre Weiterempfehlung im Freundeskreis und bei Facebook. ◀

WANNSEE & MÜGGELSEE

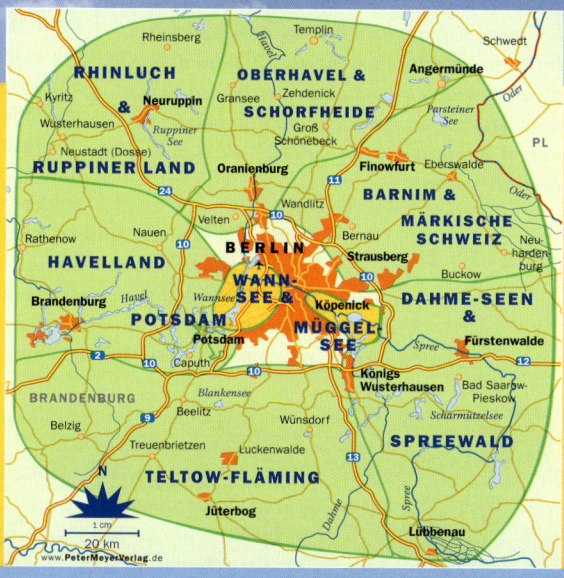

PACK DIE BADEHOSE EIN

Berlin ist von einer einzigartigen wald- und wasserreichen Landschaft umgeben. Hier befinden sich die beliebtesten Ausflugsziele. Im Sommer gilt seit mehr als 100 Jahren: Pack die Badehose ein und dann nüscht wie raus nach Wannsee oder auch zum Müggelsee. In kalten Wintern verwandeln sich die Gewässer in Eisparadiese.

Die zwei größten Berliner (Bade-)Seen liegen rund 35 km voneinander entfernt. Der kleinere, der **Wannsee,** ist eine wannenförmige Havelbucht im äußersten Südwesten der Hauptstadt. Nördlich davon, in Spandau mit seiner reizvollen mittelalterlichen Altstadt, mündet die Spree in die Havel. Im äußersten Südosten Berlins liegt das ehemals slawische Köpenick, ebenfalls eine mittelalterliche Gründung, direkt am **Müggelsee** und am Zusammenfluss der Spree mit der Dahme. Zu empfehlen

FESTE & FESTE TERMINE WANNSEE & MÜGGELSEE

Mai: Friedrichshagen: **Bölschefest,** traditionsreiches Straßenfest.

Juni: **Spandauer Havelfest.**

Juli: Köpenick, Anfang Juli – Mitte Sep: **Köpenicker Blues- und Jazzfestival** im Innenhof des Rathauses und im Ratskeller, www.jazz-in-town.de.
Wannsee: Anfang Juli **Energy in the Park,** größte Strandparty Deutschlands im Strandbad Wannsee.

August: **Seefestspiele** auf der Seebühne im Strandbad Wannsee.

September: Spandau: **Altstadtfest & WeinSommer** Anfang Sep.
Köpenick, 3 Tage Anfang Sep: **Cöpenicker Whisky-Herbst.** Größtes Whisky-Openair-Fest Deutschlands mit viel Musik und Kultur direkt an der Müggelspree, www.whisky-herbst.de.
Friedrichshagen: **Kulturfestival** mit Dichterfest am 2. Sep-Wochenende.

Dezember: **Weihnachtsmärkte** in der Köpenicker und Spandauer Altstadt.

Wind um die Nase wehen lassen: Schiffstour auf dem Großen Wannsee

ist eine beschauliche Radtour um den Müggelsee (ca. 30 km), reizvoll hier wie dort: Sommerliche Dampferfahrten.

DER GROSSE WANNSEE & DIE COLONIE ALSEN

Ganz weit im Westen Berlins öffnet sich die *Havel* zu einem riesigen See mit 260 ha Fläche, knapp 1000 m Breite und bis zu 9 m Tiefe. Diese größte Havelbucht ist der **Große Wannsee**, ein Überbleibsel der letzten Eiszeit, die vor rund 12.000 Jahren endete. Schon in der Jungsteinzeit siedelten hier an den Ufern Menschen. Später jagten in den dichten Wäldern um den See herum brandenburgische Markgrafen und preußische Könige. Bis zur Mitte des 19. Jahrhunderts standen in dieser herrlichen Gegend nur Fischerhütten, Bauernhäuser, Poststationen und Gasthäuser.

Einer dieser Gasthöfe hieß *Stimmings Krug* und lag am **Kleinen Wannsee**. In diesem Künstlertreff verbrachte der Dichter *Heinrich von Kleist* seine letzte Nacht, bevor er seine todkranke Lebensgefährtin *Henriette Vogel* und sich selbst am 21. November

ℹ Berlin-Wannsee. ✆ 030/250025 (Call Center), http://visitberlin.de. **Bahn/Bus:** S1, 7 Bhf Wannsee, dann Bus 114 Colomierstraße. **Auto:** an der B1, von Berlin A115 Ausfahrt 4 Kreuz Zehlendorf, A103 und B1. **Rad:** Havel-Radweg.

✳ *Heinrich von Kleist* (1777 – 1811) hatte in Berlin kein Glück. Weder sein »Prinz Friedrich von Homburg« noch sein »Käthchen von Heilbronn« brachten ihm Anerkennung und Einkünfte. Das Theaterstück vom Prinzen Homburg wurde in Preußen sogar verboten, weil darin – ganz unpreußisch – ein General in Ohnmacht fällt! Lebensmüde und ohne Zukunftshoffnung schied der junge Dichter schließlich freiwillig aus dem Leben. Der Ruhm kam postum.

➜ Zu den erhaltenen Villen gehören die **Villa Liebermann,** das Landhaus des Verlegers **Carl Langenscheidt,** das **Haus Springer** des Wissenschaftsverlegers Ferdinand Springer, die Fabrikantenvilla **Herz, Villa Arons** des Bankiers Heinrich Leo und die **Villa Marlier,** das *Haus der Wannsee-Konferenz.* Die **Villa Alsen** wurde in den 1970ern durch ein Hotel ersetzt.

Malerisches Zuhause: Villa des Künstlers Max Liebermann

1811 erschoss. Das 2011 sanierte **Kleistgrab** liegt auf einer Anhöhe über dem See (Bismarckstraße 3). Der Grabstein trägt nun neben einem Vers des jüdischen Dichters *Max Ring* auch die Lebensdaten von Henriette Vogel.

Ab 1860 pflegte auch der reiche Bankier und Naturfreund *Wilhelm Conrad* (1822 – 1899) mit seiner Familie regelmäßig in Stimmings Krug einzukehren. Ihm gefielen der Ort und das Drumherum so gut, dass er es 1863 kaufte, den Gasthof abriss und dafür eine prunkvolle Villa baute. So wurde Conrad zum Gründer der **Wannsee-Villenkolonie.** Denn spätestens nachdem der mächtige Mann 1874 den Bau einer eigenen Wannseebahn – von Spöttern »Wahnsinnsbahn auf Conrädern« getauft – durchgesetzt hatte, entdeckte die Berliner Hautevolee den Wannsee als standesgemäße Adresse für ihre Sommerresidenzen. Dem »Millionenclub«, wie die neureichen Bankiers und Industriellen im Volksmund genannt wurden, folgten bald Staatsbeamte und schließlich erfolgreiche Künstler. Der Siedlung gab der national gesinnte Conrad den Namen **Colonie Alsen** – in Erinnerung

an die Kapitulation dieser dänischen Insel im Krieg um Schleswig-Holstein 1864. Passend dazu ließ er eine Zinkkopie des Flensburger Löwen aufstellen – ein Löwe in der Stadt des Bären! Das Original, eine dänische Kriegsikone, die den Sieg im Ersten Schleswig-Holsteinischen Krieg symbolisiert, holte Reichskanzler Bismarck nach Berlin. Seit 1945 steht die kolossale Figur in Kopenhagen und die 2005 restaurierte Conradsche Zinkkopie am Heckeshorn am Westufer des Großen Wannsees, direkt neben der Gedenkstätte ↗ *Haus der Wannsee-Konferenz.*

Verwunschener Ort an der Havel: Park und Schloss Klein Glienicke

Mit dem BVG-Bus 316 zum Tagesausflug nach Italien. Gemütliche 15 Minuten vom Wannsee bis zur Illusion. Ein Hauch von Dolce Vita an den Gestaden der Havel, zwischen Glienicker Lake und Jungfernsee. So war das auch geplant. Denn schon nach seiner ersten Italienreise 1823 zeigte sich *Prinz Carl von Preußen* (1801 – 1883) derart entzückt von der mediterranen Lebensart, Architektur und Landschaft, dass er seine Liebe als ideale Kopie in heimatliche Gefilde holen wollte. Mit der Potsdamer Park- und Seenlandschaft konnte er gewiss keine besseren Bedingungen für seinen Traum vorfinden. So erwarb Carl, drittältester Sohn von Königin *Luise* und *Friedrich Wilhelm III.,* 1824 von Fürst Hardenberg das *Gut Glienicke.* Sofort engagierte er *Karl Friedrich Schinkel* und den jungen Landschaftsgärtner *Peter Joseph Lenné* und beauftragte beide, seiner Sehnsucht Gestalt zu verleihen.

Aus dem Landhaus formte Schinkel eine klassizistische Villa mit schmückender Attika, kleinem Portikus, Kavalierflügel mit einer zwei Jünglinge

Seehaase, Am Großen Wannsee 58 – 60, Berlin-Wannsee. ✆ 030/80496474. www.restaurant-seehaase.de. Mo – Fr 11 – 22, Sa, So, Fei ab 10 Uhr, Okt – April Mo Ruhetag, Jan geschlossen. Direkt am Wannsee, große Sommerterrasse. Frischer Fisch, türkische Fleischspezialitäten, italienische Gerichte. Moderate Preise. Bootsanleger.

Die Welt zwischen Berlin und Potsdam erinnerte den französischen Dichter Stendhal (1783 – 1842) an Traum und Zauber des Lago Maggiore. Und Alexander Humboldt schwärmte Mitte des 19. Jahrhunderts: »Der Blick von der Glienicker Brücke wetteifert mit den schönsten Punkten der Welt«.

darstellenden Ildefonso-Gruppe wie in Goethes Weimarer Haus, Innenhof, Turm und Pergola sowie der berühmten Löwenfontäne. Als Vorbild diente die Villa Medici in Rom. Über ein Pflastermosaik mit dem Monogramm Carls' tritt man vom Hof in den *Pleasureground*. Ein eiserner Laubengang führt zunächst zum *Stibadium* hinab, einer überdachten Rundbank nach altrömischem Muster. Von dort blickt man auf Potsdam mit der dominierenden Kuppel der Nicolaikirche, ganz so, als schaute man vom Monte Pincio auf Rom mit dem Petersdom. Als weitere Aussichtspavillons schuf Schinkel die *Kleine* und *Große Neugierde*, ein Rundtempel mit 16 Säulen. Den Fußboden der Kleinen Neugierde schmücken antike Mosaiken aus Karthago, die Carl eigenhändig aus Nordafrika mitbrachte. Überhaupt war der kunstsinnige Prinz offensichtlich ein großer Sammler und Souvenirjäger. Die zahlreichen mitgebrachten Fragmente und Skulpturen sind alle in die weite Anlage integriert. Der 1850 von Schinkel-Schüler *Ferdinand von Arnim* erbaute **Klosterhof** im neugotischen Stil besteht aus Teilen eines abgebrochenen Klosters bei Venedig. In der Altarnische auf der Rückseite befindet sich der Sarkophag des italienischen Philosophen *Pietro d'Abano* (1250 – 1316). Der Marmorsarg stammt aus der Grabeskirche des Heiligen Antonius in Padua.

Zu den schönsten Bauwerken des romantischen Klassizismus darf das ebenfalls von Schinkel konzipierte **Casino** (1825) gezählt werden. Es wird von Pergolen flankiert. Die Aussicht auf die Havel, den »Golf von Potsdam«, und das waldreiche Umland ist hier überwältigend, traumhaft schön bei Sonnenuntergang.

Der Lennésche **Pleasureground** und der sehr weitläufige **Landschaftspark** wurden ab 1979 wieder hergestellt – mit den ursprünglichen Sichtachsen,

Was ist ein Pleasureground?
Dazu der deutsche Landschaftskünstler Hermann Fürst von Pückler-Muskau (1785 – 1871): »Dies bedeutet ein an das Haus stoßendes, geschmücktes und eingezäuntes Terrain, von weit größerem Umfang als Gärten zu haben pflegen, gewissermaßen ein Mittelding, ein Verbindungsglied zwischen dem Park und den eigentlichen Gärten.«

Fernsichten, dem alten Wegenetz sowie den für die Blumenbeete charakteristischen und schmückenden Einfassungen aus Ton in Form von Lilien, Korallen, Akanthusblättern und Palmetten. Weiter nördlich, im wilden **Bergpark,** den der Prinz zum Teil selbst gestaltete und

Licht- und Schattenspiel: Säulengang des Schinkel-Casinos
© spsg, Foto: Wolfgang Kling

Carpathen nannte, trifft der Spaziergänger nun wieder auf mehrere Brücken, auf einen Wasserfall, auf malerisch im Park verstreute Findlinge, weitflächige Wiesen mit kleinen Bauminseln.

Zu besichtigen sind die prächtig ausgestatteten **Schlossräume** mit Möbeln aus der Zeit Schinkels und Kunstgegenständen aus dem Besitz des Prinzen Carl: Roter Saal, Grüner Salon, das türkisfarbene Schlafzimmer der Prinzessin, das Marmorzimmer und die Bibliothek. Das **Hofgärtnermuseum** im Westflügel wurde 2006 eröffnet und ist europaweit einzigartig. Es dokumentiert den Berufsstand des Hofgärtners und das Spektrum seiner praktischen und theoretischen Tätigkeiten. Die »Galerie der preußischen Hofgärtner« gibt in einer Zusammenschau aus Porträts und Illustrationen einen Überblick über die Meister der preußischen Gartenarchitektur wie Lenné, Sello oder Fintelmann.

🕐Ⓜ️🎵 *Volkspark, Schloss und Hofgärtnermuseum Klein Glienicke,* Königstraße 36, 14109 Berlin-Wannsee. ✆ 0331/9694200, www.spsg.de. **Bahn/Bus:** S1, 7 Bhf Wannsee, dann Bus 316 Glienicker Brücke. **Zeiten:** Schloss und Hofgärtnermuseum: Nov – März Sa, So, Fei 10 – 17, April – Okt Di – So

✖️ **Remise mit Weinhandlung,** Königstraße 36, Berlin-Wannsee. ✆ 030/8054000. www.schloss-glienicke.de. Täglich ab 11 Uhr. In der Remise des Schlosses Glienicke, mehrere elegante Säle, Sommerterrasse im Innenhof, feine deutsche und österreichische Küche des Meisterkochs Josef Laggner. Das nette ☕ **Café Lenné** befindet sich im ehemaligen Palmenhaus (Di – So 10 – 17.30 Uhr).

Von der ↗ Glienicker Brücke fahren während der Saison regelmäßig Dampfer zur Gaststätte Moorlake, zur ↗ Pfaueninsel und zur ↗ Heilandskirche von Sacrow.

10 – 18 Uhr, **Casino:** *April – Okt Sa, So 10 – 18 Uhr,* **Schlossgarten:** *Täglich 6 Uhr bis zum Einbruch der Dunkelheit, der sich östlich des Schlossgartens anschließende Volkspark ist durchgehend geöffnet.* **Preise:** *Schloss und Hofgärtnermuseum 5 €, Casino 1 €, Schlosspark Eintritt frei; 4 €.* **Infos:** *Im Schloss werden das ganze Jahr über Solo- und Kammerkonzerte klassischer Musik veranstaltet, Karten und Infos ✆ 030/34703344. Das GartenForum Glienicke bietet zum Thema Gartenkunst Vorträge, Führungen und Exkursionen an, ✆ 030/80497169.*

Jagdschloss Glienicke

Auf der südlichen Seite der Königstraße steht das **Jagdschloss Glienicke,** das Prinz Carl 1859 kaufte. Von der ersten Anlage aus dem späten 17. Jahrhundert, als noch der Große Kurfürst zu Parforcejagden einlud, ist kaum etwas erhalten. Das Jagdschloss wurde im 19. Jahrhundert neobarock verändert. Wegen seiner Nähe zu den Potsdamer und Babelsberger Denkmälern gehört es zum UNESCO-Weltkulturerbe. 2003 wurde das Schloss durch einen Brand stark beschädigt und danach von seinem heutigen Nutzer zum Fortbildungszentrum für Fachkräfte der Kinder- und Jugendhilfe umgestaltet.

Gleich dahinter, 28 Jahre durch die Mauer getrennt, liegt das Dorf **Klein Glienicke** am Böttcherberg. Sehenswert sind die kleine neugotische Kapelle aus dem 19. Jahrhundert und vier Schweizerhäuser, die ab 1863 entsprechend dem damaligen Zeitgeist an der hier rinnsalartigen *Bäke* erbaut wurden. Einkehren kann man im netten *Gartenlokal Bürgershof* mit großer Sommerter-

Eine architektonische Zierde: Schloss Glienicke

© spsg, Foto: Wolfgang Kling

rasse an der Glienicker Lake, wo der Teltower Kanal einmündet. Nur einen Katzensprung entfernt und über eine schmale Kanalbrücke schnell erreichbar: ↗ Park und Schloss Babelsberg.

🌐 *Sozialpädagogisches Fortbildungsinstitut Berlin-Brandenburg (SFBB), Königstraße 36b, 14109 Berlin-Glienicke. ✆ 030/48481-0 Rezeption, www.sfbb.berlin-brandenburg.de. Bahn/Bus: S1, 3 bis Wannsee, dann Bus 316 bis Glienicker Brücke. Infos: Das Jagdschloss und der Schlosshof stehen wegen seiner nichtöffentlichen Nutzung der Allgemeinheit nicht zu Verfügung.*

 *Der Architekt und Aquarellmaler* **Ferdinand von Arnim** *(1814 – 1866) entwarf 10 Schweizerhäuser, von denen 4 Krieg und Nachkriegszeit überstanden und in Klein Glienicke zu sehen sind.*

Gedenkorte am Wannseeufer

Liebermann-Villa

Nach einer Ausbildung in Weimar und längeren Aufenthalten in Holland und Paris schuf der Maler *Max Liebermann* (1847 – 1935) zunächst naturalistische Arbeiten mit sozialer Thematik. Die Beschäftigung mit den französischen Impressionisten prägte ab 1880 seine Hauptwerke. Als Vorsitzender der ↗ *Berliner Secession* und später als Präsident der *Preußischen Akademie der Künste* förderte er sowohl das künstlerische Leben in der Hauptstadt als auch den Wandel von der Kunst des 19. Jahrhunderts hin zur Moderne, auch wenn er diese Entwicklung selbst nicht immer schätzte. Als Künstler und Jude von den Nazis verfemt, stirbt Liebermann zurückgezogen in seiner Stadtwohnung am Pariser Platz. Auf dem jüdischen Friedhof an der Schönhauser Allee fand er seine letzte Ruhestätte. Mit den berühmten Worten: »Ich kann gar nicht so viel fressen, wie ich kotzen möchte« beschrieb der Maler sein eindeutiges Verhältnis zu den Braunhemden. Seine Frau *Martha* beging 1943 Selbstmord, um sich der Deportation nach Theresienstadt zu entziehen.

➡ Öffentliche Führungen im Sommer Sa, So und Fei um 14 und 16 Uhr, Mi um 14 Uhr, im Winter Sa, So und Fei um 14 Uhr, 3 € pro Person.

☕ In der Villa: **Café Max** mit kleiner Terrasse, Garten- und Havelblick, ✆ 030/ 80498433.

LIEBERMANNS BIRKEN

▶ *Der Garten von Max Lieber-manns Wannseevilla mausert sich mehr und mehr zu einem beliebten Ausflugsziel oder gar Lieblingsort vieler Berliner. Die 45 neu gepflanzten Birken sind noch so schlank wie auf den ersten Darstellungen sei-ner zahlreichen Birkengemäl-de. Das vielleicht berühmteste von ihnen, »Der Birkenweg im Wannseegarten nach Westen« von 1918, ähnelt schon sehr stark dem, was der Besucher heute am Havelufer wieder sieht: Die Birken stehen völlig unregelmäßig, einige auch mitten oder am Rande des schmalen Kiesweges der sich schnurgerade zum Ufer hin zieht.* ◀

Hofcafé Mutter Fourage, Chaussee-straße 15, Berlin-Wann-see. ✆ 030/80583283. www.mutter-fourage.de. Anfang Mai – Sep 9 – 19, Okt – April 10 – 18 Uhr. Nahe Wannsee. Beliebter Zufluchtsort aus dem Großstadttrubel, mediter-ranes Ambiente mit Zitro-nenbäumchen, italieni-scher Terrakotta und Weinpflanzen. Wunder-bares Frühstück, leckere Torten. ☻ Außerdem: Naturkostladen, Galerie, Kulturscheune und Gärt-nerei.

Sein **Sommerhaus** am Wannsee ließ Liebermann 1909 bauen. In dieser ruhigen Atmosphäre ab-seits der Großstadthektik entstanden mehr als 200 Gemälde, viele davon in seinem 7000 qm großen **Garten.** Den teilte er in enger Abstimmung mit dem Freund und Direktor der Hamburger Kunsthalle *Alfred Lichtwark* konsequent in unter-schiedliche Gartenräume ein: Zur Straßenseite hin gibt es einen Bauerngarten und einen Nutzgar-ten, zur Seeseite hin eine Blumenterrasse, drei Heckengärten und eine große Rasenfläche bis zum Wannseeufer. Nach jahrzehntelanger Fehlnut-zung von Haus und Garten durch einen Tauchclub bekam der Garten mit seiner Rekonstruktion durch die *Max-Liebermann-Gesellschaft* sein cha-rakteristisches Aussehen zurück und die Villa konnte als Museum eröffnet werden. Die **Dauer-ausstellung** zeigt Gemälde des Künstlers und ei-ne biografische Dokumentation. Das Gesamten-semble steht seit 2008 unter Europäischem Denkmalschutz.

M **Liebermann-Villa,** *Colomierstraße 3, 14109 Berlin-Wannsee.* ℗ *030/ 80585900, www.liebermann-villa.de.* **Bahn/Bus:** *S1, 7 Wannsee, dann Bus 114 Colomierstraße.* **Zeiten:** *April – Sep Mi – Mo 10 – 18, Do, So und Fei bis 19 Uhr, Okt – März Mi – Mo 11 – 17 Uhr.* **Preise:** *6 €; Kinder bis 14 Jahre frei; Schüler, Studenten und Arbeitslose 4 €, Familienticket (Eltern und ihre Kinder) 14 €.*

Haus der Wannsee-Konferenz

Richtig idyllisch liegt die 1915 erbaute **Villa Minoux** am Wannseeufer, genau gegenüber breitet sich der Sandstrand des Wannseebades aus. In diesem großbürgerlichen Gebäude, das der SS ab 1941 als Gäste- und Tagungshaus diente, treffen sich am 20. Januar 1942 SS-Obergruppenführer *Reinhard Heydrich,* der SS-Obersturmbannführer *Adolf Eichmann* und weitere hohe Beamte aus dem Reichsinnenministerium und dem Auswärtigen Amt »zu einer Besprechung mit anschließendem Frühstück«, so die zynische Floskel zur Einladung. In Wahrheit entscheiden sie an diesem Tag über die detaillierte Planung zur Vernichtung aller 11 Mio europäischer Juden sowie die aktive Beteiligung der deutschen Staatsverwaltung an diesem Völkermord. Der Beschluss zum Holocaust selbst war schon früher gefasst worden. Das geheime Treffen, das nur 90 (!) Minuten dauerte, wird heute als »Wannsee-Konferenz« bezeichnet. Seit 1992 ist das Haus Gedenk- und Bildungsstätte.

Die ständige **Ausstellung** informiert im Erdgeschoss über den Leidensweg dieser Menschen, über Ausgrenzung, Entrechtung und Vertreibung der Juden, über Ghettoisierung und Ermordung im deutschen Einflussbereich. In 15 Räumlichkeiten wird – thematisch eingeteilt – das Grauen mit Akten der Täter, Fotos, Dokumente, Ton- und Filmsequenzen dokumentiert. Zusammen mit der um-

✕ **Haus Sanssouci,** Am Großen Wannsee 60, Berlin-Wannsee. ℗ 030/8053034. www.haussanssouci.de. Di – So 11.30 – 23 Uhr. Landhaus neben dem Haus der Wannsee-Konferenz, sehr ansprechende internationale Küche, stilvolle Einrichtung, Wintergarten, Sommerterrasse, Galerie, ♠ Hotel.

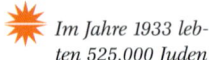

Im Jahre 1933 lebten 525.000 Juden im Deutschen Reich – das sind nur rund 0,7 % der Gesamtbevölkerung! Ein größerer Teil dieser Menschen waren Ärzte, Lehrer, Künstler und Schauspieler oder Rechtsanwälte. Nur etwa 1,7 % der deutschen Juden hatten Berufe, die dem gängigen Klischee gemäß mit Geld (Banker, Unternehmer u.ä.) zu tun hatten.

fangreichen *Joseph-Wulf-Bibliothek* sollen alle Aspekte der NS-Herrschaft, aber auch des Widerstands und des alltäglichen Rassismus erschlossen werden. Regelmäßig finden Tagungen, Seminare und Symposien statt.

Der denkmalgeschützte **Garten** der Villa ist ein bedeutendes Beispiel für den reformorientierten architektonischen Gartenstil, wie er um 1910 aufkam. Dabei wird die Gartenanlage in einen Landschaftsgarten eingebettet.

🅜 *Gedenk- und Bildungsstätte, Am Großen Wannsee 56 – 58, 14109 Berlin-Wannsee. ℂ 030/805001-0, www.ghwk.de. Bahn/Bus: S1, 7 bis Wannsee Bhf, dann Bus 114 Haus der Wannsee-Konferenz. Zeiten: Täglich außer Fei 10 – 18, Mediothek Mo – Fr 10 – 18 Uhr. Preise: Eintritt frei. Infos: Gruppen nur nach Voranmeldung.*

Die Pfaueninsel, das preußische Arkadien

»Pfaueninsel! Wie ein Märchen steigt ein Bild aus meinen Kindertagen vor mir auf: ein Schloss, Palmen und Kängurus; Papageien kreischen; Pfauen sitzen auf hoher Stange oder schlagen ein Rad, Volieren, Springbrunnen, überschattete Wiesen; Schlängelpfade, die überall hinführen und nirgends; ein rätselvolles Eiland, eine Oase, ein Blumenteppich inmitten der Mark.«

Theodor Fontane war 1873 offenbar regelrecht verzaubert von diesem stillen Plätzchen am Rande Berlins. Und das geht dem heutigen Spaziergänger gewiss nicht anders. Die Insel, umschlossen von der Havel, ist noch immer ein idyllisches Kleinod, ein erholsames Kontrastprogramm zur hektischen und lauten City. Seit 1990 gehört sie zum UNESCO-Weltkulturerbe. Es gelten strenge Regeln: striktes Rauchverbot, Hunde haben keinen Zutritt und Picknicken (auf den Wiesen) und Musizieren

Von der Dampfer-Anlegestelle fahren **Schiffe** der ↗ *Stern und Kreis* während der Saison täglich nach Potsdam, Anleger Park Sanssouci, über Cecilienhof und zurück sowie nach Werder und die Havel von Nord nach Süd bis Potsdam, Anleger Lange Brücke.

sind in diesem Naturschutzgebiet ebenfalls nicht erlaubt. Die Fähre Luise schafft die 50 m vom Festland hinüber zur Insel mit nur einmal Gasgeben.

Im 17. Jahrhundert gehörte die kaum 1 qkm große Insel zum *Gut Glienicke.* Besitzer war der **Große Kurfürst,** der hier 1683 eine Kaninchenzucht zur Aufbesserung der Staatskasse anlegen ließ. Damals hieß das Eiland daher Kaninchenwerder. Der Erfinder *Johann Kunckel* erhielt vom stets auf Experimente bedachten Kurfürst eine Glashütte, in der er das wertvolle Rubinglas produzierte. Die Hütte brannte

Luftbrücke: Ein Schlösschen mit Traumbrücke
© spsg, Foto: Wolfgang Kling

1689 ab, von ihr sind heute nur noch Fundamente zu sehen. Rund 100 Jahre vergingen, bis sich der Prinz von Preußen und spätere König **Friedrich Wilhelm II.** 1764 für dieses grüne Paradies interessierte, allerdings nicht nur der Natur wegen. Hier auf der Insel näherte sich der junge Prinz erstmals dem bürgerlichen Mädchen *Wilhelmine Encke,* Tochter eines Hoftrompeters. Sie wurde schon bald und zeitlebens seine Mätresse. 1793 ließ der »dicke Lüderjahn« einen Landschaftspark anlegen und für seine außereheliche Beziehung, der späteren Gräfin von Lichtenau, ein **Schloss,** naja ein Schlösschen nach ihren eigenen Anregungen bauen mit der charakteristischen schmiedeeisernen Brücke zwischen den beiden Türmchen und gemäß der modischen Vorstellung jener Zeit als romantische, schneeweiße Ruine. Das

Zur Pfaueninsel, Pfaueninselchaussee, Berlin. ℰ 030/ 8052225. www.pfaueninsel.de. Mi – Mo ab 10 Uhr. Der ursprüngliche Marstall liegt direkt an der Fähre. Zwei große Biergärten, regionale Küche, Kaffee, Kuchen, Eis – alles richtig gut und recht preiswert.

Schloss zu besichtigen lohnt: Die Innenräume sind äußerst elegant und qualitätsvoll ausgestattet und fast vollständig original erhalten. Es gibt unter anderem mehrere Kabinette, zwei Schlafkammern und den mit wertvollen Hölzern geschmückten Speise- und Festsaal im zweiten Geschoss. In den Türmen finden sich kleine Teesalons. Wilhelmine konnte ihr Liebesnest allerdings nicht mehr genießen, denn bevor es fertig wurde, starb ihr königlicher Liebhaber und sie fiel zunächst in Ungnade.

Der nächste König auf Preußens Thron, **Friedrich Wilhelm III.,** beauftragte 1816 den Gartenarchitekten **Peter Joseph Lenné** mit der Neugestaltung der Insel. Die von ihm konzipierte Dreiteilung prägt noch heute das Bild des Eilands: englischer Park mit Wiesen und Rosengarten im Westen, Wald mit alten Bäumen in der Mitte und landwirtschaftliche Nutzung im Norden. Dazu erwarb der Gatte der beliebten Königin Luise, für die das Schloss nur eine »enge Pfauen-Behausung« war, exotische Kängurus, Affen, Bären, Wölfe. Noch heute stolzieren Pfaue (meist) gelassen über die Insel.

Auf dem **Rundweg** trifft man unterwegs auf weitere Gebäude: das Kastellans- und Schweizerhaus nahe der Fähre, den Luisen-Gedächtnistempel von 1810, die ebenfalls ruinös gestaltete Meierei mit Rindviehstall in Form einer gotischen Kapelle im Norden und das Kavaliershaus, das *Karl Friedrich Schinkel* 1824 unter Verwendung von Fassadenteilen eines gotischen Patrizierhauses aus Danzig errichtete. Ein Höhenweg mit schönem Havelblick führt zurück zur Fähre.

❷ *Nikolskoer Weg, 14109 Berlin-Zehlendorf. ℂ 030/ 8053041, 80586831, 0331/9694200 (Gruppenführungen), www.spsg.de. Rundweg 1,5 Std. **Bahn/Bus:** Ab Wannsee Bhf Bus 218 bis Fähranleger. **Fähre** Nov – Feb 10 – 16, März – Okt 9 – 18, April und Sep 9 – 19, Mai – Aug 8 – 21 Uhr; Erw 3 €, ermäßigt*

※ *Der Landschaftsarchitekt **Peter Joseph Lenné** (1789 – 1866) prägte die Gartenkunst in Preußen. Statt der abgezirkelten Blumenbeete und Spaliere des feudalen Barock komponierte er weite Rasenflächen und von krummen Pfaden durchzogene Haine mit malerisch angeordneten Baumgruppen. Alles sieht natürlich aus und ist doch von vielen Gärtnern arrangiert.*

*2,50 €, Jahreskarte 23 €. **Rad:** Bhf Wannsee, nach Wannseebrücke rechts in Am Kleinen Wannsee, vorbei am Haus der Wannseekonferenz bis zum Wasser, links in den Uferweg einbiegen und bis zur Fähre.*
***Zeiten:** Schloss April – Sep Di – So 10 – 17.30, Nov – März geschlossen; Meierei April – Okt Sa, So, Fei 10 – 17.30, Nov und Dez Sa, So, Fei 11 – 15.30, Besichtigung jeweils nur mit Führung möglich. **Preise:** Schloss 3 €, Meierei 2 €; Kinder Schloss 2,50 €, Meierei 1,50 €; Familienkarte (2 Erw, max. 3 Kinder) 15 €. **Infos:** Fotoerlaubnis 3 €, nur für private Nutzung, ohne Blitz, ohne Stativ.*

🎵 **Kino am Ohr** – an fünf markanten Inselorten bieten Hörstationen die Möglichkeit, sich mit besonderen Aspekten der Inselgeschichte vertraut zu machen. Vor Ort abrufbar über das Mobiltelefon oder am PC kostenlos herunterzuladen, www.luise.tomis.mobi.

Einkehr mit Tradition: Blockhaus Nikolskoe und Wirtshaus Moorlake

Zwei der schönsten Berliner Ausflugslokale liegen ganz in der Nähe der Pfaueninsel: das **Blockhaus Nikolskoe** und das **Wirtshaus Moorlake.** Die Geschichte beider Häuser ist eng verknüpft mit der preußischen Königsfamilie. Nikolskoe liegt nur 10 Gehminuten von der Pfaueninsel entfernt, Moorlake rund 4 km (Bus 218).

Prinzessin Charlotte, die älteste Tochter des preußischen Königs *Friedrich Wilhelm III.* und seiner Gemahlin *Luise,* heiratete 1817 den russischen Großfürsten und späteren Zaren Nikolaus I. Um seinem Schwiegersohn zu gefallen, ließ der Monarch nach russischem Vorbild ein Blockhaus errichten, das er **Nikolskoe,** also *Nikolauseigen,* nannte. Sein Leibkutscher Iwan übernahm die Verwaltung des Hauses und bewirtete alsbald ganz clever alle einheimischen und fremden Besucher,

Regenerationsplatz seit Generationen: Wirtshaus Moorlake
© Wirtshaus Moorlake

die den abgelegenen Ort an der Havel fanden. So begann die Bewirtschaftung des herrlich gelegenen Hauses. Ebenfalls russisch angehaucht ist gleich daneben die hübsche **Kirche St. Peter und Paul,** die der gleiche König 1834 in Auftrag gab. Baumeister des einschiffigen Gotteshauses mit russischem Zwiebelturm waren *Friedrich August Stüler* und *Johann Gottfried Schadow.* Sie ist täglich 11 – 16 Uhr geöffnet.

Zu Ehren seiner aus Bayern stammenden Gattin *Elisabeth* ließ der preußische König *Friedrich Wilhelm IV.* 1840 durch den Schinkelschüler Ludwig Persius ein **Forsthaus** im bayerisch-schweizerischen Stil bauen. Das Gebäude an der kleinen moorigen Havelbucht wurde zunächst bei Jagdausflügen genutzt, Ende des 19. Jahrhunderts dann als Poststation an der Strecke Berlin – Potsdam. 1896 erfolgte die Eröffnung als Gastwirtschaft. Hier beginnt bereits der ↗ Volkspark Klein-Glienicke, zur Rechten begleitet von einem schönen Uferweg.

Historisches Wirtshaus Moorlake, Moorlakeweg 6, Berlin-Wannsee. ✆ 030/8055809. www.moorlake.de. Täglich ab 11 Uhr. Einladend am Havelufer gelegener Traditions-Biergarten, etwa 1 km entfernt vom Volkspark Klein Glienicke am Uferweg zwischen Glienicker Brücke und Pfaueninsel. Vom Grillteller für 16,50 € über die Lausitzer Schusterpfanne für 11 € bis zum Bollenfleisch für 15,80 €, auch viele altberliner Gerichte. Kulturveranstaltungen, Lesungen, Galerie.

❌ *Blockhaus Nikolskoe, Nikolskoer Weg 15, 14109 Berlin-Zehlendorf. ✆ 030/8052914, www.blockhausnikolskoe.de. Am Ende der Pfaueninselchaussee. **Bahn/Bus:** Bus 118, 218, 316, 318 bis Pfaueninselchaussee/Königstraße, für Spaziergang Bus 218 Rübezahlweg. **Zeiten:** Täglich 10.30 – 20 Uhr. **Infos:** Drinnen gemütlich, draußen spektakulär: fantastischer Ausblick hinunter auf die Havel! Regionale Küche.*

Das Strandbad Wannsee am Großen Wannsee

Nachdem im Mai 1907 das vom sozialliberalen Teltower Landrat *Ernst von Stubenrauch* initiierte **Wannseebad** eröffnet hatte, rollten sonntags die proletarischen Massen mit der Bahn ins Grüne der Großstadt. Einmal tief Seeluft einatmen, ein paar Mal über die Wannseewellen gehüpft, noch

'ne kühle *Molle* für den Papa, dann ging's wieder zurück in die feuchten, dunklen Hinterhofbehausungen des Weddings oder Prenzlauer Bergs. Damals badete das Publikum noch an einem nur 200 m langen Uferstreifen, den ein Gendarm überwachte – weniger im Sinne von Baywatching, sondern nach strengen preußischen Vorschriften. Personen weiblichen Geschlechts bewegten sich am Damenstrand und mussten einen Anzug tragen, der »Schultern, Brust, Leib und Beine bis zum Kniegelenk« bedeckte. Schon 1912 zählte das Strandbad eine halbe Million Besucher, der Strand war mittlerweile 1275 m lang, 80 m breit und bestand aus echtem feinem Ostseesand, der aus Timmendorf herangekarrt wurde. Heute wird er von Großbaustellen nachgeliefert. Seitdem gilt das Berliner Strandbad als das größte Binnenseebad Europas. An manchen hochsommerlichen Tagen tummeln sich hier bis zu 35.000 Menschen!

Mit Badehose, Bikini oder ohne: Bella Italia liegt am Wannsee

In den 20er Jahren verflog allmählich die preußische Sittsamkeit, man wollte nun – ganz nach Berliner Art – hoch hinaus und plante den Ausbau zum Weltstadtbad. Ausgerechnet die Nazis zogen da einige Jahre später nicht recht mit. Sie verachteten das Strandbad als »entartet« und verboten 1935 Juden das Baden. Im Kriegsjahr 1942 erlaubten sie dann das Nacktbaden. Der Fkk-Bereich macht heute etwa 10 % des Strandbades aus. Nach dem Krieg trällerte die 7-jährige *Conny Froboess* »Pack die Badehose ein, nimm dein kleines Schwesterlein und dann nüscht wie raus nach Wannsee« in die RIAS-Mikrofone und landete damit 1951 einen Hit. Den Ohrwurm hatte ihr Vater Gerhard komponiert und getextet – die kleine Conny kannte übrigens den Wannsee damals gar nicht, da die Familie Froboess immer *nüscht wie raus* nach Plötzensee fuhr.

Als West-Berlin eingemauert war, kam dem Wannsee und seinem Bad naturgemäß eine besondere Bedeutung als innerstädtisches Erholungsgebiet zu. Zeitweilig wurde da die »Mutter aller Strandbäder« gar zu einem Symbol für die Freiheit West-Berlins stilisiert. Heute ist das Strandbad Wannsee ein ziemlich ramponiertes Schmuckstück. Längst steht der Gebäudetrakt mit dem einstigen *Strandrestaurant Lido* zwar unter Denkmalschutz, aber die Sanierung will nicht recht vorankommen. Genauer gesagt: Saniert wird seit 1983! Solcherart Rekorde gibt es *jewiss ooch* nur in Berlin. Das Wasser hat aber dafür beste Qualität, auch wenn sich hin und wieder sommers im nährstoffreichen Wasser die Algenblüte ausbreitet.

Die hygienische Situation des Gewässers ist ausgezeichnet. Im Internet finden Sie unter www.wassersport-in-berlin.de das Wassersportwetter der FU Berlin für die Berliner Gewässer.

Strandbad Wannsee, Wannseebadeweg 25, 14129 Berlin-Wannsee. 030/70713833, www.strandbad-wannsee.de. **Bahn/Bus:** RE Richtung Magdeburg bis Wannsee Bhf, Bus 114 bis Haus der Wannsee-Konferenz und Fußweg 1,2 km; S1 Nikolassee, Bus 218 bis Kronprinzessinenweg/Wannseebadeweg und weiter

*1 km zu Fuß. Im Sommer Busshuttle von Nikolassee aus. **Rad:** Viele Fahrradständer vor dem Eingang. **Zeiten:** Mitte April Mo – So 10 – 18 Uhr (Sonnenbaden), Mai – Mitte Juli Mo – Fr 10 – 19, Sa, So 8 – 20 Uhr, Mitte Juli – 28. Aug Mo – Fr 9 – 20, Sa, So 8 – 21 Uhr, Sep – 25. Sep täglich 10 – 19 Uhr. **Preise:** 4,50 €, 10er-Karte 45 €, 20er-Karte 90 €, ab 17.30 Uhr 2,80 €; Kinder 2 – 15 Jahre, Schüler, Studenten, Azubis 2,80 €, 10er-Karte 28 €, 20er-Karte 56 €; Familienkarte 8 € für 3 Pers, davon min. 1 Erw und 1 Kind. Jedes weitere Kind 1,50 €. Liegestühle 4 €/ Tag, Strandkorb 8 €, Sonnenschirm 3 €. **Infos:** Behindertengerechte Ausstattung. Mehrere Imbisskioske.*

Happy Birthday! Freier Eintritt für Geburtstagskinder mit entsprechendem Nachweis!

Mit der Fähre über den Wannsee nach Alt-Kladow & Sacrow

Kladow am nördlichen Ufer des Großen Wannsees ist ein Ortsteil Spandaus. Schon 1267 wurde der Ort als *Clodow* erstmals urkundlich erwähnt. Schöne Spaziermöglichkeiten gibt es im reizvollen **Alt-Kladow:** Die Uferpromenade mit zahlreichen Cafés und Restaurants, der *Mascha-Kaleko-Weg* führt auf eine kleine Anhöhe. Knapp 5 km sind es in südwestlicher Richtung bis zur ↗ *Heilandskirche* in Sacrow. Sie gehen zunächst direkt am Havelufer entlang, danach kommen Sie auf den Sacrower Kirchweg, der in die Kladower Straße übergeht. Bei den Luisenbergen können Sie an einer kleinen Picknickstelle mit Holztisch die Straße verlassen und wieder in Ufernähe den Pfad durch den dichten Mischwald nehmen. Von

Ein runder Ausflug: Vom Dampferhafen Wannsee nach Alt-Kladow übersetzen und am Landhausgarten Dr. Max Fränkel vorbei zur Heilandskirche in Sacrow laufen.

Sanfte Nebel wallen: Am Anleger der BVG-Fähre

La Riviera, Imchen-allee 48, Berlin-Alt-Kladow. ✆ 030/ 3654381. Täglich 11.30 – 24 Uhr. Italienische Küche, wunderschöne Lage an der Havel neben der Fähre, Bierterrasse.

dort sind es noch 2 km bis zur Heilandskirche. Unterwegs – rund 30 Gehminuten vom Schiffsanleger Alt-Kladow entfernt – lohnt der Besuch des restaurierten ↗ *Landhausgartens* von *Dr. Max Fränkel.* Von Sacrow, das bereits zu Potsdam gehört, fährt der Bus 697 stündlich nach Alt-Kladow zurück.

> ◐ *14089 Berlin-Alt-Kladow.* **Bahn/Bus:** *S1, 7 Wannsee, mit der BVG-Personenfähre Nr. 10 ca. 15 Min über den Wannsee nach Alt-Kladow. Von dort mit Bus 697 nach Sacrow (ca. 10 Min).* **Zeiten:** *Fähre Mo – Fr 6 – 19, Sa 7 – 20, So 10 – 20 Uhr, jeweils stündlich zur vollen Stunde von Hafen Wannsee, stündlich zurück von Alt-Kladow nach Wannsee zur halben Stunde. Ganzjährig, im Winter werktags bis 18 Uhr, Sa 7 – 18 und So 10 – 16 Uhr.* **Preise:** *BVG-Tarif: 2,30 € einfach, Fahrradmitnahme 1,70 €.* **Infos:** *Fahrkarten an Bord lösen.*

Landhausgarten Dr. Max Fränkel

Wo sich die Havel stark verengt, zwischen dem Kladower Ufer und der ↗ *Pfaueninsel,* ließ sich der jüdische Bankdirektor *Dr. Max Fränkel* ab 1925 einen Schmuckgarten mit Teichen, blühenden Stauden, einem Teehäuschen, Nutzgarten und Wirtschaftsgebäuden anlegen. Gestalter dieses Havelparadieses war der berühmte Stadtgartendirektor *Erwin Barth,* der zuvor schon grüne städtische Oasen wie den *Savignyplatz* und den *Volkspark Jungfernheide* geschaffen hatte. Nach dessen Plänen wurden hoch über der Havel und mit Blick auf die Pfaueninsel verschiedene Landschaftsbereiche bis hin zum Mittelgebirgsbach nachempfunden.

Café Sommergarten, Berlin-Kladow. 0152/08616950. www.sommercafe-kladow.de. Mai – Mitte Okt täglich 11 – 18 Uhr. Im alten Kutschstall, Terrasse mit Havelblick, Kaffee und guter Kuchen. 2014 wegen Umbauarbeiten geschlossen.

1933 emigrierte der Besitzer notgedrungen in die USA, daraufhin übernahmen Anglervereine und andere Nutzer das Gelände. Während der Mauerjahre kontrollierte hier der Zoll die Schiffe aus der DDR. Nach der Wiedervereinigung wurde die inzwischen völlig verwilderte Anlage wieder hergestellt.

🕐 Lüdickeweg 1, 14089 Berlin-Kladow. Handy 0152/
08616950. **Bahn/Bus:** Bus 134, X34, 697; oder
↗ Mit der Fähre über den Wannsee. **Rad:** Der Berliner
Mauerweg von Alt-Kladow nach Sacrow führt am Gar-
tentor vorbei. **Zeiten:** Anfang Mai – Mitte Okt Sa, So
und Fei 11 – 18 Uhr. **Infos:** Regelmäßig Konzerte,
Ausstellungen, Lesungen; Führung nach Anmeldung.

Heilandskirche in Sacrow

Das wunderschöne Gotteshaus im Stil der italienischen Romanik steht direkt am Havelufer und
ist ein Werk des preußischen Architekten *Ludwig
Persius* von 1844. Der kubische Baukörper mit
östlich ausgebauter Apsis ist von einem überdachten Arkadengang umgeben. Dadurch erscheint die
Kirche wie eine dreischiffige Basilika. Der südliche
Säulengang ragt, auf hohem Fundament stehend,
in den Fluss hinein, was die Kirche von der Was-
serseite her wie ein mittelalterliches Handels-
schiff wirken lässt, das gerade vor Anker liegt. Der
separat stehende 20 m hohe *Campanile* (Glockenturm) besitzt die gleiche Back-
steinverblendung mit blau gla-
sierten Kacheln wie die Kirche.
Fast 600 Jahre alt ist seine
Bronzeglocke, wahrscheinlich
stammt sie aus einer Vorgängerkirche. Der **Kircheninnenraum**
ist sehr schlicht, bemerkenswert ist das Fresko in der Apsis.
Der Genremaler *Adolph Eybel*
schuf es 1845, es zeigt im by-
zantinischen Stil Christus mit
dem Buch des Lebens sowie die
vier Evangelisten.
Die **Berliner Mauer** verlief direkt
durch das Kirchengelände, der
Campanile wurde gar zum Bestandteil der Sperrmauer. Die

→ Der 160 km lange
Berliner Mauerweg
verläuft um den west-
lichen Teil Berlins entlang
der ehemaligen DDR-
Grenzanlagen. Er ist gut
ausgebaut und beschrif-
tet; Streckeninfos unter
www.berlin.de – Mauer,
Mauerweg.

*Ein weiteres UNESCO-
Kulturerbe: Die
Heilandskirche in
Sacrow*

Die frühe Wiege des Handys: 1897 errichteten der Berliner Physiker Adolf Slaby und sein Assistent Georg Graf von Arco auf dem Campanile eine Antennenanlage für drahtlose Telegrafie. Die Signalübertragung gelang bis zur 1,6 km entfernten kaiserlichen Matrosenstation. Eine Tafel über dem Eingang weist auf diesen historischen Versuch hin.

Nur einen Steinwurf entfernt: der **Sacrower See** mit guten Bademöglichkeiten.

Fledermauskeller der Zitadelle täglich 12 – 17 Uhr, Führungen nur nach Voranmeldung, www.bat-ev.de, ✆ 030/36750061. Fledermausfest Anfang Sep.

Kirche stand im Niemandsland und konnte in den 80er Jahren nur durch eine West-Berliner Spendenaktion vor dem Einsturz gerettet werden. Bereits 1961 wurde die gesamte Ausstattung von DDR-Grenzern zerstört, darunter auch die Heise-Orgel. Die neue Orgel wurde 2009 eingeweiht. Seit 1990 gehört die Kirche zum Weltkulturerbe der UNESCO.

In Sichtweite: Das kleine **Sacrower Schloss** von 1773, das *Friedrich Wilhelm IV.* 1840 erwarb und von *Peter Joseph Lenné* mit einem Landschaftspark umgeben ließ.

🕐 *Fährstraße, 14089 Berlin-Alt-Kladow. ✆ 033206/ 20312, 504375, www.heilandskirche-sacrow.de. Bahn/Bus: ↗ Mit der Fähre über den Wannsee, von Alt-Kladow mit Bus 697 bis Schloss Sacrow. Mit dem Wassertaxi von Ende März bis Ende Okt mehrmals täglich, Abfahrt u.a. Park Babelsberg oder Cecilienhof. Zeiten: Di – So 11 – 18, im Winter bis 17 Uhr.*

Ausflug nach Spandau

Der 30 m hohe **Turm** namens **Julius,** mit rotem Backstein erbaut und mit Zinnen umkränzt, ist das älteste erhaltene Bauwerk Spandaus und – eingefleischte Spandauer mögen es verzeihen – damit auch (des jüngeren) Berlins. Zusammen mit der alten Burganlage entstand er im frühen 13. Jahrhundert als Bergfried, also als Wachturm und letzte Zufluchtsstätte im Kriegsfall. Richtig berühmt wurde er als Aufbewahrungsort des Reichskriegsschatzes, denn zwischen 1874 und 1919 lagerten hier 120 Mio Goldmark aus französischen Reparationen. Zuvor barg der Turm schon den kurfürstlichen Silberschatz. Ansonsten diente er oft als Kerker, unter den Nazis auch als Luftsicherungszentrale.

Zur **Aussichtsplattform** führen 145 recht steile Stufen. Von dort oben überblickt man die weitere

Umgebung und die Spandauer Altstadt, den Zusammenfluss von Spree und Havel und zu Füßen die gesamte imposante militärische Anlage, von allen Seiten ist sie von Wasser umgeben. Nur eine schmale Brücke führt zum Torhaus mit dem kurbrandenburgischen Wappen im Bogenfeld über dem Balkon der Kommandantenwohnung.

Im 16. Jahrhundert entstand diese machtvolle **Zitadelle,** um die Stadt Spandau am Fernhandelsweg vom Rheinland nach Polen zu sichern. Sie ist bis heute eine der am besten erhaltenen europäischen Wehranlagen im Stil der italienischen Spätrenaissance, ihre Baumeister waren der Venezianer *Francesco Chiaramella di Gandino* und ab 1578 *Rochus Graf zu Lynar,* der die Zitadelle 1594 in der Grundform eines durch vier Bastionen geschützten Quadrats vollendete: *Bastion Brandenburg, Bastion Kronprinz, Bastion König* und im Südosten die *Bastion Königin.* Während des Siebenjährigen Krieges musste sich *Elisabeth Christi-*

*Die Bezeichnung **Zitadelle** ist dem italienischen citadella entlehnt, was »kleine Stadt« oder auch »Stadtfestung« bedeutet.*

Puppensammlung: Im einstigen Wassergraben der Spandauer Zitadelle werden Skulpturen aus dem Berliner Tiergarten aufbewahrt

ne, Gemahlin Friedrichs des Großen, mit ihrem Hofstaat vor den Österreichern hier verschanzen. Schließlich galt die Festung als uneinnehmbar.

Für die Besichtigung der weitläufigen Inselanlage sollten Sie mehrere Stunden einkalkulieren. Es gibt viel zu sehen rund um den mit Kastanien bestandenen **Zitadellenhof:** Im *Palais* aus dem 15. Jahrhundert finden regelmäßig Kunstausstellungen statt, ebenso im *Kanonenturm* der Bastion Kronprinz in der nordwestlichen Ecke, alte Kanonen sind in der *Exerzierhalle* zu sehen und das *Zeughaus* aus dem 19. Jahrhundert beherbergt das hochinteressante *Stadtgeschichtliche Museum Spandau* mit Zeugnissen aus der Steinzeit bis in die Gegenwart.

Nur einen Steinwurf von der Zitadelle entfernt liegt im Westen und direkt an der Havel der älteste Teil Spandaus, der **Kolk.** Hier sind am Rande krummbuckliger Gassen noch Reste der Stadtmauer aus dem 14. Jahrhundert erhalten. Schon in Sichtweite: Der 77 m hohe Turm von *St. Nikolai* in der **Spandauer Altstadt,** wo sich die größte Fußgängerzone Europas im weiten Bogen zum Rathaus von 1913 hin krümmt.

🕐 *Zitadelle Spandau & Kolk, Am Juliusturm, 13599 Berlin-Spandau.* ✆ *030/354944-0, www.zitadelle-spandau.de. Bahn/Bus: U7 Zitadelle, S9, 75 Spandau. Zeiten: Täglich 10 – 17 Uhr. Preise: 4,50 €; Kinder 2,50 €; Familienkarte mit bis zu 3 Kindern 10 €. Infos: Audio-Guide 2 €, Anmeldungen zu Führungen unter* ✆ *030/33978774, Fledermausführungen unter* ✆ *030/36750061. Nur teilweise barrierefrei.*

St. Nikolai in Spandau

Schon kurz nachdem Spandau 1232 die Stadtrechte erhalten hatte, wird **St. Nikolai** als *ecclesia forensis,* als Marktkirche, erstmals urkundlich erwähnt. Dieses frühe Gotteshaus war wahrscheinlich noch aus Feldsteinen und Holz gebaut. Um

Vor allem im **Kolk** gibt es ein paar sehr reizvolle Kneipen und Gasthäuser.

Zitadellen Schänke, Am Juliusturm, Berlin-Spandau. ✆ 030/3342106. www.zitadellenschaenke.de. Di – Fr 16 – 24, Sa, So, Fei 11 – 24 Uhr, Biergarten täglich ab 11 Uhr. Historische Gaststätte im Kommandantenhaus, gotische Gewölberäume, u.a. 7-gängiges Rittermenü.

1330 wird mit der heutigen Kirche begonnen. Die spätgotische Hallenkirche besitzt eine reiche **Innenausstattung:** Ältestes Kunstwerk ist das bronzene Taufbecken von 1398, jüngstes ist gleich darüber am Pfeiler die ungewöhnliche Darstellung des heiligen Nikolaus von Myra – die Plastik zeigt den splitternackten Nikolaus bei der Rettung der Seemänner sowie als bibellesender Bischof im vollen Ornat. Das zeitgenössische Kunstwerk stammt von dem Bildhauer *Bernd Gisevius* und wurde 2006 geweiht. Künstlerischer Höhepunkt des Innenraums ist der 1582 von Graf *Rochus zu Lynar* gestiftete Altar. Der 8 m hohe Renaissancealtar stellt Christus beim Abendmahl dar, als Weltenrichter und als Gekreuzigter. Die Kanzel ist ein Meisterwerk des preußischen Barock, um 1700 aus Holz geschnitzt. Im Chorumgang befinden sich zahlreiche alte Epitaphien und davor die Gruft der Familie Lynar, die ursprünglich aus der Toskana stammte. Hier ist auch Rochus beigesetzt, er wurde 1578 von Kurfürst *Johann Georg* als Baumeister der *Zitadelle* in die Mark geholt. Die Bronzestatue des Kurfürsten *Joachim II.* vor dem Westportal erinnert an die 1539 in Berlin und der Mark Brandenburg durchgesetzte Reformation. Als eigentliche Reformatorin Brandenburgs gilt jedoch Joachims Mutter **Kurfürstin Elisabeth.**

🕙 *Ev. Kirchengemeinde St. Nikolai,* Havelstraße 16, 13597 Berlin-Spandau. ✆ 030/3335639, www.nikolai-spandau.de. *Bahn/Bus:* U7, Bus X33 Altstadt Spandau. *Zeiten:* Mo – Do 12 – 16, Fr 12 – 19, Sa 11 – 15, So 12 – 16 Uhr; April – Okt Sa 12.30, So 14.30 Uhr (Turmführungen). *Preise:* Turmführungen 1 €; Kinder 0,50 €. *Infos:* Spandovia sacra, Museum der St. Nikolai-Gemeinde im Fachwerkgebäude neben der Kirche. Informiert in wechselnden Ausstellungen über kirchliche und landeskundliche Geschichte, ✆ 030/3338054, Mi – So 15 – 18 Uhr, Eintritt frei. Mit nettem Café.

☀ ***Elisabeth*** *(1485 – 1555), Tochter Königs Johann von Dänemark, Schweden und Norwegen, wurde 1502 mit dem Kurfürst Brandenburgs Joachim I. vermählt. Zunächst eine treue Katholikin, wandte sie sich 1525 den neuen Lehren Martin Luthers zu. Ihr gestrenger Gatte drohte daraufhin mit drakonischen Strafen; Elisabeth floh an den sächsischen Hof. Sie kehrte erst 1545, 10 Jahre nach dem Tod Joachims, in die Mark Brandenburg zurück, nachdem ihr uneingeschränkte Glaubensfreiheit zugesichert worden war. Sie wohnte und starb im Palais der Zitadelle Spandau.*

WO DAHME UND SPREE ZUSAMMENFLIESSEN: KÖPENICK AM MÜGGELSEE

Die 7 Weltwunder Köpenicks: **Borgmann** *hieß ein bekannter Bürgermeister, der* **Ratskeller** *befand sich im Obergeschoss des Rathauses, wichtige Persönlichkeiten der Stadt waren ein Lehrer* **Dummer** *und ein Arzt namens* **Todt.** *Den* **Jungmännerverein** *gründete ein 80-jähriges Fräulein, das* **Krankenhaus** *stand am Friedhof und das* **Gefängnis** *an der Straße namens Freiheit.*

Historisch verbürgt ist, dass der wendische Sprewanenfürst Jaczo de Copanic hier im 12. Jahrhundert eine Burg errichten ließ – auf der heutigen Schlossinsel nahe dem Zusammenfluss von Dahme und Spree. Sie wird schon kurz darauf von den Askaniern unter Heinrich dem Bären eingenommen.

Bereits 1232 – noch vor Berlin-Cölln – erhält **Köpenick** die Stadtrechte, kann aber mit der schnell aufstrebenden Doppelstadt an der Spree nicht konkurrieren. Wirtschaftliche Grundlage der Köpenicker ist über die Jahrhunderte die Fischerei, schließlich ist man von allen Seiten von Wasser umgeben. Ab 1835 galt der Ort als die »Waschküche Berlins«. Legendär wird in dieser Zeit die Wäscherin *Marie Frederique Adelaide Bock*, bekannt als **Mutter Lustig,** die Waschaufträge aus herrschaftlichen Haushalten übernimmt und die feinen Klamotten mühsam im Spree- und Dahmewasser schrubbt. Ihr hat man 1982 am Frauentog – neben der modernen Solarbootmarina – ein Denkmal gesetzt. Um 1900 soll es in Köpenick nahezu 4000 Lohnwäscherinnen gegeben haben. Die Tradition hält sich bis fast zur Wende: In sozialistischer Zeit fuhren die Busse des VEB Rewatex von Haus zu Haus, »um die berufstätige Frau zu entlasten«.

ⓘ **Touristeninformation Köpenick,** *Alt-Köpenick 31 – 33, 12555 Berlin-Köpenick.* ✆ *030/6557550/1, Info-Hotline 6557550, www.berlin-tourismus-online.de. Lage: Am Schlossplatz.* **Bahn/Bus:** *S3 Köpenick; Bus 164, 167, N62, N65, N67, N69, N90 zum Schlossplatz; Tram 27, 60, 61, 62, 67, 68 zum Schlossplatz.* **Weiße Flotte:** *F11, F12, F21, F23, F24 Anlegestelle Luisenhain.* **Auto:** *Von Berlin Zentrum über Karl-Marx-Allee (B1/B5), Boxhagener Straße zur Köpenicker Chaussee, Rummelsburger (Land-)Straße/An der*

Freundlicher Anblick:
Köpenicks Seeseite

*Wuhlheide, Lindenstraße, Alt-Köpenick. Parkplatz Rosenstraße oder Landjäger-/Amtsstraße. **Rad:** Europaradweg R1, außerdem Themenradwege: Historisches Köpenick 18 km, Berliner Mauerradweg in Treptow-Köpenick 19 km, Heide-Radwandertour 31 km, Rund um den Müggelsee 23 km, Start von Dahme-Radweg 123 km nach Dahme/Mark. **Zeiten:** Mai – Sep Mo – Fr 9 – 18.30 und Sa 10 – 16 Uhr, Okt – April Mo – Fr 9 – 18.30 und Sa 10 – 13 Uhr.*

Die Altstadt Köpenick

Sehenswert restauriert zeigt sich die geschichtsträchtige Altstadt Köpenicks, umgeben von *Spree* und *Dahme.* Hier dominiert das 1904 fertiggestellte **Rathaus,** ein roter Backsteinbau mit riesigem neogotischen Turm. Am Eingang hat sich ein schnurrbärtiger Hauptmann mit allzu langer Uniform positioniert, in der der stellungslose Schuster *Wilhelm Voigt* – nun in Bronze gegossen – steckt. Der arme, verzweifelte Mann wurde 1906 als »Hauptmann von Köpenick« weltberühmt, als

*Auf dem Platz des 23. April, gegenüber der Baumgarteninsel an der Alten Spree, steht das Denkmal für die Opfer der **Köpenicker Blutwoche.** Die 6 m hohe Stele erinnert an 91 Demokraten, die Ende Juni 1933 von SA-Horden ermordet, in Säcke genäht und in der Dahme versenkt wurden.*

Carl Zuckmayer: **Der Hauptmann von Köpenick,** Fischer Tb Bd 90039, 7 €.

Ratskeller, Alt-Köpenick 21, Berlin-Köpenick. ✆ 030/6555178. www.ratskeller-koepenick.de. Täglich 11 – 23 Uhr. Seit 100 Jahren im historischen Gewölbekeller des Rathauses. Traditionelle deutsche Küche, u.a. wird das Leibgericht von Wilhelm Voigt serviert: Schweinehaxe aus der Hausräucherei mit Kraut und Erdäpfeln. Berühmt sind die hochkarätigen Jazztreffs Fr und Sa, Infos über www.jazz-in-town.de.

er mit ausgeliehener Uniform und von gehorsamen Soldaten mit preußisch-strammen Schritten eskortiert den Köpenicker Bürgermeister verhaften ließ und die Stadtkasse im Tresorraum des Rathauses beschlagnahmte. Dieser Raum beherbergt heute das kleine **Wilhelm-Voigt-Museum.** Es dokumentiert die amüsante Köpenickiade. Jeden Mi und Sa um 11 Uhr wird der historische Schelmenstreich außerdem vor dem Rathauseingang rund 20 Min nachgespielt.

Wenige Schritte vom Rathaus entfernt, am **Luisenhain,** legen von April bis Okt die Ausflugsdampfer nach Friedrichshagen, Erkner, Rüdersdorf und zum Krimnicksee ab. An der Frauentogbrücke neben der Schlossinsel führt die kopfsteingepflasterte Straße **Kietz,** weitgehend von alten, einstöckigen Häuschen gesäumt, in das ehemalige Fischerviertel, das slawische Wenden schon 1264 gegründet hatten. Hier an der Dahme liegt auch das nette, traditionsreiche Flussbad Gartenstraße mit der ↗ **Gaststätte Krokodil.**

🅼 *Wilhelm-Voigt-Museum im Köpenicker Rathaus, Alt-Köpenick 21, 12557 Berlin-Köpenick. ✆ 030/902970.* **Zeiten:** *Täglich 10 – 17.30 Uhr.* **Preise:** *Freier Eintritt.*

Das Köpenicker Schloss

Eine neue Bauepoche der Köpenicker Schlossinsel beginnt im 17. Jahrhundert mit dem Großen Kurfürsten. Der lässt das alte Wasserschloss aus dem 16. Jahrhundert abreißen und stattdessen eine prächtige **Barockresidenz** nach Plänen von *Rutger van Langervelt* aufbauen. 1682 wird das feine Schloss am Wasser zum Hochzeitsgeschenk für seinen Sohn, den späteren preußischen König *Friedrich I.* Doch der kränkliche Filius verbringt keine schöne Zeit in Köpenick. Immerzu die quälende Angst im Nacken, seine Stiefmutter wolle ihn vergiften, fasst der sensible junge Mann erst wieder neuen Lebensmut, als seine Gattin jäh verstirbt und eine neue, die hochgebildete *Sophie Charlotte,* an seine Seite rückt. Die beiden verlas-

Nettes Hochzeitspräsent: Köpenicker Schloss

sen schnell Schloss und Insel in Richtung Lietzenburg, das 1705 den Namen seiner Gemahlin erhält: ↗ *Charlottenburg.* Seitdem wohnte hier kein Hohenzoller mehr.

Ein kunsthistorisches Unikum des Schlosses ist der manieristische **Wappensaal** im zweiten Stock, nun ein Schmuckstück des ↗ *Kunstgewerbemuseum.* Da wachsen aus roten Wänden Karyatidenleiber, die in ihren Händen die Wappen aller damals kurmärkischen Länder halten. Zur Zeit des Köpenicker Rokokos um die Mitte des 18. Jahrhunderts lebte *Henriette Marie,* geborene Prinzessin von Brandenburg-Schwedt, im Schloss. *Theodor Fontane* schreibt über die Köpenicker Lebensjahre der früh verwitweten Dame, sie seien eine einzige »chronique scandaleuse« gewesen, mit lasterhaften Ausschweifungen und pikanten Hofskandälchen um heimliche Küsse mit dem Hofprediger, um Geld, Intrigen und leises nächtliches Getrippel eleganter Schnallenschuhe vor dem Rokoko-Schlafgemach der nicht mehr ganz so jungen Prinzessin. Sie starb 1782 mit 80 Jahren im Schloss und ist in der **Schlosskapelle** beigesetzt. Das prächtige barocke Gotteshaus gegenüber

Köpenicker Schlosskonzerte:
Klassik im Aurorasaal des Schlosses, Infos und Karten über ✆ 030/ 6557550.

Schlosscafé,
Schlossinsel, Berlin-Köpenick. ✆ 030/ 65011885. www.schloss-cafe-koepenick.de. Mai bis Sep Di – So 10 – 18, im Winter Do – So 11 – 18 Uhr. An der Schlosskapelle, wunderbare Sommerterrasse mit Wasserblick, mediterrane Küche, Kaffee und Kuchen.

dem Schloss stammt von *Johann Arnold Nering* und wurde 1684 geweiht.

Kunstgewerbemuseum im Schloss Köpenick

Das älteste deutsche Kunstgewerbemuseum mit Hauptsitz am Berliner ↗ *Kulturforum* besitzt trotz schwerer Verluste im Zweiten Weltkrieg eine der bedeutendsten Sammlungen europäischen Kunsthandwerks. Im ehemaligen Köpenicker Lustschloss sind nach aufwändiger Restaurierung seit 2004 unter dem Aspekt »RaumKunst aus Renaissance, Barock und Rokoko« in 21 mit wunderbaren Stukkaturen ausgeschmückten Schauräumen rund 6000 Exponate zu bewundern. Im Erdgeschoss sind Bronzen, Bildteppiche, Möbel, Majoliken und venezianische Gläser aus der Renaissance ausgestellt. In den Obergeschossen beeindrucken Kostbarkeiten aus barocken Kunstkammern wie Delfter Fayencen und europäisches Porzellan. Zu den Höhepunkten der Ausstellung gehört das Tafelservice Friedrich des Großen, das der König für das Breslauer Schloss von der Königlichen Porzellan- Manufaktur (KPM) fertigen ließ. Es hat seinen gebührenden Platz im Wappensaal, der in klassizistischem Orange leuchtet. Nicht minder wertvoll ist das Silberbuffet aus dem zerstörten Berliner Schloss. Die edlen Stücke dieses barocken Gefäßensembles von 1698 baute *Andreas Schlüter* 1701 als ständige Wanddekoration in den Rittersaal des Schlosses.

M *Schlossinsel 1, 12557 Berlin-Köpenick. ✆ 030/ 65661749, www.smb.spk-berlin.de. auf der Schlossinsel. Bahn/Bus: ↗ Ti Köpenick. Zeiten: Di – So 10 – 18 Uhr, Okt – März nur Do – So 10 – 17 Uhr. Preise: 6 €; Kinder 3 €; Schüler, Studenten, Wehr- und Zivildienstleistende, Erwerbslose und Schwerbehinderte 2 €. Infos: Anmeldung zu Führungen ✆ 030/ 2663666; barrierefrei.*

☀ **Tipp:** Vielleicht lässt sich Ihr Köpenick-Ausflug mit einem Theaterbesuch im 🎫 **Schlossplatztheater** verknüpfen, Alt-Köpenick 31 (neben dem Rathaus). Repertoire: Schauspiel, Musiktheater, Oper, Theater für Kinder, ab 10 €, erm 7 €, www.schlossplatztheater.de, ✆ 030/6516516.

✕ **Krokodil,** Gartenstraße 46 – 48, Berlin-Köpenick. ✆ 030/ 65880094. www.der-coepenicker.de. Mo – Sa 16 – 24, So 11 – 23 Uhr. Neben dem Flussbad Gartenstraße im Fischerkietz, Terrasse direkt an der Dahme, freundliche Atmosphäre, preiswerte Gerichte. 🎵 Livemusik. ♠ Hostel, ab 17 € pro Person. So 11 – 15 Uhr Brunch.

An der Köpenicker Riviera

Der **Große Müggelsee** entstand am Ende der letzten Eiszeit als Ausschürfung einer Gletscherzunge. Mit 7,4 qkm ist er der größte Berliner und der sechstgrößte märkische See. Der Ort **Friedrichshagen** gehört seit 1920 zum Berliner Bezirk Köpenick, gegründet wurde er 1753 von König *Friedrich II.* als Spinnerdorf mit 100 Kolonistenfamilien. Erst 1896 verband eine richtige Straße das abgelegene Nest mit der wilhelminischen Metropole. Ein paar Jahre zuvor zog es bärtige Bohemiens und Anarchisten an den Müggelsee. Unter ihnen *Erich Mühsam, Peter Hille, Gustav Landauer, Bruno Wille* und *Frank Wedekind*. Auch *Gerhart Hauptmann* schloss sich dem Dichterkreis an. Zwischen 1890 und 1893 war Friedrichshagen so etwas wie die heimliche Literaturhauptstadt Deutschlands. Wo die Spree in den Müggelsee mündet, hat man 1926 den 120 m langen **Spreetunnel** komplett vorgefertigt und verschlossen auf den Grund des

➜ Vom Schiffsanleger neben dem Spreetunnel starten von Anfang April – Ende Okt regelmäßig die Dampfer zu einstündigen **Seerundfahrten** mit Halt an den Ausflugsgaststätten ✠ **Rübezahl,** ✠ **Müggelhort** und ✠ **Neu-Helgoland** an der Müggelspree.

DER BESONDERE TIPP Neu-Helgoland

✠ Hübsches Fachwerkgebäude direkt an der Müggelspree, große Sommerterrasse, regionale Küche. Livemusik: Sa Abends u.a. Ostrockszene, So Dixieland, eigener Anlegesteg.

Neu Helgoland, Neuhelgoländer Weg 1, Berlin. ✆ 030/ 6598247. www.neu-helgoland.de. Im Sommer täglich ab 11 Uhr, open end. Okt – April Mo und Di Ruhetage, Mi – Fr 12 – 18, Sa 12 – 24 und So 11 – 18 Uhr. Januar geschlossen. ⬆ DZ 59 €.

Flusses hinabgesenkt und danach von den Ufern her geöffnet. Ein Spazierweg verläuft dort in die **Kämmereiheide** und am See entlang.

❶ *12557 Berlin-Friedrichshagen.* ***Bahn/Bus:*** *S3 Friedrichshagen, von Schlossplatz Köpenick Tram 61 bis Friedrichshagen, Altes Wasserwerk.* ***Infos:*** *Schiffsverbindungen von Friedrichshagen nach Köpenick, Treptow, Erkner, Woltersdorf und Rahnsdorf.*

Das Wasserwerk Friedrichshagen

Roter Backstein wohin man guckt, kunstvoll zu trutzig-edlen neogotischen Gebäuden verarbeitet. So baute man 1893 Wasserwerke – ein atemberaubendes Ensemble von Schöpfmaschinenhäusern mit eindrucksvollen Pumpanlagen im Innern und fast schon kleine Wohnbauten für die dort Tätigen. Die Anlage ist noch immer in sehr gutem Zustand und wird bei Führungen angeschaltet. Dargestellt wird der Kreislauf von Wasser und Abwasser. Ein Videofilm zeigt die 140-jährige Geschichte der Wasserwirtschaft. Auch die Anfänge der Kanalisation in Berlin. Mit dem Bau eines unterirdischen Kanalsystems wurde erst 1878, auf massives Drängen des Berliner Stadtbaumeisters *James Hobrecht* (1825 – 1902) und des politisch engagierten Arztes *Rudolf Virchow* (1821 – 1902) begonnen.

☀**Tipp:** Hier zischt's: So um 11 und 14 Uhr sowie bei Gruppenführungen wird die Dampfmaschine vorgeführt.

Herrschaftliche Backsteinarchitektur der Industriegeschichte: Das Wasserwerk in Friedrichshagen

Ⓜ *Müggelseedamm 307, 12587 Berlin-Friedrichshagen.* ✆ *030/86447695, www.museum-im-wasserwerk.de.* ***Bahn/Bus:*** *Tram 60 bis Endstation Altes Wasserwerk. Nächster S-Bhf ist Friedrichshagen (S3).* ***Zeiten:*** *So – Do 10 – 16 Uhr.* ***Preise:*** *2,50 €; Kinder bis 18 Jahre frei; Studenten, Azubis, Rentner, Schwerbe-*

*hinderte, Arbeitslose etc. 1,50 €, Gruppen ab 10 Pers 2 € pro Pers (Gruppenführung 15 €). **Infos:** Oster-, Pfingst- und Adventskonzerte, Führungen Di – Do.*

Buchantiquariat und ZeitGalerie

Zwischen hohen Bücherwänden stehen bequeme Sessel, eine Couch, es gibt Tee. Der Bücherladen ist eine Art Kommunikationszentrum im Friedrichshagener Kiez. Engagiert widmet sich *Karin Brandel* der Ortsgeschichte und dem berühmten Friedrichshagener Dichterkreis um Wilhelm Bölsche, Gerhart Hauptmann, Erich Mühsam. Zusammen mit den Ortschronisten gibt sie die *Friedrichshagener Hefte* heraus. In der Hofremise ist die *Zeitgalerie* untergebracht, wo wechselnde Ausstellungen, Vorträge, Lesungen stattfinden.

*Antiquariat Brandel, Karin Brandel, Scharnweberstraße 59, 12587 Berlin-Friedrichshagen. ☏ 030/ 6411160, www.brandel-antiquariat.de. **Bahn/Bus:** S3 Friedrichshagen, Tram 60, 61 Marktplatz Friedrichshagen. **Zeiten:** Mi – Fr 12 – 18, Sa 9.30 – 12 Uhr. **Info:** Antiquarische Schwerpunkte: Literatur, Kunst, Geografie und Reisen.*

Baden & Bootstouren

Schon 1912 wurde das **Strandbad am Nordufer** des Müggelsees eröffnet. Das Bad mit denkmalgeschütztem Ensemble bietet im Westteil einen Fkk-Bereich, außerdem einen schönen, rund 1000 m langen Sandstrand sowie einen großen, kinderfreundlichen Nichtschwimmerbereich. Die Zukunft des Bades ist ungewiss. Gelder für die notwendige Modernisierung fehlen.

Das privat geführte **Seebad Friedrichshagen** liegt am Nordwestufer des See mit Sandstrand, Liegewiese, Sonnensteg, Sprungturm, Strandkörbe, Volleyballfeld, Tret-, Ruder-, Paddelboot- und Floßverleih (www.flossundlos.de).

Pane Vino, Bölschestraße 26, Berlin-Friedrichshagen. ☏ 030/ 6403555. Täglich 11 – 24 Uhr. Gepflegte, italienische Küche, sehr freundliche Atmosphäre, wechselnde Wochenkarte, Trottoirterrasse.

Die Spindel, Bölschestraße 51, Berlin-Friedrichshagen. ☏ 030/6452937. www.spindel-berlin.de. Di – So 12 – 14.30, abends ab 18 Uhr bis Mitternacht. Traditionslokal an der belebten Flaniermeile Friedrichhagens mit ihren Kolonistenhäusern, gemütlich, sehr gute internationale Küche.

WANNSEE & MÜGGELSEE

Ausflugsgaststätte Rübezahl (Ferienpark Müggelsee), Müggelheimer Damm 143, Berlin. ✆ 030/656616-880. www.ruebezahl-berlin.de. Täglich 11.30 – 22 Uhr. Seit 100 Jahren am Südufer, großer Biergarten, Berliner Küche. ➲ Bootsverleih, Eisbahn Nov – Anfang März.

Unbewachte Badestellen gibt es in Friedrichshagen nahe dem Spreetunnel.

Am **Südufer** befinden sich in der Köpenicker Heide die **Müggelsee-Terrassen Rübezahl** mit Erlebnisspielplatz, Marina und Bootsverleih. Im Winter mit Eisbahnzelt am Seeufer. In der traditionsreichen Gaststätte trafen sich am historischen 17. Juni 1953 rund 600 DDR-Arbeiter der Baustelle des Krankenhauses Friedrichshain zu einem geselligen Betriebsausflug, aus dem sich eine hochpolitische Streikversammlung entwickelte.

Strandbad Müggelsee, *Fürstenwalder Damm 838, 12589 Berlin-Friedrichshagen.* ✆ 030/22171647, *www.strandbad-mueggelsee.de.* **Bahn/Bus:** *S3 Friedrichshagen, Tram 61 bis Strandbad Müggelsee.* **Zeiten:** *Mitte Mai – Mitte Sep 9 – 19 Uhr.* **Preise:** *Eintritt frei.*

Seebad Friedrichshagen, *Müggelseedamm 216,* ✆ *6455756, www.seebad-friedrichshagen.de. Mai – Ende Aug 10 – 19 Uhr, 4 €, Kinder bis 6 Jahre 1,50 €, ermäßigt 2,50 €.*

Schiffsausflüge ab Treptow
Ausflugsfahrt auf der Löcknitz: Von Treptow nach Grünheide über Köpenick, Friedrichshagen und Erkner (April – Juni, Sep Mo, Do, Juli, August täglich 10.30 Uhr).

Ausflugsfahrt zur Woltersdorfer Schleuse: Von Treptow nach Woltersdorf über Köpenick, Friedrichshagen, Erkner (Mitte April – Mitte Sep Fr – So 10.30 Uhr, 7 Std, 90 Min Aufenthalt in Woltersdorf, 19 €).

➲ **Stern und Kreis Schiffahrt GmbH,** *Puschkinallee 15, 12435 Berlin-Treptow.* ✆ *030/536360-0, www.sternundkreis.de.* **Bahn/Bus:** *S8, S85 bis Treptower Park, Busse 166, 167, 265.* **Preise:** *Max. 3 Kinder unter 6 Jahre haben freie Fahrt, bis 14 Jahre 50 %; Jugendliche bis 18 Jahre, Studenten, Arbeitslose, Sozialhilfeempfänger, Senioren, Schwerbehinderte und deren Begleiter 15 %, Gruppen ab 20 Pers sowie Inhaber der BahnCard 10 %.*

77 beste Plätze Berlin: Streifzüge, Sehenswertes & Museen. Mit 250 Adressen zum Entspannen & Vergnügen. pmv, ISBN 978-3-89859-201-7, 18 €.

POTSDAM

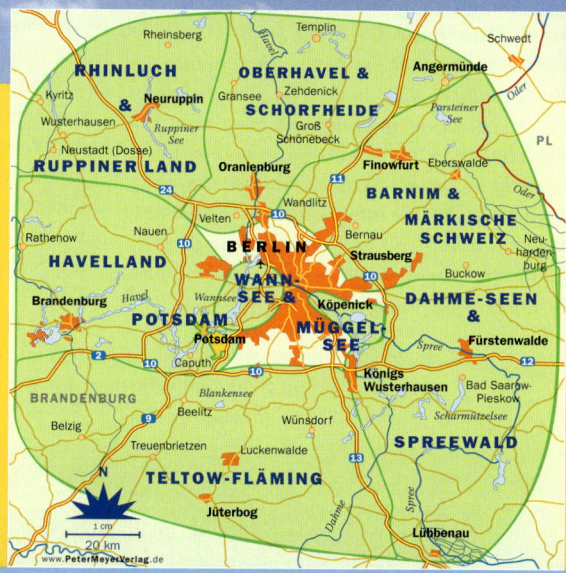

WO KUNST UND NATUR SICH TREFFEN: POTSDAM

Die Landeshauptstadt Potsdam ist mit ihren rund 157.000 Einwohnern die größte Stadt Brandenburgs. Sie erstreckt sich auf einer großen Halbinsel, die von der Havel und einigen ihrer Nebenarme umgeben ist. Insgesamt 19 Seen liegen in und um Potsdam herum. Einzigartig in Europa ist die grandiose Kulturlandschaft, die die alte preußische Residenzstadt einrahmt. Sie ist mittlerweile in ihrer Gesamtheit in die Liste des UNESCO-Weltkulturerbes aufgenommen.

Neben dem Park von Sanssouci gehört auch das herrliche Ensemble von Parkanlagen im Osten Potsdams dazu, das sich mit seinen Schlössern und anderen Gebäuden reizvoll und höchst harmonisch in die Havellandschaft einfügt: Park Babelsberg, Neuer Garten, Sacrow, die russische Kolonie Alexandrowka, der Pfingstberg, das Krongut Bornstedt und direkt an der Havel auf Berliner Seite der Volkspark Klein Glienicke und die Pfaueninsel.

FESTKALENDER POTSDAM

März/April:	Potsdam: **Tulpenfest** im Holländischen Viertel.
	Potsdam: **Walpurgisnacht** auf dem Pfingstberg.
Mai:	Potsdam: **gARTen,** Gartenfest im Volkspark.
	Potsdam: **Flottenparade** der Weißem Flotte.
Juni:	Potsdam: 14 Tage **Musikfestspiele** von Klassik bis Jazz, www.musikfestspiele-potsdam.de.
	Babelsberg: **Weberfest** auf dem Weberplatz.
August:	Potsdam: **Schlössernacht** im Park Sanssouci.
	Potsdam: **Lichterfest** auf der Freundschaftsinsel.
September:	Potsdam: **Töpfermarkt** im Holländischen Viertel.
	Potsdam: **Internationales Drachenfest** im Volkspark.
November/Dezember:	Potsdam: **Weihnachtsmärkte** im Holländischen Viertel und auf der Brandenburger Straße.
	Potsdam, Wochenende Mitte Dez: **Sinterklaas,** der holländische Nikolaus, zieht ins Holländische Viertel ein.
	Bornstedt: **Nikolaus- und Weihnachtsmarkt** im Krongut.

Info & Verkehr Potsdam

Potsdam Card: Die Bonuskarte für 9,80 € ist an drei aufeinander folgenden Tagen gültig als Freiticket für Busse und Bahnen im Tarifbereich Potsdam AB. Rabatte bekommt man z.B. bei der Weißen Flotte, im Filmpark Babelsberg und bei der Stiftung Preußische Schlösser und Gärten.

ℹ *Potsdam Tourismus Service der TMB Tourismus-Marketing Brandenburg GmbH, Am neuen Markt 1, 14467 Potsdam. ✆ 0331/275580, Urlaubs-Hotline 0331/27558899, www.potsdamtourismus.de. Lage: Innenstadt. **Bahn/Bus:** RE1, RE7, S7, S1 über Wannsee mit Anschluss nach Potsdam. **Auto:** B1, B273, A115 Ausfahrt Potsdam-Zentrum. **Rad:** R1, Havelradweg, Radroute Historische Stadtkerne Route 4. **Zeiten:** Mo – Fr 9.30 – 18 und Sa, So 9.30 – 16 Uhr, Nov – März Mo – Fr 10 – 18 und Sa, So 9.30 – 14 Uhr. **Infos:** Tourist-Information Potsdam Hbf, ✆ 0331/27558899, ganzjährig Mo – Sa 9.30 – 20 und So 10 – 16 Uhr.*

 **Termine und Veranstaltungstipps** sowie interessante Infos im Internet: www.potsdam.de, www.potsdam-tourismus.de.

BLICK IN DIE GESCHICHTE

Im **Jahre 993** wird Potsdam erstmals urkundlich erwähnt. Mit diesem Dokument überträgt *Otto III.*, Kaiser des Heiligen Römischen Reichs Deutscher Nation, seiner Tante Mathilde, der Äbtissin des Stiftes Quedlinburg, das kleine Nest an der Havel und unterstellt es damit dem Schutz des Papstes. Gleichzeitig will Otto mit der Schenkung das damals slawische *Poztupimi* dem Einfluss des polnischen Herzogs Boleslaw entziehen. Um 1150 übernimmt Markgraf *Albrecht der Bär* aus dem Hause Askanien die Macht über das Havelgebiet und aus dem slawischen Poztupimi wird das deutsche Dorf Potsdam.

In den **mittelalterlichen Jahrhunderten** ist Potsdam ein unbedeutendes Landstädtchen und steht weit im Schatten der Markgrafenstadt Brandenburg.

Vor 50 Mio Jahren war das Potsdamer Gebiet eine subtropische Urwaldlandschaft bevor sich in der Eiszeit eine mehrere 100 m dicke Eisschicht über das Land schob. Erst vor 20.000 Jahren entstand die typische märkische Seen- und Waldlandschaft, in der vor etwa 8000 Jahren schließlich die ersten Menschen zu siedeln begannen.

Das ändert sich grundlegend, als Potsdam nach dem Dreißigjährigen Krieg Residenzstadt wird und ein Schloss bekommt. Darüber hinaus beschließt der *Große Kurfürst* unumstößlich: »**Das ganze Eyland muss ein Paradies werden!**« Daran und natürlich auch am Machtausbau Preußens arbeiten fortan die nachfolgenden preußischen Könige. Beides gelingt: Um Potsdam herum entsteht ein herrlicher Paradiesgarten, das **preußische Arkadien,** und Preußen selbst entwickelt sich zu einem der mächtigsten Staaten in Europa. Der wirtschaftliche Aufstieg von Stadt und Land beginnt genau genommen 1685 mit dem »Edikt von Potsdam«: *Friedrich Wilhelm* nimmt aus Frankreich vertriebene **Hugenotten** großzügig auf und lässt die bestens ausgebildeten Neubürger Fayencemanufakturen und Seidenfabriken im durch den Krieg völlig entvölkerten Brandenburg aufbauen. Bald kommen auch arbeitskräftige Holländer.

Mit dem Ende des **Ersten Weltkriegs** endet die deutsche Monarchie und damit Preußens Gloria. Der »**Tag von Potsdam**« am 21. März 1933, das Schmierentheater, mit dem Reichskanzler *Adolf Hitler* und Reichspräsident *Paul von Hindenburg* in der Potsdamer **Garnisonkirche** das Bündnis des deutschnationalen Konservatismus mit dem Nationalsozialismus feierlich inszenieren, ist schließlich das Unheil verkündende Vorzeichen für die bald folgende Katastrophe. 1945, 12 Jahre später, liegt die Stadt in Schutt und Asche.

Danach wird Potsdam zur **DDR-Bezirkshauptstadt,** zur SED-Kaderschmiede und zum wichtigen Truppenstandort der Roten Armee. Und architektonisch zu einer Stadt der Gegensätze: Riesige Plattenbauten – wie am Ufer der Neustädter Havelbucht – durchmengen seit den 1970er Jahren die alte barocke Pracht. Heute ist oft die Rede von den zwei Potsdams, das der schnöden Platte einerseits und

✴ *Die legendäre, barocke **Garnisonkirche** von 1735, die der SED-Vorsitzende Walter Ulbricht 1968 trotz lautstarker Proteste abreißen ließ, wird bis 2017 an der Breiten Straße wieder neu erstehen. Das im Krieg beschädigte Gotteshaus war u.a. die erste Begräbnisstätte Friedrich II., hier inszenierte Hitler 1933 am »Tag von Potsdam« die Beweihräucherung seiner Herrschaft.*

das der vielen noblen Villen und der »gated communities«, der streng bewachten Wohnghettos neureicher Zugezogener andererseits. Aber das betrifft weniger die Architektur, als die heutige soziale Lage der Stadt.

DURCH DAS HISTORISCHE POTSDAM

Vom Alten zum Neuen Markt

Potsdam, **Alter Markt** Oktober 2013: Der Wiederaufbau des Potsdamer Schlosses an alter Stelle ist vollendet! Von der Langen Brücke nahe Hauptbahnhof hat man einen guten Blick auf den Alten Markt, hier schlug über Jahrhunderte das Herz der Stadt. Verheerende Luftangriffe im April 1945 zerstörten den einst in höchsten Tönen gepriesenen Platz. Zu DDR-Zeiten hat man ihn teilweise wieder aufgebaut und gleichzeitig architektonisch verstümmelt. Ursprünglich stand hier eine slawische Burg, später das Stadtschloss der Hohenzollern, das 1701 unter *Friedrich I.,* dem ersten preußischen König, zu einer repräsentativen Dreiflügelanlage umgestaltet und erweitert wurde. Das Schloss brannte zwar 1945 aus, war aber äußerlich noch weitgehend erhalten. Trotzdem und trotz großer Proteste in der Bevölkerung wurde die Ruine 1959/1960 gesprengt und abgetragen. Der schmucke Neubau wird dem brandenburgisches Landesparlament nun als Tagungsort dienen. Überhaupt: Die Wiederbelebung des vergangenen Glanzes prägt, großzügig gesponsert durch Spenden einiger betuchter Neubürger, mehr und mehr das neue Gesicht Potsdams. Doch vor allem Alteingesessene fürchten, dass Potsdam allmählich zu einem Puppenstädtchen, überfrachtet mit historischen Fassaden, mit viel Stuck und Puttenherr-

✕ **Speckers Landhaus,** Jägerallee 13, Potsdam. ✆ 0331/2804311. www.speckers.de. Di – Sa 12 – 14 und 18 – 23 Uhr. Die Meisterköche Gottfried Speckers und Steffen Johst sorgen für eine Gourmetküche der Extraklasse. Feine Fleisch- und Fischgerichte. Hauptspeisen ab 18 €.

lichkeit verkommt. Ein neuer Zankapfel ist das Hochhaus des *Mercure-Hotels,* das man in den 60er Jahren auf den ehemaligen Lustgarten des Schlosses direkt am Havelufer platzierte. Die einen fordern vehement den Abriss des 17-Geschossers, für andere ist das Gebäude ein wichtiger Bestandteil des neuen Stadtbildes.

Die ursprünglich pur barocke Platzanlage beherrscht seit 1849 die klassizistische **Nikolaikirche** mit ihren vier Ecktürmen und der charakteristischen Tambourkuppel. *Karl Friedrich Schinkel* begann bereits 1825 mit den Entwürfen für eine neue Pfarrkirche, nachdem die alte an gleicher Stelle 1795 abgebrannt war. Das Gotteshaus hat die St. Paul's Cathedral in London als Vorbild. Schinkel erlebte die feierliche Einweihung nicht mehr, seine Schüler *Persius* und *Stüler* vollendeten dieses Meisterwerk des deutschen Klassizismus. Nach seiner Zerstörung im Zweiten Weltkrieg wurde das Potsdamer Wahrzeichen zwischen 1955 und 1980 wieder aufgebaut. Drinnen ist der von Schinkel entworfene schwarze Marmoraltar mit Baldachin erhalten.

Beeindruckend: Potsdams Nikolaikirche

Das **Alte Rathaus** an der Westseite des Platzes stammt von Jan Bouman, 1755 war das Barock-

gebäude mit seiner stufenartigen Turmkuppel, auf der die vergoldete Figur des Atlas mit der Weltkugel auf dem Buckel thront, fertig gestellt. Ein moderner Zwischenbau verbindet es mit dem **Knobelsdorffhaus** von 1750. Aus dem Jahre 1755 ist der 16 m hohe

Obelisk davor. Ursprünglich waren darauf Medaillons mit den Hohenzollern-Herrschern zu sehen, beim Wiederaufbau in den 70er Jahren hat man sie gegen die Porträts der großen Architekten, die in Potsdam gewirkt haben, eingetauscht: Knobelsdorff, Schinkel, Gontard, Persius.

In Sichtweite steht das älteste Gebäude der Stadt: der **Marstall.** Er wurde 1685 zunächst als Orangerie gebaut und war durch die Knobelsdorffsche Ringerkolonnade von 1746 mit dem Stadtschloss verbunden. Die steinernen Ringer hat man 1970 ans nahe Havelufer umplatziert. Der lange Marstall beherbergt heute das ⌁ *Filmmuseum.* Dahinter verbirgt sich der **Neue Markt** mit dem einzigen in der Altstadt noch komplett erhaltenen Gebäudeensemble aus dem 18. Jahrhundert. Wunderbar restauriert zeigen sich Bürgerhäuser, der Kutschstall mit Quadriga auf der Attika und das alte Waaghaus.

> ❯ *Hbf – Alter Markt – Nikolaikirche – Altes Rathaus und Knobelsdorffhaus – Marstall – Neuer Markt.* **Bahn/Bus:** ⌁ *Info & Verkehr Potsdam, Hbf.* **Zeiten:** *Nikolaikirche: Mo – Sa 9 – 19, So ab 11.30 Uhr, mit Aussichtsplattform.*

Waage, Am Neuen Markt 12, Potsdam. ✆ 0331/8170676. www.restaurant-waage.de. Di – Sa 12 – 24, So 12 – 22 Uhr. Barockhaus von 1752 auf dem Neuen Markt, kleine Sommerterrasse, gute mediterrane Küche.

POTSDAM

Vom Brandenburger Tor zum Holländischen Viertel

Auch Potsdam hat sein **Brandenburger Tor.** Es entstand 1770 als römischer Triumphbogen zu Ehren des für Preußen siegreichen Siebenjährigen Krieges. Friedrich II. ließ es nach Plänen von Unger und Gontard bauen. Auf der Attika sitzen Mars und Herkules. Nach der Restaurierung erstrahlt es wieder wie ursprünglich in der Farbe Preußisch-Ocker.

Hinter dem barocken Stadttor beginnt die **Brandenburger Straße,** Potsdams »Broadway«. Sie ist

Frisches vom Bauern: Potsdamer **Wochenmarkt** auf dem Bassinplatz, Mo – Fr 7 – 16, Sa 7 – 13 Uhr.

La Maison du Chocolat, Benkertstraße 20, Potsdam.
℡ 0331/2370730.
www.schokoladenhaus-potsdam.de. Täglich 10 – 22 Uhr. Mitten im Holländischen Viertel, beliebtes Café mit Trottoirterrasse, Patisserie, Konditorei und französischer Landhausküche.

Dank Bürgerproteste gerettet: Holländisches Flair in Potsdam

die Hauptgeschäftsstraße der Stadt, Fußgängerzone, kerzengerade und zumindest tagsüber sehr belebt. Die meisten der zweigeschossigen Traufenhäuser stammen aus der Zeit der zweiten Stadterweiterung zwischen 1733 und 1745. Das Ende des langen Boulevards dominiert am Bassinplatz die katholische Kirche **St. Peter und Paul,** 1870 von Wilhelm Salzenberg im romanisierenden Rundbogenstil erbaut. Der 60 m hohe Glockenturm wurde in Anlehnung an den Campanile von San Zeno in Verona errichtet. Schräg gegenüber markiert die Zeile roter Backsteinhäuser den südlichen Abschluss des **Holländischen Viertels.** Diese städtebaulich geschlossene Anlage, eine Art märkisches Klein-Holland, umfasst vier Karrees mit insgesamt 134 Häusern. Auch dieses Viertel entstand während der zweiten Stadterweiterung auf einem trocken gelegten Sumpfareal – geplant als Wohnraum für holländische Handwerker und Facharbeiter, die Friedrich Wilhelm I. an die Havel holen wollte. Unter der Leitung des niederländischen Architekten *Jan Bouman* entstanden nach holländischem Vorbild zweistöckige Häuser aus rotem Klinker mit grün-weiß gestrichenen Türen und Fensterläden sowie geschwungenen Traufendächern. Doch die Zahl der frühen Gastarbeiter blieb weit hinter den Erwartungen zurück, sodass damals preußische Soldaten, Geschäftsleute und Künstler in die roten Typenhäuser zogen. Zu DDR-Zeiten gammelte ein Großteil dieser hübschen Gebäude planmäßig vor sich hin. Sie sollten, obwohl sie unter Denkmalschutz standen, abgerissen und durch Plattenbauten ersetzt werden. Proteste einer Bürgerinitiative konnte dies verhindern. In beschwerlicher Privatinitiative begann man nach der Wende mit der Restaurierung, öffentliche Gelder flossen nur spärlich. Mittlerweile ist das Viertel längst zum schicken Tou-

ristenmagnet geworden – mit eleganten Schnickschnack-Läden, teuren Boutiquen, Galerien, Buchhandlungen, Cafés, Kneipen und Restaurants. Die Mieten sind für viele Alteingesessene nicht mehr bezahlbar …

Jan Bouman Haus

Originales Holländerhaus von 1735 zum Besichtigen: Das typische Giebelhaus des Baumeisters *Jan Bouman* (1706 – 1776) weist, verglichen mit anderen Häusern in diesem Viertel, den größten Bestand originaler Bausubstanz aus der Zeit um 1735 auf. Das restaurierte Ensemble von Vorderhaus, Hof, Fachwerk-Hofgebäude und Hausgarten ist in seiner ursprünglichen Form erlebbar.

☀ **Tipp:** Mitte April findet das blumenreiche Tulpenfest statt und am 2. Wochenende im Dez lädt der Verein zum Sinterklaas-Fest mit holländischem Kunsthandwerkermarkt ein.

Ⓜ *Förderverein zur Pflege niederländischer Kultur in Potsdam e.V., Mittelstraße 8, 14469 Potsdam. ℰ 0331/2803773, www.jan-bouman-haus.de. Innenstadt, Holländisches Viertel. **Bahn/Bus:** vom Hbf Bus 605, 695 bis Platz der Einheit, weiter mit Bus 603 Nauener Tor, Tram 92 bis Nauener Tor. **Zeiten:** Mo – Fr 13 – 18 und Sa, So, Fei 11 – 18 Uhr. **Preise:** Ausstellung Eintritt frei.*

📖 *77 schönste Orte Holland.* Schlösser, Parks und sehenswerte Orte. Mit Restaurant- und Hotelempfehlungen. pmv, ISBN 978-3-89859-180-5, 18 €.

SCHLOSS & PARK SANSSOUCI

Touristischer Hauptanziehungspunkt Potsdams sind die von **Friedrich II. der Große** inspirierten Schlösser und Anlagen von Sanssouci. Der aufgeklärte Despot, feinsinniger Kunstmäzen, selbst Musiker und Komponist sowie zynischer Krieger, schuf sich mit dem Rokokoschloss und dem Park, zwischen Rebstöcken und Feigenbäumen, mit französischer Grazie und wieder entdeckter Antike, sein eigenes Versailles en miniature auf dem sandigen Boden der Mark. Dort, in seinem »Lusthaus in den Weinbergen« verbringt der »Philosoph von Sanssouci« ab 1745 die meiste Zeit seines Lebens. Ein Schloss Sorgenfrei – *sans souci* – soll es werden, später bezeichnet es Friedrich aber oft als Hundertsorgenhaus – *cent souci*. Mit dem Bau des Schlosses und der Parkanlage wird 1744 begonnen, die künstlerische Gesamtleitung sowohl der gärtnerischen als auch der architektonischen Teile besitzt – wie schon in Rheinsberg – *Georg Wenzeslaus von Knobelsdorff.* Der junge Fritz wirkt aber maßgeblich mit. Als erstes plant er seine Gruft!

Der **Haupteingang zum Park,** das Obeliskenportal, liegt neben der im Stil einer frühchristlichen Basilika erbauten **Friedenskirche** von 1854. Hier beginnt die 2,5 km lange Hauptallee. Gleich rechter Hand lockt ein sehr barock-verspieltes Werk aus italienischem Marmor: Die **Neptungrotte,** der römische Gott des Meeres thront darauf. Die **Bildergalerie** von 1764 daneben ist der älteste Museumsbau Deutschlands und innen einer der schönsten Galeriebauten weltweit. Die Galerie besitzt Teile der wertvollen Gemäldesammlung Friedrich II. mit Werken von Rubens, van Dyck (»Pfingsten«), Vasari, Caravaggio (der »Ungläubige Thomas«), Reni u.a. Blickfang der Allee ist die **Große**

✴ **Friedenskirche:**
Mausoleum Friedrich Wilhelm IV. und seiner Gemahlin Elisabeth. Letzte Ruhestätte Wilhelm Friedrich I. (Soldatenkönig), Kaiser Friedrich III. und seiner Gattin Victoria, Mitte April – Okt 10 – 18 Uhr. Davor: Friedensteich und der Marlygarten von Lenné.

Fontäne, rundherum mit Figuren geschmückt. Barbusig trachtet da etwa Venus danach, ihren Parkgeliebten Merkur zu becircen. Die beiden weißen Marmorwerke des Bildhauers *Jean Baptiste Pigalle* sind Geschenke des französischen Königs Ludwig XV. Die Originale befinden sich im Berliner Bodemuseum.

Friedrichs edler Wohnsitz: Schloss Sanssouci

Unmittelbar dahinter führen 132 Stufen den ehemaligen Weinberg zum Schloss Sanssouci hinauf. Das *maison de plaisir* soll einzig den privaten Neigungen des Königs dienen. Knobelsdorff schmückt ganz im Zeichen der geforderten heiteren Sorglosigkeit die gesamte Gartenfront mit einer ziemlich lustigen Gesellschaft: Nymphen sind zu erkennen, Waldgötter, Faune, Silene und Götter aus der griechischen Mythologie. Eine roman-

Christian Graf von Krockow: Friedrich der Große. Ein Lebensbild, Bastei Lübbe 2008.
Heinrich Mann: Die traurige Geschichte von Friedrich dem Großen, Claassen Verlag, Hamburg 1962.

ZEITEN & PREISE POTSDAMER PARKLANDSCHAFT

🕐 *Die Potsdamer Parklandschaft,* 14469 Potsdam. ✆ 0331/9694202, 9694200, 9694201 (Gruppenservice), www.spsg.de. *Bahn/Bus:* RE1 stündlich ab Berlin Stadtbahn nach Park Sanssouci. Tram 91, 94, Bus X15, 605, 606, 610, 612, 614, 631, 650, 695 bis Luisenplatz, dann Bus 606 bis Neues Palais und zum Schloss Sanssouci. Bus 605 bis Neues Palais und Schloss Charlottenhof. Bus 695, die »Schlösserlinie«, bis Schloss Sanssouci. *Auto:* ↗ Info & Verkehr Potsdam. *Zeiten:* Besucherzentrum an der Historischen Mühle April – Okt 8.30 – 18, Nov – März 8.30 – 17 Uhr, ✆ 0331/9694200. *Preise:* Park frei zugänglich. Es kann eine Spende zur Erhaltung und Pflege der Anlage geleistet werden. *Infos:* Fahrradfahren ist nur auf bestimmten ausgeschilderten Wegen erlaubt. An den Eingängen können an Automaten Parkpläne für 2 € gekauft werden; Fotoerlaubnis 3 €.

Schloss Sanssouci, April – Okt Di – So 10 – 18 Uhr, Besichtigung mit Audioguide, 12 €, ermäßigt 8 €. Nov – März Di – So 10 – 17 Uhr. Besichtigung nur mit Führung.

Bildergalerie, Mai – Okt Di – So 10 – 18 Uhr, 6 €, ermäßigt 5 €.

Schloss Neue Kammern, April – Okt Di – So 10 – 18 Uhr, 4 €, ermäßigt 3 € mit Führung oder Audioguide.

Historische Windmühle, April – Okt Mo – So 10 – 18 Uhr, Nov, Jan – März Sa, So 10 – 16 Uhr, Dez geschlossen, mit Führung, 3 €, ermäßigt 2 €.

Chinesisches Haus, Mai – Okt Di – So 10 – 18 Uhr, 2 € ohne Führung.

Orangerieschloss mit Raffaelsaal, Mai – Okt Di – So 10 – 18 Uhr, 4 €, erm 3 €, April Sa, So, Fei 10 – 18 Uhr, nur mit Führung, Aussichtsturm 2 €.

Neues Palais, Grand Tour: April – Okt Mo und Mi – So 10 – 18 Uhr, Nov – März Mo und Mi – So 10 – 17 Uhr, Besichtigung mit Führung oder Audioguide 8 €, ermäßigt 6 €. Königswohnung: April – Okt Mi – Mo Führungen 10, 12, 14 und 16 Uhr, 5 €, ermäßigt 4 € mit Führung. Pesne-Galerie: April – Okt Sa, So, Fei 10 – 18 Uhr, 2 €, ermäßigt 1,50 €, ohne Führung.

Römische Bäder, Mitte April – Okt Di – So 10 – 18 Uhr, 5 €, ermäßigt 4 €.

Schloss Charlottenhof, Ostern und Mai – Okt Di – So 10 – 18 Uhr, 4 €, ermäßigt 3 € nur mit Führung. Kombiticket mit Römische Bäder 5 bzw. 4 €.

Belvedere auf dem Klausberg (Rundtempel mit Aussichtsturm), Mai – Okt Sa, So, Fei 10 – 18 Uhr, 2 €.

Normannischer Turm auf dem Ruinenberg (Aussichtsplattform), Mai – Okt Sa, So, Fei 10 – 18 Uhr, 2 €.

tisch-illusionäre Anlage mit künstlichen Ruinen eines antiken Amphitheaters lässt sich Friedrich auf dem nahen Ruinenberg nördlich des Schlosses errichten. Mit seinen Windspiel-Hunden wird der Monarch täglich durch die großen Flügeltüren zur weiten Südterrasse hinaus getreten sein, wohl auch zusammen mit dem französischen Philosophen Voltaire, der ihn in Rhetorik und Poetik unterweist. Und hier oben auf der Terrasse will der Alte Fritz auch ruhen, wenn er dereinst »seinen Lebensodem der wohltätigen Natur zurückgegeben« habe. Erst zu seinem 205. Todestag im Jahre 1991 wird ihm das vergönnt. Friedrich stirbt 1786 einsam im grauen Sessel seines Schlafzimmers. »Der Berg ist überschritten« sind seine letzten Worte. Sein bescheidenes Grab ist umgeben von der Göttin Flora und dem Betenden Knaben im Laubenpavillon, neben ihm ruhen seine elf geliebten Hunde.

Von Schloss zu Schloss

Westlich des Schlosses Sanssouci beherbergen die **Neue Kammern** luxuriöse Appartement- und Festräume wie den prunkvollen *Jaspissaal,* der mit edlen Steinen ausgekleidet ist, den *Ovidsaal* mit vergoldeten Stuckreliefs von den sinnenfrohen Metamorphosen des römischen Dichters Ovid oder den *Buffetsaal* mit einem originellen Schenktisch. Dieses sehr herrschaftliche Schlossgebäude diente 1747 noch als Orangerie, nach Umbau ab 1768 als Gästehaus. Die **Historische Mühle** dahinter, 1945 völlig ausgebrannt, wurde 1993 wieder aufgebaut.

Die Hauptallee führt schnurgerade zum figurenreichen **Musen- und Entführungsrondell,** wo weibliche Nackedeis, formschön in Marmor gemeißelt, von gierigen Männerhänden verschleppt werden. Die Skulpturen stellen sehr anschaulich u.a. die

*Im **Speisezimmer** sind die vergoldeten Reliefs von Friedrich Christian Glume über den Türen besonders beeindruckende Bildhauerarbeiten. Die Decke zeigt ein Gemälde von Pesne: Flora und Zephyr. Das **Musikzimmer** schwelgt mit prunkvoll getäfelten Wänden und eingelassenen Gemälden von Pesne. Der Maler Adolph Menzel dichtete sein berühmtes »Flötenkonzert« (1852) in diesen Raum hinein: Friedrich bläst sein Lieblingsinstrument. Höhepunkt des Schlosses ist der ovale **Marmorsaal** mit goldkassettierter Kuppel, die von Knobelsdorffs Marmorsäulen getragen wird. Bergkristalllüster funkeln unter der Decke, Venus und Apoll stehen weißmarmorn in Nischen, verspielte Putten und Allegorien über den Säulen. Auch diesen Raum verewigte Menzel: Seine »Tafelrunde« (1850) zeigt u.a. Voltaire, der sich scherzend zum König beugt. Der vielleicht schönste Raum ist die kreisrunde und mit Zedernholz getäfelte **Bibliothek.***

Chinesisches Teehaus:
Brandenburger als
Chinesen verkleidet
© spsg, Foto: Wolfgang Kling

Zur Historischen Mühle, Zur Historischen Mühle 2, Potsdam. ☎ 0331/281493. http://restaurants.moevenpick.com/sanssouci. Täglich 8 – 23 Uhr. Im Park Sanssouci, internationale Küche, Kindermenüs, ☕ Café, Sommerterrasse und Biergarten, großer Kinderspielplatz.

Entführung der Sabinerinnen durch Römer und die Entführung Helenas durch Paris dar. Südwestlich davon beeindruckt das vor Blattgold strotzende **Chinesische Teehaus,** das *Johann Gottfried Büring* 1755 in der Form eines Kleeblatts entwarf. Oben auf der Kuppel des geschwungenen, zeltartigen Kupferdaches sitzt ein Mandarin mit Sonnenschirm, unten vergoldete, Tee trinkende und musizierende Figuren mit eindeutig europäischen Gesichtszügen und als Chinesen verkleidet – schließlich standen den Bildhauern nur Menschen aus der Region als Modelle zur Verfügung. Der exotische Pavillon stammt aus der Blütezeit der *Chinoiserie,* als bei den europäischen Herrschaften China in Mode stand. Drinnen: vergoldete Konsolen mit alten Porzellanen.

Rechter Hand in Richtung Neues Palais blickt man am reitenden Alten Fritz und am bronzenen Apoll als Bogenschützen vorbei hinauf zur beeindruckenden, 300 m breiten Front des **Orangerieschlosses,** das von *Ludwig Persius* geplant schließlich 1862 von *Friedrich August Stüler* und *Ludwig Ferdinand Hesse* im Stil der italienischen Renaissance vollendet wird. Eine wahre Augenweide! Das großartige Gebäude plante Friedrich Wilhelm IV., der »Romantiker auf dem Thron«, als Abschluss eines gigantischen Triumphstraßenprojektes längs der Anhöhe westlich von Schloss Sanssouci. Der Plan blieb königliche Fantasie. Die Westhalle des Schlosses wird noch heute als

Orangerie, also als Winterquartier für Palmen und andere exotische Pflanzen genutzt. Die Hauptsehenswürdigkeit ist der prächtige *Raffaelsaal* mit perfekten Kopien des italienischen Renaissance-Malers.

Am Westende der Allee steht, ja erhebt sich geradezu das

Neue Palais von 1769, ein protziger Schlossbau im Spätstil des friderizianischen Barock, das Friedrich selbst »une fanfaronade« nannte, eine einzige Prahlerei. Mit dem riesigen Repräsentationsbau nach Plänen von *Johann Gottfried Büring* will er die neu erlangte Machtstellung Preußens nach dem siegreichen Siebenjährigen Krieg auch architektonisch unterstreichen. Die Kuppel wird von drei Grazien gekrönt, die die preußische Krone tragen. Zahlreiche Figuren schmücken ringsum die Dachbalustrade. Die prächtigsten Räume sind der *Marmorsaal* mit Gemälden französischer Maler des 18. Jahrhunderts und der bizarr ausgestaltete *Muschelsaal.* Das bezaubernde **Rokoko-Schlosstheater** im Südflügel ist das stilvolle Ambiente für Hofkonzerte und für die *Potsdamer Winteroper* jährlich im November.

Potsdamer **Winteroper** im Schlosstheater, www.potsdamer-winteroper.de.

Die palastartigen Bauten mit riesigen Freitreppen hinter dem Neuen Palais, die **Communs,** schuf *Carl von Gontard* ebenfalls bis 1769. Sie dienten u.a. als Wirtschaftsgebäude, in denen auch die Dienerschaft untergebracht war. Auf ihren Kuppeln thronen die Göttinnen Viktoria und Fortuna mit Füllhorn. Eine halbkreisförmige Kolonnade ver-

DER BESONDERE TIPP
Café-Restaurant Drachenhaus

In der Chinesischen Pagode von 1770 – Drachen hocken grinsend auf dem achteckigen Dach. Das ehemalige Winzerhaus steht auf dem Klausberg, nahe Orangerie und neben dem bezaubernden Belvedere von 1772. Stilvoll im Biedermeierstil eingerichtet, Sommerterrasse, regionale Küche: Fisch aus dem Schwielowsee, Fleisch vom Bauern und Wild vom Jäger, edle Trinkschokoladen und gute Weine.

Café-Restaurant Drachenhaus, Maulbeerallee 4a, Potsdam. ✆ 0331/5053808. www.drachenhaus.de. Mo – So ab 11 Uhr, Nov – März Di – So 11 – 18 Uhr.

bindet die beiden Häuser, in der Mitte dominiert ein Triumphbogen, der den westlichen Abschluss des Parks bildet.

Achtung: Aufgrund von Sanierungsarbeiten sind der Marmorsaal, der darunter liegende Grottensaal sowie das Schlosstheater derzeit nicht zu besichtigen. Nach langer Sanierung seit 2012 erstmals wieder zu besichtigen sind das Untere Fürstenquartier mit Tressenzimmer, Konzertzimmer und Ovalem Kabinett.

Schloss Charlottenhof

↗ Infokasten Parklandschaft Potsdam. **Infos:** Schlösserbesichtigung für Menschen mit Behinderungen in Begleitung möglich.

Ein weiter Bogen vom Neuen Schloss in südliche Richtung führt zum **Park und Schloss Charlottenhof.** Eigentlich ist es eher eine meisterhaft gestaltete Gartenvilla, preußischer Klassizismus in Reinform. Das schmucke Gebäude mit seinen zehn Zimmern ist harmonisch in den Schlossgarten *Hermann Sellos* und in den sich daran anschließenden Landschaftsgarten *Peter Joseph Lennés* eingegliedert. Riesig und wunderschön: die mächtigen, mehrhundertjährigen vier Platanen in Schlossnähe!

Das Gebäude entstand in der zweiten Bauperiode von Sanssouci 1826 bis 1829 und ist ein deutlicher architektonischer Gegenpol zu den Bauten des friderizianischen Rokoko auf der nördlichen Parkseite. Die Baumeister waren *Karl Friedrich Schinkel* und dessen Schüler *Ludwig Persius*. Sie gestalteten dabei ein barockes Gutshaus, das der preußische König Friedrich Wilhelm III. 1825 seinem Sohn und Kronprinzen geschenkt hatte, vollständig um. Das einstöckige Sommerschloss wurde schließlich nach der vormaligen Gutsbesitzerin benannt, nach *Maria Charlotte von Gentzkow*. Sehr nobel und schlicht zugleich ist die Inneneinrichtung, etwa das spektakuläre Zeltzimmer der Hofdamen mit blau-weißer Stoffbespannung. Blauweiß sind auch die Fensterläden – eine Huldigung an die bayrische Heimat der Hausherrin *Elisabeth*. Eine Pergola schließt den erhöhten Garten im Süden ab. Im Dichterhain sind auf Säulen die Büsten berühmter Literaten aufgestellt – u.a. Schiller und Goethe.

*Kronprinz Friedrich Wilhelm lud den Berliner Universalgelehrten **Alexander von Humboldt** (1769 – 1859) zwischen 1835 und 1840 regelmäßig ins Schloss Charlottenhof ein, wo er von seinen zum Teil abenteuerlichen Forschungsreisen berichten musste. Stets soll sich dabei der Hofstaat entsetzlich gelangweilt haben, was aber mit Sicherheit nicht an Humboldt lag.*

Römische Bäder

Geht man den von Lenné angelegten Maschinenteich entlang, erreicht man die Römischen Bäder, eine ockerfarbene und malerische Gebäudegruppe, die die Italiensehnsucht des Kronprinzen widerspiegelt. Die Anlage, die der kunstsinnige Prinz mit entwarf, entstand zwischen 1829 und 1840. Dazu gehören ein Hofgärtnerhaus, ein tempelartiger Pavillon, eine offene Arkadenhalle und ein Gebäude, das einem römischen Wohnhaus

Es fehlen nur die Zypressen: Die Römischen Bäder
© spsg, Foto: Wolfgang Kling

nachempfunden ist. Dessen Baderaum gab der gesamten Anlage ihren Namen. Die Baumeister waren auch hier Schinkel und vor allem Persius. Die auffällige Schmuckwanne aus grünem Jaspis im Atrium (Empfangsraum) ist ein Geschenk von Zar Nikolaus I. an Friedrich Wilhelm IV.

POTSDAM SIGHTSEEING

Neuer Garten, Marmorpalais und Schloss Cecilienhof

Der **Neue Garten,** im Unterschied zum »alten« von Sanssouci, wurde 1787 bis 1791 nach dem Vorbild des Wörlitzer Landschaftsparks zunächst von *Johann Friedrich Eyserbeck* (1762 – 1801) gestaltet. Den Auftrag gab der preußische König *Friedrich Wilhelm II.,* der als Nachfolger Friedrich II. von 1786 bis 1797 regierte. Ab 1817 führte *Peter Joseph Lenné* die Gartengestaltung fort, indem er neue Wege als Diagonalen und die großzügigen Wiesenflächen mit freien Durchblicken zum Heiligen See schuf.

Das beeindruckende **Marmorpalais** entstand 1787 bis 1792 als erster Schlossbau im Neuen Garten. Es liegt direkt am Ufer des Heiligen Sees. Die Pläne für dieses herrliche Gebäude im frühklassizistischen Stil stammen von dem Architekten und Hofbaumeister *Carl von Gontard* (1731 – 1791). Einfache, strenge und unmittelbar der Antike entnommene Formen prägen den Bau, dessen schönster Teil dem See zugewandt ist. Wandvorsprünge und Fenstereinrahmungen sind mit schlesischem Marmor gestaltet, Putten aus Sandstein schmücken das Obergeschoss. Ein runder Belvedere-Turm bekrönt das Palais. Es diente dem »Dicken Wilhelm« als Sommerresidenz. Nach dessen Tod ließ sein Nachfolger *Friedrich Wil-*

Meierei, Im Neuen Garten 10, Potsdam. ✆ 0331/7043211. www.meierei-potsdam.de. Ganzjährig geöffnet. April – Okt Di – So 11 – 22 Uhr. Alte Meierei im normannischen Burgenstil von 1845, nahe Schloss Cecilienhof, direkt am Jungfernsee, eigene Brauerei, gute deftige Küche, große Sommerterrasse, daneben Anlegestelle der Weißen Flotte. Fahrten u.a. zur Glienicker Brücke, Neustädter Havelbucht, Sanssouci, Stranbad Templin am Schwielowsee.

Das Marmorpalais: Schloss mit separater Küche (links im Bild)

helm III. die beiden eingeschossigen Seitenflügel bauen. Von 1831 bis 1835 bewohnte der spätere Kaiser Wilhelm I. das Schloss, von 1880 bis 1888 der nachmalige deutsche Kaiser Wilhelm II. Der letzte Kronprinz der Hohenzollern, noch ein Wilhelm, bezog die herrschaftlichen Räume mit seiner Familie im Jahre 1905. Seine Söhne Hubertus und der 1994 verstorbene Louis Ferdinand wohnten im linken Seitenflügel. Schon ein Jahr vor der Abdankung des Kaisers im November 1918 verließen die Hohenzollern das Palais.

Verantwortlich für die **Innenausstattung des Hauses** war *Carl Gotthard Langhans* (1732 – 1808), der auch das Brandenburger Tor in Berlin konzipierte. Nach jahrelanger Restaurierung ist das Palais mit seinen kostbaren Raumausstattungen des Frühklassizismus, mit Konzertsaal, orientalischem Kabinett und Grottensaal, mit prächtigen Intarsien, Seidenbespannung, Stukkaturen, Marmorkaminen und Gemälden, mit Möbeln von

Roentgen und Fiedler und vor allem mit der berühmten Wedgewood-Keramik wieder für die Öffentlichkeit zugänglich. Zum Palais gehört das **Küchengebäude** in geziemender Entfernung. Es ist ebenfalls ein Werk von Gontard und sieht äußerlich ganz und gar nicht nach Küche aus, viel eher hat es mit seinen korinthischen, mit Kapitellen geschmückten Säulen das Aussehen eines kleinen Tempels. In Sichtweite des Palais befindet sich noch ein weiteres Bauwerk, das nicht so recht in die märkische Landschaft passen will: Da steht am Rande einer großflächigen Wiese eine steinerne **Pyramide,** der als Eiskeller diente, also als Kühlschrank für die königlich-preußische Familie. Ganz im Norden der Parkanlage steht das berühmteste Gebäude im Neuen Garten: **Schloss Cecilienhof,** heute nationale Gedenkstätte. Dieses 1913 – 1917 im Stile eines englischen Landsitzes errichtete Schloss war der letzte preußische Schlossbau. Kaiser Wilhelm II. ließ es für seinen ältesten Sohn Kronprinz Wilhelm und dessen Gemahlin Kronprinzessin Cecilie errichten, die hier noch bis 1945 mit ihren sechs Kindern wohnten. Es besitzt sage und schreibe 176 Räume und 55 Schornsteine, ein Imponiergehabe, das dem mit einem Hang fürs Maßlose geprägten Charakter des Thronerben entsprach. Gleichzeitig lässt der Prinz, wie noch heute zu sehen, ausgerechnet den schönen Ausblick auf den Jungfernsee mit Butzenscheiben verblenden. Weltweit bekannt wurde Cecilienhof als Unterzeichnungsort des **Potsdamer Abkommens** am 2.

Nach der Prinzessin benannt: Cecilienhof
© spsg/dzt, Haep

August 1945. Nach der bedingungslosen Kapitulation Deutschlands trafen sich hier die Vertreter der drei führenden Staaten der Siegermächte – Stalin für die Sowjetunion, Attlee in Vertretung von Churchill für Großbritannien und Truman für die USA – um eine neue Weltordnung zu entwerfen. Rückblickend darf das Vorhaben als misslungen bezeichnet werden. In einer Ausstellung werden die historischen Zusammenhänge vermittelt. Besichtigt werden können auch die original ausgestatteten Konferenz- und Arbeitsräume der Delegationen. In den historischen Räumen befinden sich ein elegantes **Hotel** mit **Restaurant.**

🕐 *Neuer Garten, Marmorpalais und Schloss Cecilienhof, Schloss Cecilienhof, Im Neuen Garten, 14469 Potsdam.* ✆ *0331/9694200, www.spsg.de. Bahn/ Bus: Von Potsdam Hbf mit Tram 92 oder 96 bis Reiterweg /Alleestraße, weiter mit Bus 603 bis Schloss Cecilienhof. Zeiten: April – Okt Di – So 10 – 18, Nov – März Di – So 10 – 17 Uhr. Preise: Besichtigung nur mit Führung 6 €, ermäßigt 5 €; Kombiticket mit Marmorpalais 8 €, ermäßigt 6 €; Kinder 5 €; Marmorpalais: Mai – Okt Di – So 10 – 18 Uhr, Winter Sa, So, Fei 10 – 16 Uhr. Eintritt 5 € mit Führung, ermäßigt 4 €. Infos: Fahrradfahren ist nur auf bestimmten ausgeschilderten Wegen erlaubt.*

🔺 **relexa Schlosshotel Cecilienhof Potsdam,** Neuer Garten, 14469 Potsdam, 0331/ 3705-0, www.relexa-hotels.de. DZ ab 140 €, Arrangements wesentlich günstiger.

Vom Pfingstberg zur russischen Kolonie Alexandrowka

Nur wenige Gehminuten westlich vom Cecilienhof erhebt sich mit dem **Pfingstberg** Potsdams höchste natürliche Aussicht. In den Nachkriegsjahrzehnten bis 1994 gehörte der 76 m hohe Sandhügel zur umliegenden »Verbotenen Stadt« mit dem Villenviertel des **KGB,** da der Blick auf die nahen Grenzanlagen und nach Westberlin unerwünscht war. Nach sehr aufwändigen Restaurierungen zeigt sich seit 2005 wieder die ganze Pracht des als Lustschloss geplanten **Belvederes.** König

✴ *KGB, das Komitee für Staatssicherheit, war bis 1991 der Name für den sowjetischen Geheimdienst.*

Ein Ausguck als Hingucker: Belvedere auf dem Pfingstberg
© spsg, Foto: Wolfgang Kling

Friedrich Wilhelm IV. entwarf Teile dieser grandiosen Doppelturmanlage selbst, als Vorbild diente dem »Romantiker auf dem Thron« das um 1585 erbaute Casino der Villa Farnese in Caprarola. Die Ausführung übernahmen die preußischen Stararchitekten *Ludwig Persius, Friedrich August Stüler* und *Ludwig Ferdinand Hesse,* gebaut wurde 1847 – 1852 und 1860 – 1863. Die Doppelturmfront mit den zwei 25 m hohen Türmen und die an den Seiten verlaufenden Kolonnaden umschließen einen großen Innenhof mit einem Wasserbecken. Die Belvedere-Türme erreicht man über die Kolonnaden und die doppelläufige Freitreppe. Gusseiserne Wendeltreppen führen zu den begehbaren Turmdächern. Von dort oben hat man die schönste Aussicht Potsdams!

Die Planung der Außenanlagen mit dem englischen **Landschaftsgarten** übernahm der Gartenarchitekt *Peter Joseph Lenné.* Liebevoll rekonstruiert wurde auch der nach dem Krieg mutwillig zerstörte **Pomonatempel** vor dem Belvedere. Der elegante, kubische Baukörper mit vier ionischen Säulen und Dachgesims konzipierte 1801 der damals erst 19-jährige *Karl Friedrich Schinkel* als Teepavillon.

M **Pomonatempel,**
℡ 0331/200579-30. www.pfingstberg.de. Im nach der römischen Göttin der Früchte benannten Tempel finden wechselnde Ausstellungen statt.

🕐 *Große Weinmeisterstraße, 14469 Potsdam. ℡ 0331/2005793-3, www.pfingstberg.de. Bahn/ Bus: Busse 604, 609, 638, 639, 697 Am Pfingstberg. Zeiten: Belvedere: Juni, Juli, Aug täglich 10 – 20 Uhr, April, Mai und Okt täglich 10 – 18 Uhr, März und Nov nur Sa, So, Fei 10 – 16 Uhr. Pomona-Tem-*

*pel: Ostern – Okt an Wochenenden und Fei 15 – 18 Uhr. **Preise:** 4 €; Kinder bis 16 Jahre 1,50 €; Familienticket (2 Erw und bis zu 3 Kinder) 9 €.*

Alexandrowka: Russland an der Havel

Wenige Schritte südlich des Pfingstberges steht auf dem Kapellenberg die schmucke russisch-orthodoxe **Alexander-Newski-Kirche,** von Schinkel 1829 mit klassizistischen Elementen entworfen, und noch mal 700 m weiter liegt die russische **Kolonie Alexandrowka.** Das Ensemble mit insgesamt 14 Häusern wurde 1826 für russische Sänger angelegt, die nach den napoleonischen Kriegen in Potsdam geblieben waren. Friedrich Wilhelm III. nannte die kleine Siedlung nach dem 1825 verstorbenen Zaren Alexander. Als Vorbild dienten russische Militärdörfer des 18. Jahrhunderts, Lenné gab dem Gelände die Grundform eines Hippodroms mit eingelegtem Andreaskreuz. Interessant ist das ↗ Museum Alexandrowka.

*Seit 1999 ist die **Newski-Kirche,** nach dem Fürsten von Nowgorod aus dem 13. Jahrhundert benannt, UNESCO-Weltkulturerbe. Im Innern: Viele Schenkungen der preußischen Prinzessin Charlotte, ab 1825 Zarin Alexandra Feodorowna.*

Добро пожаловать в Россию*: Willkommen in Russland*

🕐 *Alexandrowka 2, 14469 Potsdam. www.russische-kolonie.de. **Bahn/Bus:** Busse 604, 609, 638, 639, 697 Am Pfingstberg. **Zeiten:** Alexander-Newski-Kirche Di – So 10 – 18 Uhr.*

Museum Alexandrowka

Seit 2005 ist das außerordentlich schmuck restaurierte Haus Nr. 2 der Russischen Kolonie ein begehbares Baudenkmal. Im Parterre des 1826 errichteten Gebäudes zeigen sechs Räume Einrichtungen im Stil des **Biedermeier** mit originaler Wandbemalung und Kachel-

POTSDAM

Gartencafé im Museum Alexandrowka, ✆ 0331/ 8170203. WLAN-Zugang. Zeiten wie Museum. Idyllisch unter Obstbäumen liegt der Garten des Museumscafés.

Gaststätte Alexandrowka, Russische Kolonie Haus 1, Potsdam. ✆ 0331/2006478. www.alexandrowkahaus1.de. Di – So 11.30 – 22 Uhr. Russisches Ambiente, russische Gastlichkeit, natürlich russische Küche mit Bliny Zar, Sakuska Assorti, Tee aus dem Samowar, kleine Terrasse, rundum empfehlenswert.

Förderverein Kongsnaes e.V., Aerzen. www.kongsnaes.de.

öfen. Schautafeln informieren über die Geschichte der Kolonie. Jährlich werden drei Sonderausstellungen und zahlreiche Veranstaltungen wie Lesungen und Konzerte angeboten. Der **Lennésche Garten** verfügt über 500 verschiedene renaturierte Obstgehölze.

🅼 *Russische Kolonie 2, 14469 Potsdam. ✆ 0331/ 8170203, Handy 0172/4362859. www.alexandrowka.de. Bahn/Bus: Potsdam Hbf Tram 92, 96, Tram 95 vom Platz der Einheit. Bus 638, 639, 604, 609 bis Am Schragen. Zeiten: Di – So, Fei 10 – 18 Uhr, Juni – Sep Fr 10 – 21 Uhr. Preise: 3,50 €; Kinder bis 14 Jahre frei; 3 €. Infos: Zum Museum gehören ein Shop, ein Bistro und ein Café mit Garten.*

Weitere Museen & Architektur

Museum Villa Schöningen: Neuer Kulturort an der legendären Brücke

Unmittelbar an der **Glienicker Brücke,** an der legendären Nahtstelle zwischen Ost und West im Kalten Krieg, harrte die Villa fast 20 Jahre auf ihre Sanierung. Längst war das schmucke Gebäude, 1844 von Ludwig Persius für den Hofmarschall *Kurt Wolfgang von Schöningen* entworfen, zu einem Schandfleck an der Ortseinfahrt nach Potsdam und an der Schwanenallee, die zum Neuen Park führt, heruntergekommen. Die Rettung erfolgte 2007, als zwei finanziell potente Privatpersonen das desolate Haus kauften. Ende 2009 wurde die nun wieder strahlend weiße Turmvilla im italienischen Stil als **Privatmuseum zur deutsch-deutschen** Geschichte eröffnet.

Im Mittelpunkt der multimedialen Dauerausstellung »Spione. Mauer. Kinderheim – An der Brücke zwischen den Welten« stehen neben Schriftstücken, Fotos und zahlreichen Exponaten auch Informationen von Zeitzeugen, die zu diesem Ort –

Statt Agenten werden heute Fotos und Küsschen ausgetauscht: Auf der Glienicker Brücke

um die Glienicker Brücke herum – authentisch über selbst Erlebtes berichten können. Außerdem gibt es wechselnde Kunstausstellungen.

Seit 2011 wird einmal im Monat die alte Berliner Tradition des **Literarischen Salons** wiederbelebt: Lesungen und literarische Gespräche vielleicht so ähnlich wie vor gut 200 Jahren bei den berühmten Berliner Salonieren Henriette Herz und Rahel Varnhagen.

M *Berliner Straße 86, 14467 Potsdam. © 0331/ 2001741, www.villa-schoeningen.de. Bahn/Bus: S1, 7 bis Wannsee Bhf, dann Bus 316 bis Glienicker Brücke. Tram 93 von Hbf Potsdam. Zeiten: Do und Fr 11 – 18 Uhr, Sa, So 10 – 18 Uhr, Mo – Mi geschlossen. Preise: Kunst 4 €, Geschichte 6 €, Kombiticket 9 €, Führungen bis max 21 Pers 50 €; Kinder und Jugendliche bis 18 Jahre frei. Infos: Skulpturengarten und Gartencafé im Sommer Do – So 11 – 21 Uhr, Eintritt frei.*

Filmmuseum Potsdam

Gegenüber dem Alten Markt liegt der ehemalige **Marstall** des Stadtschlosses. Das rot getünchte barocke Gebäude wurde 1685 von Johann Arnold Nehring als Orangerie gebaut. Der Soldatenkönig

In Sichtweite der Villa Schöningen befand sich am Ufer des Jungfernsees die kaiserliche Matrosenstation Kongsnaes von 1896. Hier werden bald die einstigen, im Krieg zerstörten norwegischen Holzgebäude der Anlage rekonstruiert und dann als Restaurant, Café, Anlegestelle und Bootshaus genutzt. Direkt am Ufer verliefen die Grenzanlagen der DDR, das Gelände war bis 1989 nicht zugänglich.

POTSDAM

K Das **Kino** im Filmmuseum zeigt neue
und historische Filme,
Di – Do und Sa 18 und
20 Uhr, Fr und Sa auch
22 Uhr, 5 €, erm 4 €. Kin-
dervorstellungen gibt es
Mi, Sa und So um 16
Uhr, 2,50 €.

Filmcafé, Breite
Straße 1a, Pots-
dam. ✆ 0331/2019996.
www.filmcafe-pots-
dam.de. Di – So 11 – 24
Uhr. Kaffee, Kuchen, liba-
nesische Gerichte.

☀ **Tipp:** Achtung: Das
Filmmuseum ist bis Som-
mer 2014 wegen Umbau-
arbeiten geschlossen!

☀ *Die **Schenkungs-
urkunde** aus dem
Jahre 993, in der Pots-
dam erstmals erwähnt
wird, gehört zu den Hö-
hepunkten des Muse-
ums.*

Friedrich Wilhelm I. ließ schon 1714 das lang gestreckte, elegante Haus in einen Pferdestall verwandeln. Knobelsdorff erweiterte 1746 den herrschaftlichen Stall, die künstlerisch bemerkens-
werten Pferdegruppen auf den Attiken stammen
von dem Bildhauer Friedrich Christian Glume. Heute beherbergt der Marstall das älteste **Filmmuseum** Deutschlands. Die interessante ständige
Ausstellung »Die Traumfabrik – 100 Jahre Film in
Babelsberg« dokumentiert die Stationen von Ufa,
DEFA und dem Studio Babelsberg. Das Museum
besitzt um die 500 Originalrequisiten und -kostü-
me aus berühmten Filmen, die ab 1912 in Babelsberg gedreht wurden. Zu den Besuchermagneten
der Ausstellung gehört z.B. die »Schminkwerkstatt«
Marlene Dietrichs. Fans von Hans Albers zieht's
vielleicht auch zur Vitrine, wo das Toupet des
»blonden« Hans heute liegt. Im Kinosaal mit Kino-
orgel werden regelmäßig Retrospektiven gezeigt.

M *Breite Straße 1a, 14467 Potsdam. ✆ 0331/2718-0,
www.filmmuseum-potsdam.de. im Marstall am Lustgarten. **Bahn/Bus:** Tram X98, 91 – 93, 96, 99, bis Alter Markt. **Zeiten:** Di – So 10 – 18 Uhr. **Preise:** 4 €,
Führungen Eintritt plus 1 € pro Pers; Kinder ab 3 Jahre 3 €. Familienkarte (max. 5 Pers) 12 €; Großeltern
in Begleitung der Enkel jeden Sa 3 €. Eintrittskarten
gelten als Rabattmarke bei jedem weiteren Besuch,
also aufheben! Rabatt Kinder 0,50 bzw. Erw 1 €.
Infos: Museum, Kino und Archiv sind barrierefrei.*

Potsdam Museum: Das Gedächtnis der Stadt

2012 kehrte das Museum an seinen angestamm-
ten Ort im Alten Rathaus am Potsdamer Alten
Markt zurück. Das bereits 1909 gegründete Museum informiert in elf themenorientierten Modu-
len über die Stadtgeschichte von 993 bis zur Gegenwart sowie über die Wohn- und Alltagskultur. In
der ständigen Ausstellung »Potsdam. Eine Stadt

macht Geschichte« wer-
den Migration, Militär, Architektur, Handel, auch
die Wendezeit und die
Hausbesetzerszene von
1993/94 thematisiert. Zu
sehen sind unter ande-
rem: Möbel, Textilien,
Zinnfiguren, Skulpturen,
Uhren, Numismatik
(Münzkunde) aus den letz-
ten 300 Jahren sowie
wertvolle Gemälde des 18.
bis 20. Jahrhunderts mit Ansichten des Alten
Potsdam. Die Stadtgeschichte wird durch eine reiche Fotosammlung belegt.

Filmreife Kulisse: Der
Marstall, Sitz des Film-
museums

© dzt, Haep

Dem Museum angegliedert sind die **Gedenkstätte
für die Opfer politischer Gewalt im 20. Jahrhundert** in der Lindenstraße 54/55 und der Gedenkort **Potsdam und der 20. Juli 1944,** der an den
Widerstand der Offiziere erinnert. Der Gedenkort
befindet sich im brandenburgischen Ministerium
für Infrastruktur und Raumordnung nahe Hauptbahnhof.

M *Forum für Kunst und Geschichte,* *Am Alten Markt 9,*
14467 Potsdam. *0331/2896262, www.pots-*
dam.de/potsdam-museum. *Bahn/Bus: Potsdam Hbf.*
Auto: A115. *Zeiten: Di, Mi, Fr 10 – 17 Uhr, Do 10 –*
19 Uhr, Sa und So 10 -18 Uhr. *Preise: 5 €i; Kinder*
und Jugendliche bis 18 Jahre frei. *Infos: barrierefrei.*

Haus der Brandenburgisch-Preußischen Geschichte

Ständige Ausstellung »Land und Leute« über 900
Jahre Landesgeschichte, die nun auch über Alltag
und Diktatur in der DDR informiert. Im Obergeschoss regelmäßig Sonderausstellungen zu Geschichte und Kunst, die extra kosten.

Tipp: Der Kutschstall-
hof ist in seiner Geschlos-
senheit ideal für Märkte
wie den polnischen **Ster-
nenmarkt,** der mittler-
weile fester Bestandteil
des städtischen Weih-
nachtsmarkt-Angebotes
Potsdams ist.

POTSDAM

Café Lapis Lazuli, Benkertstraße 21, Potsdam. ✆ 0331/ 2802371. www.lapis-lazu-li-potsdam.de. Täglich ab 10 Uhr, Nov – März Mo – Do ab 17 und Fr – So ab 10 Uhr. Gemütliche Szenekneipe und Straßencafé, kleine Gerichte, Livemusik.

Ⓜ *Am Neuen Markt 9, 14469 Potsdam. ✆ 0331/ 62085-50, www.hbpg.de. im Kutschstall. **Bahn/Bus:** ↗ Potsdam, Hbf. **Zeiten:** Di – Do 10 – 17, Fr bis 19 Uhr, Sa, So, Fei 10 – 18 Uhr. **Preise:** 4,50, Sonderausstellung ca. 4 €; Kinder und Einzelbesucher bis 18 Jahre sowie Sozialpassinhaber in allen Ausstellungen frei. Ermäßigungsberechtigte und Gruppen ab 10 Pers 3,50 €, Sonderausstellungen ca. 2,50 €. **Infos:** Barrierefrei auch für Hörgeschädigte; Info- und Buchshop anbei.*

Einsteinturm auf dem Telegrafenberg

Der Telegrafenberg ist eine bewaldete, 94 m hohe Erhebung nahe dem Potsdamer Hauptbahnhof und dem Templiner See. Bereits 1876 wurde hier das weltweit erste **Astrophysikalische Observatorium** gebaut. In den Jahren 1919 bis 1924 entstand dort oben nach Plänen des deutsch-jüdischen Architekten *Erich Mendelsohn* der futuristisch anmutende **Einsteinturm,** ein expressionistisches Bauwerk in hellem Weiß mit Anklängen an den Jugendstil. Unter seiner Kuppel befindet sich ein Sonnenteleskop mit einer Brennweite von 14 m, mit dem sich die in Einsteins Allgemeiner Relativitätstheorie theoretisch entwickelte Gravitationsrotverschiebung des Lichtes nachweisen ließ. Heute wird das Teleskop vor allem für Messungen des Magnetfeldes in Sonnenflecken genutzt. Die Bronzebüste von Einstein am Eingangsbereich konnten Mitarbeiter während der Nazidiktatur in Sicherheit bringen.

In unmittelbarer Nachbarschaft des Turms stehen

Wie vom anderen Stern: Der Einsteinturm

zwei weitere (auch architektonisch) interessante Gebäude: Das **Michelson-Haus** von 1879 war die erste Forschungsstätte auf dem Telegrafenberg, der **Große Refraktor** ein paar Schritte weiter wurde 1899 von Kaiser Wilhelm II. eingeweiht und besitzt das viertgrößte Linsenteleskop weltweit.

🕐 *Telegrafenberg 1, 14473 Potsdam. ✆ 0331/2882331, www.einsteinturm.de. Im Wissenschaftspark Albert Einstein. **Bahn/Bus:** Bus 694. **Zeiten:** Die Außenbesichtigung des Turms ist täglich möglich, die Innenbesichtigung Okt – März mit Führung durch die Urania Wilhelm Foerster Potsdam e.V. Eine Voranmeldung ist unbedingt erforderlich. **Preise:** 7 €; 6 €. **Infos:** Urania Wilhelm Foerster Potsdam e.V., ✆ 0331/291741, www.urania-potsdam.de.*

Die gestreifte Moschee: Das Dampfmaschinenhaus

Am Ende der Breiten Straße stößt man auf ein Bauwerk, das umgeben von 17-stöckigen Plattenbauten wie ein seltsamer Fremdkörper aus einer anderen Welt wirkt. Eine maurische Moschee am Havelufer? Muezzine rufen vom Minarett zum Gebet direkt neben der DDR-Platte? Des Rätsels Lösung: Das schöne Gebäude mit dem hoch aufragendem Minarett als Schornstein wurde 1841/42 auf Veranlassung des preußischen Königs *Friedrich Wilhelm IV.* von Ludwig Persius als Dampfmaschinenhaus gebaut. Es versorgte die Fontänen im Park Sanssouci mit Wasser aus der Have. 1937 ersetzte man die alte Dampfmaschine der Berliner Firma Borsig durch Elektropumpen. 1985 wurde die »Moschee« schließlich als Museum und technisches Denkmal eröffnet, aber die großen Zahnräder kann man noch in Aktion erleben.

Ⓜ *Breite Straße 28, 14467 Potsdam. ✆ 0331/9694-225, 9694-200 (Führungen), www.spsg.de. **Bahn/Bus:** Tram 91, 94, Bus 605, 606 bis Auf dem Kiwitt oder Luisenplatz, dann in Fahrtrichtung weiterlaufen.*

Erich Mendelsohn *(1887 – 1953), bedeutender deutscher Architekt. Er gründete zusammen mit Walter Gropius und Ludwig Mies van der Rohe 1924 eine progressive Architektenvereinigung. Seine Werke werden als expressionistisch und organisch bezeichnet. Von ihm stammt u.a. auch die berühmte Hutfabrik in ↗ Luckenwalde (1923) und der Wohn- und Geschäftskomplex am Kurfürstendamm 153 – 156, die heutige Schaubühne am Lehniner Platz.*

Als Minarett getarnt: Das Dampfmaschinenhaus des Königs

Zeiten: Mai – Okt Sa, So, Fei 10 – 18 Uhr nur mit Führung, Mittagspause 12.30 – !3 Uhr. *Preise:* 2 €; Kinder 1,50 €.

Krongut Bornstedt: Kultur, Kommerz und Lange Kerls

November 2004: Mit royalem Gefolge schreitet die **englische Queen** nebst Prinzgemahl **Philipp** das historische Gelände ab. Sie lächelt und scheint *very amused.* So wie rund eine halbe Million Menschen jährlich, die das ehemalige landwirtschaftliche Mustergut der Hohenzollern kaum 400 Schritte vom Schloss Sanssouci entfernt besuchen. Die königliche Visite hatte ihren Grund: Gut 150 Jahre zuvor schuf der spätere deutsche (99-Tage-) Kaiser *Friedrich III.* zusammen mit seiner englischen Gemahlin *Victoria,* Tochter der legendären Queen Victoria, aus dem unscheinbaren Flecken ein architektonisches Kleinod, ein »italienisches Dörfchen«. Im Jahre 2002 wurde das Stück Italien unter preußischem Himmel und direkt am Ufer des *Bornstedter Sees* nach aufwändiger Sanierung wieder erweckt und zum UNESCO-Weltkulturerbe erklärt. Entstanden ist eine stimmungsvolle **Kulisse für Kultur:** In der Brandenburg-Manufaktur kann man Zinngießern, Hut- und Putzmachern, Webern, Keramikern und Kerzenmachern über die Schulter schauen. Es finden regelmäßig Märkte, Konzerte und Hoffeste statt und einmal im Monat exerzieren wie einst Lange Kerls im historischen Innenhof. Süffiges Bornstedter Büffelbier mit Tradition seit 1689 wird im rustikalen Brauhaus ausgeschenkt, nette Einkehrmöglichkeiten bieten das ehemalige Gutshaus, die Weinscheune von 1779 und das ⬈ Café Victoria.

🕐☉✉ *Krongut Bornstedt,* Ribbeckstraße 6 – 7, 14469 Potsdam. www.krongut-bornstedt.de. *Bahn/Bus:* Vom

Café Victoria, Ribbeckstraße 6 -7, Potsdam-Bornstedt. ✆ 0331/550650. www.krongut-bornstedt.de. Täglich 10 – 19 Uhr, Jan – März nur Sa, So ab 14 Uhr. Großes Kuchenangebot, Kaffeespezialitäten, Eis. Gemütliche Einrichtung im viktorianischen Stil, schöne Terrasse im Innenhof.

Zu den **Kronstädter Läden** gehören Bäckerei, Florist, Naturkosmetik, Mode und Hüte, Pelzwerkstatt, Fischerhütte mit geräuchertem Fisch, Keramik, Handstrickwaren und Schmuckwerkstatt.

Hbf Potsdam Bus 695 bis Sanssouci, von dort zu Fuß an der Historischen Mühle vorbei, ca 15 Min. Außerdem Haltestelle Kirschallee der Tram 92 (Krongutlinie) sowie Bus 612 und 697.

✳ **Tipp:** **Romantisches Weihnachtsdorf** Ende Nov bis 26. Dez.

Bornstedter Friedhof

Die ersten Skizzen stammen vom preußischen König Friedrich Wilhelm IV. höchstpersönlich, den hoch geschätzten Friedrich August Stüler beauftragte der kunstsinnige Monarch als Architekt zur Ausführung seiner Kirchenidee in italisierenden Formen und mit einem freistehenden Glockenturm. Die schöne Dorfkirche von Bornstedt wurde 1857 eingeweiht. Gleich daneben befindet sich der Eingang zum bereits 1599 angelegten **Bornstedter Friedhof,** dem berühmtesten und wohl auch schönsten Gottesacker Potsdams. Die bevorzugte Beisetzungsstätte des Potsdamer Adels, des gehobenen Bürgertums und des preußischen Militärs ist herrlich verwinkelt, von Schlangenpfaden durchwunden und wildromantisch mit Efeu überwuchert. Die Grabplastiken stammen aus dem 17. bis 19. Jahrhundert. Etliche preußische Berühmtheiten haben hier ihre letzte Ruhestätte gefunden. Darunter die Hofgärtnerfamilie *Sello,* der Baumeister *Ludwig Persius* (1803 – 1845) und der geniale Gartengestalter *Peter Joseph Lenné* (1789 – 1866) – fast Grab an Grab. Nur noch ein außergewöhnlicher Gedenkstein – mit einem Hasen als Symbol für Ängstlichkeit – erinnert in der Kirche an einen gewissen *Jakob Paul Freiherr von Gundling.* Der gelehrte Mann diente dem Soldatenkönig sowohl als Präsident der Preußischen Akademie der Wissenschaften als auch (unfreiwillig) als Hofnarr. Der mit viel »Wein- und Wissensdurst« (Fontane) ausgestattete Wissenschaftler wurde, grotesk kostümiert, in einem zum Sarg umgestalteten Weinfass bestattet.

✶ *»Was in Sanssouci stirbt, wird in Bornstedt begraben«*
(Theodor Fontane).

POTSDAM

Ein schlichtes Kreuz für Lenné, ein Engel für den Geheimen Kabinettsrat Illaire: In Bornstedt repräsentieren die Gräber ihre Toten

Biosphäre Potsdam: Die Tropen auf 5500 qm und unter einem Dach: 20.000 tropische Pflanzen, Amphibien, Reptilien, exotische Vögel, Fische, Spinnen, Insekten. Riesige Bäume, die am Hallendach kratzen: Dschungelatmosphäre bei einer Lufttemperatur von bis zu 28 Grad. Restaurant Luncheon und 🍴 *Café Tropencamp* mit Blick auf einen Urwaldsee und Sonnenterrasse. Drinnen stündlich künstliche tropische Gewitter mit Blitz, Donner und Regen. Sehr schön auch das begehbare *Schmetterlingshaus.* **Info:** Bornstedt, im Volkspark im Norden der Stadt. Georg-Hermann-Allee 99. ✆ 0331/550740, www.biosphaere-potsdam.de. Tram 92 bis Campus FH und 400 m Fußweg, Tram 96 bis Volkspark. Bus 639 Richtung S/U Rathaus Spandau bis Am Pfingstberg. Mo – Fr 9 – 18 Uhr, Sa, So, Fei 10 – 19 Uhr, letzter Einlass 1,5 Std vor Ende. Preise: 11,50 €, Besucher über 88 Jahre frei; Kinder 3 – 4 Jahre 4,50 €, 5 – 13 Jahre 7,80 €; Studenten, Schüler, Arbeitslose, Schwerbehinderte 9,80 €, Familien- und Gruppentarife.

🕐 *Ribbeckstraße, 14469 Potsdam-Bornstedt. ✆ 0331/ 520568, Bahn/Bus: Vom Hbf Potsdam Bus 695 bis Sanssouci, von dort zu Fuß an der Historischen Mühle vorbei, ca 15 Min. Auto: B273. Zeiten: Ganzjährig und ganztägig. Preise: Freier Eintritt. Infos: Die Kirche ist täglich ab 10 Uhr geöffnet. Führungen durch den Friedhof ✆ 0331/2800297.*

Traumlandschaft: Park und Schloss Babelsberg

Östlich des Jagdschlosses Klein Glienicke biegt gleich hinter der Parkbrücke ein stetig ansteigender Weg in den 114 ha großen Park Babelsberg und direkt auf das neugotische Schloss zu. Unterwegs passiert man ein hier etwas merkwürdig erscheinendes Gebäude im normannischen Burgenstil mit Zinnen, Türmchen und Erker direkt am Havelufer. Es ist das ehemalige **Maschinenhaus** (1845) von *Ludwig Persius,* in dem eine Dampfmaschine die komplizierte Bewässerung des stark hügeligen Geländes mit seinen Fontänen, Wasserspielen und den künstlich angelegten Seen ermöglichte. Drei Architekten haben sich zwischen 1834 und 1845 um das **Babelsberger Schloss** bemüht. Als Sommersitz des Prinzen und späteren Kaisers Wilhelm I. war Babelsberg von *Karl Friedrich Schinkel* im Stil englischer Landsitze entworfen und dann von Ludwig Persius ausgeführt worden. Nach dessen Tod verwandelte *Johann Heinrich Strack* das Bauwerk mit Zinnenkränzen, Erkern, Söllern, verschiedenartigen Türmen und zahlreichen Figuren an den Fassaden in eine Art mittelalterliches Prachtschloss – Wilhelms romantisches Idealbild eines Schlosses. Größere Teile der neugotischen Inneneinrichtung sind erhalten, besonders schön ist der Tanzsaal mit Sternenhimmel. Eine Besichtigung ist zurzeit wegen Renovierungsarbeiten leider nicht möglich. Aber allein

© spsg, Foto: Wolfgang Kling

schon der Blick von dort oben hinunter auf die Glienicker Brücke und den Tiefen See ist den »Aufstieg« wert. Er ist einzigartig! Seit 2010 schießt da mitten aus dem Havelsee wieder wie einst ab anno 1845 »der Geysir«, eine 40 m hohe Fontäne, in die Höhe.

An der Gestaltung des **Park Babelsberg** arbeiteten sowohl Lenné als auch der nicht minder geniale Gartenkünstler *Fürst Pückler-Muskau* – allerdings nicht gemeinsam, nacheinander versteht sich. Die Suspendierung Lennés soll die Prinzengemahlin **Augusta** aufgrund gartengestalterischer Streitigkeiten rigoros betrieben haben. Lennés Nachfolger, der ebenso exzentrische wie kreative Fürst, hatte dabei kein geringeres Anliegen als »in künstlerischer Hinsicht alle anderen Anlagen seiner Art in der Potsdamer Gegend zu übertreffen«. Vor dem Schloss liegt auf sanft abfallendem Hang der **Pleasureground** mit dem schönsten Blick auf das herrschaftliche Gebäude. Etwas weiter in der eingeschlagenen Richtung taucht auf einer Anhö-

*Kaiser Wilhelm I. pflegte seine streitbare Gemahlin **Augusta** »Feuerkopf« zu nennen, Bismarck bezeichnete seine politische Gegnerin gerne als »alte Fregatte«.*

Gerichtslaube:
Am Mittelpfeiler
sind auf dem Steinrelief
mehrere Figuren zu
sehen: Engel, die die Tu-
genden symbolisieren,
Schweine, die für die
Laster und für Un-
keuschheit stehen sowie
ein Äffchen als Symbol
für »nachäffende« Falsch-
heit und Bosheit. Am
ehemaligen Pranger: die
mittelalterliche Spott-
figur Kaak, ein Vogel
mit Menschenkopf.

he ein offenes, kubisches Bauwerk aus roten Ziegeln auf, die gotische **Gerichtslaube** aus dem 13.
Jahrhundert. Sie stand bis 1870 noch in Berlin
und musste beim Bau des Roten Rathauses wei-
chen. Auf einem weiteren Hügel ragt der kastellar-
tige **Flatowturm** weit in die Höhe. Er ist dem
Eschenheimer Torturm in Frankfurt am Main nachempfunden. Der neugotische Turm, ein Babelsberger Wahrzeichen, wurde nach Plänen des Architekten *Johann Heinrich Strack* 1856 vollendet. Auf
fünf Etagen sind originalgetreu restaurierte königliche Räume zu besichtigen. Von der 25 m hohen
Plattform lässt sich eine wunderbare Sichtachse
entdecken: Man blickt in gerader Linie auf das
Marmorpalais und die beiden Türme des Belvedere auf dem Pfingstberg. Weitere Sehenswürdigkeiten im Park sind das **Matrosenhaus** mit großen
Staffelgiebeln und eine **Siegessäule.** Die kleinere
Schwester der Berliner Siegessäule trägt eine
bronzene Victoria des Bildhauers *Christian Daniel*

Rauch: Sie wurde 1866 nach dem Sieg Preußens über Österreich auf dem höchsten Punkt des Parks aufgestellt. Auch von dort oben in 77 m Höhe ergeben sich herrliche Aussichten.

🕐 **Park Babelsberg,** *14482 Potsdam. ✆ 0331/ 9694-250, 6009494 (Flatowturm), www.spsg.de. **Bahn/ Bus:** Tram 94 bis Humboldtring/Nuthestraße, Bus 694 ab S-Bhf Griebnitzsee und Hbf Potsdam, Bus 316 ab S-Bhf Wannsee bis Glienicker Brücke. **Zeiten:** Das Schloss ist seit 2011 für mehrere Jahre wegen Sanierungsmaßnahmen geschlossen! **Flatowturm:** Mai – Okt Sa, So, Fei 10 – 18 Uhr. **Preise:** 2 €. **Infos:** Fahrrad fahren ist im Park nur auf bestimmten ausgeschilderten Wegen erlaubt.*

Im Park am **Tiefen See:** Strandbad mit Liegewiese, bunten Strandkörben, Bootsverleih, Imbiss, ✆ 0331/ 6619834. Schiffsanleger nebenan fürs ⚓ Wassertaxi.

Von Schlöndorff bis GZSZ: Filmpark Babelsberg

100 Jahre Filmgeschichte, bereits 1911 ging's hier richtig los. Damals wandelte die Filmgesellschaft *Bioskop* die ehemalige Lagerhalle einer Kunstblumenfabrik in ein Atelier um. Schnell entstand eine Filmstadt, gedreht wurden Stummfilme. Im Jahre 1924 erwarb die *Universum Film AG,* die legendäre **UFA,** das gesamte Gebiet. Viele Klassiker der Stummfilm- und der beginnenden Tonfilmzeit entstanden hier: Fritz Langs »Metropolis«, »Das Cabinet des Dr. Caligari«, »Der blaue Engel« mit Marlene Dietrich, »Münchhausen« mit Hans Albers oder »Die Feuerzangenbowle« mit Heinz Rühmann. Später ließ dort Joseph Goebbels die Propaganda- und Durchhaltefilme für den vermeintlichen Nazi-Endsieg produzieren. Von 1951 bis zur Wende arbeitete auf dem Gelände die volkseigene Filmproduktionsstätte der DDR, die *Deutsche-Film-AG,* **DEFA.** Mit fast 5 qkm zählte diese Filmstadt zu den größten der Welt.

Seit 1991 ist das Gelände als **cineastischer Erlebnispark** der Öffentlichkeit zugänglich. Dem Be-

POTSDAM

✖ **Restaurant im Filmhotel Lili Marleen,** Großbeerenstraße 75/Walter-Klausch-Straße, Potsdam-Babelsberg. ✆ 0331/743200. www.filmhotel.potsdam.de. Di – Sa 17 – 22 Uhr. Nahe Filmpark. Gute regionale Küche. Interieur wie eine Filmkulisse, dekoriert mit Filmplakaten, Requisiten, Autogrammkarten. Barbetrieb.

➔ Am nahen S-Bhf **Griebnitzsee** startet jeden 2. Sa im Monat in Zusammenarbeit mit dem Filmmuseum Potsdam eine sehr informative cineastische Führung per pedales zu den Villen der Ufa-Stars; mit Fahrradmiete 22 €, ohne 14 €, www.sta-tours.de, ✆ 0331/2718112.

sucher wird viel geboten: Eine Mittelalterstadt mit dem **Erlebnisrestaurant** *Prinz Eisenherz,* eine Westernstraße, die kleine Farm – Training von Filmtieren mit Filmtiershow – eine Spielewelt mit Flugsimulator, die Gärten des Kleinen Muck, Mitmach- und atemberaubende Stunt-Shows mit viel Pyrotechnik. Oder man blickt einfach mal neugierig hinter die Kulissen bei den aktuellen Produktionen – das Sandmännchen lässt grüßen.

🕑 *Filmpark Babelsberg, August-Bebel-Straße 26 – 53, 14482 Potsdam. ✆ 0331/7212750, 7212755 (Information), www.filmpark.de. Eingang Großbeerenstraße. Bahn/ Bus: RE7, MR33, Bus 601, 602, 618, 619, 690, 696 bis Bhf Medienstadt Babelsberg. Aus Berlin S7 bis Bhf Babelsberg, dann Bus 690 bis Film-*

▶ *Am östlichen Eingang zum Park Babelsberg erstreckt sich die glamouröse Villenkolonie Neubabelsberg. Sie entstand ab den 70er Jahren des 19. Jahrhunderts. In diesem Nobelviertel direkt am idyllischen See-*

TEIL DEUTSCHER FILMGESCHICHTE: DIE VILLENKOLONIE NEUBABELSBERG

ufer des Griebnitzsees wirkten (noch als recht unbekannte Jungspunte) Architekten wie Mies van der Rohe, Hermann Muthesius und Le Corbusier. Hier wohnten Bankiers, Großindustrielle und prominente UFA-Stars wie Marika Rökk, Heinz Rühmann oder Lilian Harvey. Während der Potsdamer Konferenz im Sommer 1945 residierten in der Villenkolonie die alliierten Regierungschefs Churchill, Stalin und Truman. Der amerikanische Präsident bezog die schmucke Villa in der heutigen Karl-Marx-Straße Nr. 2, mit Türmchen und Zinnenkranz geschmückt. Von hier aus gab er den Befehl zum Abwurf der Atombomben auf Hiroshima und Nagasaki. Berühmt wurde der Balkon der Villa Herpich (Stalins Residenz, Karl-Marx-Straße 27), von dem die drei Politiker am Ende der Konferenz gut gelaunt den Fotografen zuwinkten. Zur Zeit großteils leider nicht zugänglich ist der schöne Seeuferweg – der ehemalige Patrouillenweg der DDR-Grenzer – seit sich die Villenbesitzer und Seeanrainer von Joggern und Spaziergängern belästigt fühlen. ◀

*park. **Rad:** Von Berlin mit Rad S1 bis Griebnitzsee. Ausgang zur Universität Potsdam, dann in Fahrtrichtung der S-Bahn über Uni-Gelände auf August-Bebel-Straße, links einbiegen. Über Großbeerenstraße gegenüber vom Bhf Medienstadt Babelsberg. In diese rechts einbiegen. **Zeiten:** Mitte April – Ende Okt täglich 10 – 18 Uhr, im Sep Mo geschlossen. **Preise:** 21 €; Kinder 4 – 16 Jahre 14 €; Behinderte mit dem Vermerk »B« 17 €, Schüler, Studenten, Azubis 17 €. Familienkarte (2 Erw, bis zu 3 Kinder) 60 €. Gruppenrabatt bei Voranmeldung.*

☀ **Tipp:** Für den Rundgang durch den Filmpark muss man mindestens 5 – 6 Stunden einplanen.

Das Potsdamer Erlebnisquartier Schiffbauergasse

Die Potsdamer Theater-, Musik-, Kunst- und Tanzszene lebt, quirliger und kreativer denn je – an der Schiffbauergasse im seit 2006 völlig neu gestalteten Erlebnisquartier direkt am Ufer des Tiefen Sees. Dort, wo einst Windmühlen standen und in einer Zichorienmühle *Muckefuck,* also Ersatzkaffee, hergestellt und im 19. Jahrhundert große Dampfschiffe gebaut wurden, hat sich ein spannender, integrierter Kultur- und Gewerbestandort entwickelt. In den zahlreichen Spielstätten finden das ganze Jahr über Festivals, Theateraufführungen, Performances, Konzerte, Filmkunst, Disco und Partys statt. Zum bedeutendsten Kulturstandort der Stadt gehören auch denkmalgeschützte Gebäude wie das **Waschhaus** – die ehemalige Garnisonswäscherei – die **Maschinenhalle** und die **Reithallen** der Husaren. Das Waschhaus ist berühmt für seine Live-Konzerte, Partys, Discos und Lesungen. Das künstlerisch sehr vielseitige **T-Werk** bietet neben Konzerten und Workshops Schauspielvorführungen, Musik-, Masken- und Figurentheater. Großer Beliebtheit erfreut sich im Rahmen des T-Werks jährlich im Herbst das osteuropäisch-deutsche **Festival für Off-Theater** *Unidram.*

 **Restaurantschiff John Barnett,** Schiffbauergasse am Kai, Potsdam. ℂ 0331/ 2012099. www.john-barnett.de. Mo – So 10 – 24 Uhr, Okt – März Mo – Fr 16 – 24 Uhr, Sa und So 11 bzw 10 – 24 Uhr. So 10 – 14 Uhr Brunch. Regelmäßig Veranstaltungen. In einem Schleppkahn von 1889. Blick über den Tiefen See zum Park Babelsberg. Mitteleuropäische Küche. Der Restaurantname erinnert an den britischen Pionier der Dampfschifffahrt *John Barnett Humphrey,* der 1815 – 1819 in der Schiffbauergasse tätig war.

T **Waschhaus,** Schiffbauergasse 6, www.waschhaus.de. T-Werk, Schiffbauergasse 4e, www.t-werk.de

M Museum Fluxus, Schiffbauergasse 4f, Museum für zeitgenössische Kunst, ausgerichtet auf die legendäre Fluxus-Bewegung der 60er-Jahre, regelmäßig Musikveranstaltungen, Mi – So 13 – 18 Uhr, www.fluxus-plus.de

*Der 1900 in Dresden geborene **Hans Otto**, ein Schulkamerad Erich Kästners, war Schauspieler, zuletzt am Staatstheater am Berliner Gendarmenmarkt. Er wurde 1933 als engagierter Gewerkschafter von den Nazis in Berlin ermordet.*

 **Il Teatro,** Schiffbauergasse 12, Potsdam. ✆ 0331/200-97291. www.ilteatro-potsdam.de. Täglich 11.30 – 24 Uhr. In der alten Zichorienmühle neben dem Hans Otto Theater. Exzellente italienische Küche, erlesene Weine. Hauptgerichte ab 9,50 €. Terrasse und Wintergarten mit Havelblick. Barrierefrei.

Neben dem gelungenen Mix aus alter und hochmoderner Architektur entstanden hier außerdem ein **Uferpark mit Flaniermeile** am Seeufer, ein Schiffsanleger mit Marina und Flossstation sowie Radwanderwege, die das 16 ha große Kulturgelände an der Schiffbauergasse mit dem Neuen Garten und dem Babelsberger Park verbinden.

❶ *Schiffbauergasse, 14467 Potsdam. ✆ 0331/289-1942 (Fachbereich Kultur und Museum der Stadt Potsdam), www.schiffbauergasse.de. Lage: am Tiefen See. Bahn/Bus: Potsdam Hbf Tram 93, Tram 94, 99 von Babelsberg bis Holzmarktstraße, N16, im Sommer mit Wassertaxi der ⟋ Weißen Flotte. Auto: Von Berlin A115 Ausfahrt Potsdam-Zentrum auf Nutheschnellstraße Richtung Zentrum, an 1. Ampelkreuzung (Berliner Straße/B1) nach rechts, 500 m bis Schiffbauergasse. Rad: Havel-Radweg.*

Hans Otto Theater

Theater (fast) ohne Ende: Die jahrzehntelange Odyssee des renommierten Potsdamer Theaterensembles wurde erst 2006 mit der feierlichen Einweihung des Neuen Theaters beendet. Gleich nach der Wende 1991, hatte man den bereits zum Rohbau gediehenen DDR-Theaterneubau am Alten Markt abgerissen und das Schauspiel-Ensemble dort in einem Provisorium, im Volksmund »Blechbüchse« genannt, spielen lassen. Das nach Plänen des Architekten *Gottfried Böhm* errichtete und sehr expressiv wirkende **Neue Theater** am Ufer des Tiefen Sees ist ein äußerlich beeindruckendes fünfgeschossiges Gebäude mit einer spektakulären muschelartigen, roten Dachkonstruktion. Der Saal bietet Platz für 480 Zuschauer. Die ein paar Schritte entfernte historische **Reithalle A** von 1912 beherbergt das *Kinder- und Jugendtheater.*

🇹 *Schiffbauergasse 11, 14467 Potsdam. ✆ 0331/ 9811-8, 9811-500 (Reithalle), www.hansottotheater.de. Bahn/Bus: ⟋ Erlebnisquartier Schiffbauergas-*

se. **Zeiten:** Kasse: Mo – Fr 10 – 18 und Sa, So 10 – 14 Uhr, kasse@hansottotheater.de. **Preise:** Neues Theater je nach Sitzplatz 11, 22, 32 € inkl. Gutschein für ÖPNV; Schüler, Studenten, Rentner, Schwerbehinderte 7,50, 15,50, 22,50 €; Reithalle mit freier Platzwahl 22 €, ermäßigt 15,50, Schüler und Studenten 7,50 €; Kindertheater: Erw 11 bzw. 7,50 €, Kinder 5,50 €. **Infos:** Kinder- und Jugendtheater in der Reithalle A, ✆ 0331/9811180.

Potsdams Kulturzentrum am Tiefen See

Im & auf dem Wasser

Waldbad Templin

Der Radweg nach Caputh passiert das große **Waldbad Templin** und die **Braumanufaktur Forsthaus Templin.** Das größte Freibad in Potsdams unmittelbarer Umgebung unterteilt sich in einen Textil- und einen Fkk-Bereich mit großen Liegewiesen. Es gibt ein vielseitiges Angebot für Surfer, Segler, Taucher und Wasserskifahrer. Durch das flach abfallende, sandige Ufer ist das Strandbad für Kinder besonders gut geeignet, da die Havel den See durchfließt, schwankt jedoch die Wasserqualität.

Am See gibt es den **Bootsverleih Herbon** mit Ruderbooten, Kajaks und Kanadiern, Tretbooten sowie Segeljollen und Surfbrettern; Unterricht sowie Tauchen werden ebenfalls angeboten.

☀ **Tipp:** Zum Saisonstart im Mai gibt es immer ein Familienfest im Waldbad Templin.

✖ **Braumanufaktur Forsthaus Templin,** Templiner Straße 102, Potsdam. ✆ 033209/ 217979. www.braumanufaktur.de. April – Okt täglich 11 – 22 Uhr, sonst Mo, Di 11 – 16 und Mi – So 11 – 22 Uhr. Biergarten unter Kastanien und große Gaststätte, jeden Mi 19 Uhr kostenlose Brauereiführung ohne Voranmeldung.

Wassersport Spezial Herbon, Handy 0172/7841801, www.wassersport-templin.de. Je 1 Std rudern 6 €, paddeln 3 – 5 €, Tretboot 6 €, Jolle 14 €, Surfbrett 10 €.

El Puerto, Lange Brücke 6 (im Hafen der Weißen Flotte), Potsdam. © 0331/2759225. www.elpuerto.de. April – Okt täglich ab 11 Uhr, sonst Di – Sa ab 17 Uhr. Hafenrestaurant mit vorwiegend spanischer Küche und mediterranem Flair, große Sommerterrasse.

Ein **Wassertaxi** verkehrt Ende April – Anfang Okt täglich mehrmals pro Stunde u.a. zur Schiffbauergasse, zum Park Glienicke, nach Sacrow, zum Cecilienhof und zum Hbf Potsdam sowie zum Strandbad Templin, www.potsdamerwassertaxi.de. 3 € pro Station, 3-Zonen-Ticket 8 €, Tagesticket 12, Kinder 6 – 14 Jahre 50 %, Fahrrad 1 – 3 €.

*Waldbad Templin, Templiner Straße 110, 14473 Potsdam-Templin. © 0331/66198-37, www.swp-potsdam.de. **Lage:** Zwischen Potsdam und Caputh, südwestlich des Eisenbahndamms. **Bahn/Bus:** Bus 607 bis Forsthaus Templin, Wassertaxi der Weißen Flotte. **Auto:** Parken 1 €. **Rad:** F1. **Zeiten:** 15. Mai – Aug 9 – 20 Uhr, 1. – 14. Mai und 1. – 15. Sep 10 – 19 Uhr. **Preise:** 3 €; Kinder, Schüler, Azubis, Studenten 1,50, Senioren 2 €, Familienkarte (2 Erw, 2 Kinder) 6 €. **Infos:** Bungalow-Vermietung 40 € für 2 Pers pro Nacht, © 66198-20.*

Ausflüge per Schiff

Verschiedene Tages-, Rund- und Linienfahrten auf den Havelseen:

Potsdam – Forsthaus Templin – Caputh – Ferch – Petzow – Werder – Potsdam. Die mehr als 3,5-stündige Rundfahrt kostet 16 € pro Person.

Potsdam – Wannsee – Potsdam; Dauer 2 Std, 14 €, Familienticket 35 €.

Anderthalbstündige Schlösserrundfahrt 13 €.

Nostalgische Schlösserrundfahrt mit dem historischen, kohlebefeuerten Dampfschiff »Gustav«, Do – So, Ende März – Okt bei gutem Wetter täglich, 90 Min, 14 €, Familienticket 32,50 €.

Tagesfahrt nach Paretz »Auf den Spuren der Königin Luise«: Potsdam – Paretz – Potsdam, mit Schlossbesichtigung, 11 – 18.30 Uhr, 25 € pro Person.

*Weiße Flotte Potsdam GmbH, Lange Brücke 6, 14467 Potsdam. © 0331/ 27592-10, -20, www.schiffahrt-in-potsdam.de. **Bahn/Bus:** Tram 91 – 93, 96, 98, 99, X98, X99 bis Alter Markt oder S7 bis Potsdam Hbf. **Rad:** Europaradweg R1. **Zeiten:** Service-Büro im Hafen Mo – Fr 8 18 Uhr, Sa, So, Fei 9 – 15 Uhr. **Preise:** Kinder bis 3 Jahre frei, bis 14 Jahre 50 %, Kindergruppen, Schulklassen, und Schwerbehinderte ab 70 % und Begleitperson 20 % Rabatt. Gruppen ab 20 Pers auf tägliche Rundfahrten 10 %, Mo und Fr Senioren, Studenten, Sozialhilfeempfänger und Arbeitslose 20 %.*

HAVELLAND

Map regions shown:
RHINLUCH & NEURUPPIN · OBERHAVEL & SCHORFHEIDE · RUPPINER LAND · HAVELLAND · POTSDAM · WANNSEE & MÜGGELSEE · BARNIM & MÄRKISCHE SCHWEIZ · DAHME-SEEN & · BRANDENBURG · TELTOW-FLÄMING · SPREEWALD

1 cm
20 km
www.PeterMeyerVerlag.de

DER OBSTGARTEN BERLINS

Das Gebiet westlich von Potsdam und Berlin, das im Norden durch den Rhin und im Süden, Osten und Westen durch die Havel und deren Seen begrenzt wird, trägt den Namen Havelland. Hier verbreitert sich die Havel zu mehreren Seen, kleinen und größeren, die sich vielgestaltig an Wälder, sandige Höhenzüge und Luchgebiete mit Weidengesträuch und Erlenbrüchen schmiegen.

Die schlichte Schönheit des Havellandes offenbart sich zu allen Jahreszeiten: Im Sommer, wenn das Land in allen Nuancen von Grün erstrahlt, im Herbst, wenn der Wind die Wasserflächen aufwühlt und das Laub der Bäume farbenprächtig die Landschaft ziert, auch im Winter, wenn Nebelschleier das Land in eine verwunschene und märchenhaft anmutende Gegend verwandeln. Am schönsten ist es im Ha-

FESTKALENDER HAVELLAND

Januar:	1. So, **Neujahrslauf** um den Caputher See.
Februar:	Glindow und Töplitz: **Karneval.**
März/April:	Geltow und Werder: **Osterfeuer.**
Mai:	Werder, Ende April/Anfang Mai: **Baumblütenfest,** »das« Obstweinfest schlechthin.
	Brandenburg/Havel: **Rolandfest.**
	Brandenburg/Havel: **Sommermusik im Dom** Mitte Mai – Mitte Sep, www.dom-brandenburg.de.
Juni:	Brandenburg/Havel: **Havelfest.**
Juli:	Plaue/Havel, letztes Juliwochenende: **Fischerjakobi,** Auszug der Fischer und Bootskorso.
	Glindow: **Kirsch- und Ziegelfest.**
August:	Caputh: **Fährfest.**
	Werder: **Mühlenfest.**
	Brandenburg/Havel: **Hafenfest.**
	Ribbeck: **Ribbecker Sommernacht.**
September:	Schwielowsee: **Volksfest auf zwei Rädern,** autofreier Fahrradsonntag rund um den See.
Oktober:	Teltow: **Altstadtfest.**
November/Dezember:	Ferch, Werder und Caputh: **Weihnachtsmärkte.**
	Brandenburg/Havel: **Weihnachtsmannparade.**

velland aber gewiss im Frühling, wenn die Obst-
bäume in den großen Plantagen, in den dörflichen
Gärten, den Streuobstwiesen und an den Straßen-
rändern rosa und weiß in voller Blüte stehen. Dann
zieht es Scharen von Besuchern an den Unterlauf
der Havel und besonders in die havelländische
Blütenstadt Werder. Die Kulturmetropole dieses
Landstrichs ist die Havelstadt Brandenburg, die
Wiege der Mark Brandenburg und einst Vorposten
des Christentums östlich der Elbe.

MIT DEM FAHRRAD RUND UM DEN SCHWIELOWSEE

Vom **Hbf Potsdam** fahren Sie zunächst die Leipziger Straße entlang und an den denkmalgeschützten Gebäuden der Speicherstadt vorbei. Dann
rechts in die Templiner Straße einbiegen. Kurz hinter dem Abzweig zur Halbinsel Hermannswerder
kommt man auf den **Radweg F1,** der die Havelge-
wässer Templiner See und Schwielowsee umrundet. Er verläuft fast durchweg nahe am Ufer und
passiert die Ortschaften ↗ **Caputh** (mit schönem
Strandbad), ↗ **Ferch** und ↗ **Petzow.** An der Berliner Chaussee, 2 km von Petzow ist ein Abstecher
nach ↗ **Werder** (3 km einfach) möglich.
Ansonsten führt der Rückweg an der Berliner
Chaussee rechts über die Brücke und gleich dahinter wiederum rechts in den Weg Baumgarten-
brück. Die Caputher Chaussee führt zur Straße **An
der Pirschheide.** Hier überquert man die Bahnglei-
se, dann auf dem **Havelradweg** direkt am See entlang. Folgen Sie dem Schild Potsdam/Zentrum. In
die Straße Auf dem Kiewitt einbiegen, danach in
die Zeppelinstraße. Sie passieren gleich danach
das ↗ Dampfmaschinenhaus – fotogen als Moschee verkleidet – in der Breiten Straße. Von dort
immer geradeaus zurück zum Potsdamer Hbf.

➜ Vom Hbf Potsdam
lohnt sich ein Abste-
cher auf den Tele-
grafenberg zum Wissen-
schaftspark mit dem
berühmten ↗ Einstein-
turm (ca. 1,5 km einfach).

🔒 **Cityrad,** Heinrich-
Mann-Allee 7, Pots-
dam. ✆ 0331/2706210.
www.cityrad-rebhan.de.
März – Nov Mo – Fr
9.30 – 19 und Sa, So, Fei
bis 20 Uhr. Fahrradverleih
nahe Hbf Potsdam.

HAVELLAND

↪ **Potsdam – Caputh – Ferch – Petzow – (Werder) – Pirschheide – Potsdam.** *Start/Ziel: Potsdam Hbf.* **Länge:** *32 km.* **Beschaffenheit:** *Überwiegend flach, abschnittsweise asphaltiert, fester Waldboden, Schotter.* **Wegmarkierung:** *weißes Schild mit grünem F1.* **Reine Fahrzeit:** *rund 3 Stunden.* **Bahn/Bus:** ↗ *Potsdam.*

Caputh, Einsteins Sommerfrische

»Komm nach Caputh und pfeif auf die Welt«, schrieb Albert Einstein an seinen Sohn Eduard. Denn in diesem auf den ersten Blick unscheinbaren Fischerdorf hatte der Nobelpreisträger von 1929 bis zu seiner Emigration 1932 sein Sommerdomizil, ein braun gebeiztes, schlichtes Haus mit weißen französischen Fenstern im Bauhausstil.

Der 1317 erstmals urkundlich erwähnte Ort liegt sehr schön am *Caputher Gemünde,* der Verbindung zwischen Templiner und Schwielowsee. Hier tuckert seit rund 140 Jahren die Fähre zwischen den Ufern von Caputh und Geltow. *Tussy II* ist übrigens eine der wenigen noch fahrenden, kettenbetriebenen Seilfähren.

Seine wirtschaftliche Hoch-Zeit erlebte die Ortschaft am Ende des 19. Jahrhunderts, als die Caputher aus den umliegenden Ziegeleien von Glindow das begehrte Baumaterial über die Havel ins aufstrebende Berlin schifften. In Caputh entstanden damals mehrere Werften, in denen leichte Frachtkähne, sogenannte Zillen, gebaut wurden. »Chicago am Schwielowsee« nannte Theodor Fontane daher den Ort am »Havelhaff« augenzwinkernd. In seiner üblichen Art, den märkischen Gewässern menschliche Charaktereigenschaften anzudichten, notierte der Wanderer gegen 1870: »Der Schwielow ist breit, behaglich, sonnig und hat die Gutmütigkeit aller breit angelegten Naturen«.

☀ **Tipp:** Der Radweg nach Caputh passiert das große ↗ Waldbad Templin und die ↗ Braumanufaktur Forsthaus Templin mit schöner Bierterrasse unter alten Kastanien.

✕ **Fährhaus Caputh,** Straße der Einheit 88, Schwielowsee-Caputh. ☎ 033209/ 70203. www.faehrhaus-caputh.de. März – Okt täglich ab 12 Uhr, Küche bis 22 Uhr. Seit 1904 neben der Fähre. Wunderbare Veranda über dem Schwielowsee, Biergarten. Deftiges aus der Region.

Wassersportler aber aufgepasst! Denn »wie alle gutmütigen Naturen kann er heftig werden, plötzlich, beinahe unmotiviert, und dann ist er unberechenbar«.

Aber das kleine Caputh hat auch hochkarätige Sehenswürdigkeiten: Die **Dorfkirche,** die *Friedrich August Stüler* 1852 im Stile einer italienischen Basilika mit gesondertem Glockenturm erbaute, und das frühbarocke Schloss. Schön ist die Uferpromenade mit mehreren Einkehrmöglichkeiten und Sommerterrassen.

Mit der Tussy jederzeit gern: Mit Fähre »Tussy« ans andere Ufer

❶ *14548 Schwielowsee-Caputh.* **Bahn/Bus:** *↗ Potsdam Hbf, dann RB22 oder Bus 607 bis Caputh-Schwielowsee Bhf.* **Fähre Caputh:** *April – Nov täglich 6 – 22 Uhr, sonst bis 20 Uhr, Auto 2 €, pro Person 0,50 €.* **Rad:** *Europaradweg R1, Havelradweg, F1, ↗ Mit dem Fahrrad rund um den Schwielowsee.*

Schloss in Caputh – Lusthaus an der Havel

Das **Jagdschloss,** das der Architekt *Philippe de la Chieze* 1662 erbaute, ließ der Große Kurfürst 1673 für seine Gemahlin Dorothea zu einer stattlichen, dreiflügeligen Sommerresidenz erweitern. Das einzige erhaltene Schlossgebäude des brandenburgischen Frühbarock schenkte der spätere preußische König *Friedrich I.* 1690 seiner Frau *Sophie Charlotte.* 1820 kaufte es der preußische Generalleutnant August von Thümen, 1908 erbte es die Familie von Willich. Zu DDR-Zeiten dienten die herrschaftlichen Räumlichkeiten einer Berufs-

Kavalierhaus Schloss Caputh,
Lindenstraße 60, Schwielowsee-Caputh.
✆ 033209/84630.
www.kavalierhaus-caputh.de. Täglich ab 11 Uhr, März und Okt Mo und Di Ruhetage, Nov – Feb nur Sa und So ab 11 Uhr. Im Schlosspark am Seeufer. Sehr gute regionale und internationale Küche. So 11 – 15 Uhr Brunch. Schiffsanleger. ♠ Dauerangebot 3 Tage »Rund um sorglos« mit Eintritt im Schloss und einem 4er-Menü im DZ 165 €.

schule. Von 1995 bis 1999 aufwändig renoviert, zeigt sich das Schloss nun innen und außen wieder piekfein. Von der **prachtvollen Innenausstattung** sind Räume der Kurfürstin Dorothea und der Festsaal mit barocken Deckengemälden und Stuckfries erhalten. Die Statuen, Porzellane, Fayencen und die Lackmöbel stammen ebenfalls von der Originalausstattung. Besonders bemerkenswert ist der **Sommerspeisesaal** im Souterrain, den der Soldatenkönig Friedrich Wilhelm I. 1720 mit über 7000 blau-weißen Delfter Fayencekacheln auskleiden ließ. Die **Gemäldesammlung** besteht vor allem aus holländischen Werken, darunter ist das Gemälde »Dame mit Papagei« von *Willem van Mieris* (1662 – 1747) im Kabinett der Kurfürstin, das 1945 von britischen Soldaten ins Ausland verschleppt worden war. Der 3,5 ha große **Schlosspark** besaß ursprünglich barocke Züge, wurde aber um 1830 von *Peter Joseph Lenné* in einen Landschaftspark verwandelt – mit Sichtachsen, die den Blick nach Potsdam freigeben.

🕐 **Schloss Caputh,** *Straße der Einheit 2, 14548 Schwielowsee-Caputh. ✆ 033209/70345, www.spsg.de.* **Bahn/Bus:** *⬈ Caputh.* **Zeiten:** *Mai – Okt Di – So 10 – 18 Uhr, Nov – März Sa, So, Fei 10 – 17 Uhr (nur mit Führung), April Sa, So, Fei 10 – 18 Uhr.* **Preise:** *5 € mit Führung, 4 € ohne Führung; Kinder bis 6 Jahre frei; 4 € mit Führung, 3 € ohne Führung.*

Einsteins Sommerhaus

Dies war kein relatives, sondern sein absolutes Refugium: In dem außergewöhnlichen Holzhaus in Caputh am See lebten *Albert* und *Elsa Einstein* von 1930 bis zu ihrer Emigration in die USA 1933. Der Bauhausarchitekt Konrad Wachsmann hatte für sie 1929 ein Sommerhaus entworfen, das funktional und durch das verwendete Kiefernholz zugleich gemütlich wirkt. Hier, in seinem »Häusle«, empfing Einstein Berühmtheiten wie Max Planck,

Thomas und Heinrich Mann, Gerhart Hauptmann, Max Liebermann und Käthe Kollwitz, wenn er nicht gerade seinem sommerlichen Lieblingshobby frönte – langen Segeltörns mit seiner Jolle »Tümmler«, die unten am Templiner See lag.

Das Haus wird vom **Einstein Forum** verwaltet und für wissenschaftliche Veranstaltungen genutzt.

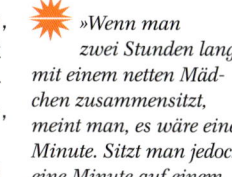

»Wenn man zwei Stunden lang mit einem netten Mädchen zusammensitzt, meint man, es wäre eine Minute. Sitzt man jedoch eine Minute auf einem heißen Ofen, meint man, es wären zwei Stunden. Das ist Relativität.«
Albert Einstein

M **Einsteinhaus,** *Einstein Forum, Am Waldrand 15 – 17, 14548 Schwielowsee-Caputh. ✆ 0331/27178-0 (Mo – Fr 9 – 17 Uhr), www.einsteinsommerhaus.de.* **Bahn/Bus:** *↗ Caputh.* **Zeiten:** *April – Okt Sa, So 10 – 18 Uhr, Voranmeldung nötig.* **Preise:** *5 €; Kinder und Ermäßigungsberechtigte 2,50 €.*

Seebad Caputh

Zwar ist der Sandstrand hier nicht ganz so breit wie am nahen Strandbad Templin, dafür herrscht hier – mitten in der Mark und auf der Landzunge zwischen Havel und Schwielowsee – eine fast mediterrane Atmosphäre mit Palmen, Liegen, Sonnenschirmen im Adriadesign, lockerer Strandbar und gleich zwei ausgezeichneten italienischen Restaurants. Urlaubsromantik kommt spätestens dann auf, wenn die Sommersonne spektakulär im märkischen See versinkt.

Blaue Stunde: Still liegt der Schwielowsee bei Caputh nach Sonnenuntergang da

🏖 *Weg zum Strandbad 1, 14548 Schwielowsee-Caputh. ✆ 033209/ 80851, www.seebad-caputh.de.* **Bahn/Bus:** *↗ Caputh, dann ca. 5 Min Fußweg.* **Zeiten:** *April – Sep täglich 10 – 20 Uhr.* **Preise:** *4,50 €; Kinder bis 14 Jahre 2,50 €.* **Infos:** *Boots- und Surfbrettverleih, Liegen.*

Theodor Fontane über die Petzower Gegend: »Das Ganze ein Landschaftsbild in großem Stil – nicht von relativer Schönheit, sondern absolut.«

✕ **Fontane-Klause,** Zelterstraße 2, Werder-Petzow. ✆ 03327/42344. www.fontane-klause.de. Täglich ab 11.30 Uhr, Okt – April Di Ruhetag. Freundlicher Familienbetrieb. Fisch, Wild, Kuchen. Hofterrasse.

Petzow: Dorf mit Schloss und Stil

Im Dorf Petzow, das auf einer schmalen Landzunge zwischen dem *Glindowsee* und dem *Schwielowsee* liegt, haben *Karl Friedrich Schinkel* und *Peter Joseph Lenné* – wie so oft – gemeinsam architektonische Akzente gesetzt. Das **Petzower Schloss,** »eine Mischung von italienischem Kastell- und englischem Tudorstil« (Fontane), entstand um 1820 nach Entwürfen des ersteren und ist leider seit Jahren verwaist, nachdem es nach der Wende kurzzeitig als Restaurant und Hotel genutzt wurde. Der märkische Wanderer war von diesem Herrenhaus der berüchtigten Familie von Kähne wenig angetan, besser gefiel ihm Lennés Gartenarchitektur. Von der 15 ha großen Parkanlage unterhalb des Schlosses sind allerdings schon lange die Terrassen verschwunden, die Fontane an Sanssouci erinnerten. Trotzdem empfiehlt sich ein **Spaziergang zum Ufer** des Schwielowsees und um den *Haussee* herum (1,5 km), an dessen Ufern noch eine alte Fischerhütte, das reetgedeckte **Waschhaus** von 1820 (Heimatmuseum) und die ehemalige **Schmiede** (Gastronomie) erhalten blieben. Wenn Sie das Ganze im Überblick genießen möchten, dann sollten Sie auf den Turm der backsteinroten **Dorfkirche** steigen, die wenige Meter entfernt auf dem Grellberg steht und 1842 in Anwesenheit Friedrich Wilhelms IV. eingeweiht wurde. Sie gilt als Gemeinschaftswerk der Architekten Schinkel, Stüler und Prüfer. Das Innere der kleinen, neoromanischen Kirche ist im italienischen Stil gestaltet. Das Gotteshaus ist das kulturelle Zentrum von Petzow, es finden regelmäßig Ausstellungen und Konzerte statt.

⊘ *14542 Werder (Havel)-Petzow.* **Bahn/Bus:** *Bus 636 von und nach Werder, Bus 607 von Hbf Potsdam rund um den Schwielowsee (nur Mai – Okt).* **Rad:** *↗ Mit dem Fahrrad rund um den Schwielowsee.*

M **Heimatmuseum** im ehemaligen Waschhaus, Mitte April – Mitte Okt So 13 – 17 Uhr.

☀ **Tipp:** Kirche und Turm sind März – Okt Sa, So 10 – 18 Uhr zugänglich, sonst 11 – 17 Uhr. Die Wiese vor der Kirche ist bestens für ein Picknick geeignet.

Erholung pur: Resort Schwielowsee

Das seit Jahren geschlossene **Petzower Schloss** gehört heute zum **Resort Schwielowsee,** das vor einigen Jahren luxuriöse Unterkünfte (*Seaside Garden*, *Key West Village*) mit drei Restaurants, Wellness und Marina ans malerische Ufer setzte. Hier können Sie Ihre eigene Schönheit vervollkommnen …

🛏✕ **Resort Schwielowsee,** *Am Schwielowsee 117, 14542 Werder (Havel)-Petzow.* ✆ *03327/5696-0, www.resort-schwielowsee.de.* **Bahn/Bus:** *↗ Petzow.* **Preise:** *DZ ab 108 €, Arrangement z.B. »3 Tage Sommerfrische« 180 € pro Pers im Seaside Garden Comfort-Zimmer.*

✕ **Hafenrestaurant Ernest,** Am Schwielowsee 120, Werder-Petzow. ✆ 03327/732708. www.resort-schwielowsee.com. April – Okt Di – So ab 12 Uhr, Nov, Dez Mi – Fr ab 17, Sa, So ab 12 Uhr. Exquisite Küche: Fisch, Wild, Hauptgerichte ab 19 €. Einige vegetarische Gerichte, Kuchen. Amerikanischer Stil. Große Seeterrasse.

Die Vitaminbar von Petzow

Die »Zitrone des Nordens«, wie der **Sanddorn** auch genannt wird, besitzt viele Vorzüge für unsere Ernährung. Die Obstbäuerin *Christine Berger* hat sich auf den Anbau dieser Pflanze aus der Familie

 **Orangerie,** Fercher Straße 60, Werder-Petzow. ✆ 03327/46910. Ende März – Ende Okt Di – So 12 – 19 Uhr, am Wochenende bis 21 Uhr. Nov und Dez nur So ab 12 Uhr. Mediterrane Küche im Wintergarten mit Seeblick.

 **Kajakverleih am Schwielowsee,** Löcknitz 7, 14542 Petzow, www.kajakverleih-schwielowsee.de, ✆ 0176/45024338. Informationen zu Touren, Einkehr und Übernachtung.

der Ölweidengewächse spezialisiert. In ihrem Hofladen verkauft sie über 50 Produkte, die sie aus dieser Pflanzenart herstellt. Die Palette reicht von Säften über wirklich vorzügliche Marmeladen und Wein bis hin zu Kosmetika. Regionale Gerichte sowie eine »feine Sanddornküche« erwarten Sie im **Restaurant Orangerie.** Von der Sommerterrasse blickt man auf die Grellbucht des Glindowsees.

⟳✗ Frucht-Erlebnis-Garten & Restaurant Orangerie, Christine Berger, Fercher Straße 60, 14542 Werder (Havel)-Petzow. ✆ 03327/4691-0, www.sandokan.de. Bahn/Bus: ↗ Petzwow. Zeiten: Täglich 10 – 18 Uhr.

Ferch, das Künstlerdorf am Schwielowsee

Idyllisch liegt die Ortschaft am Südzipfel des Schwielowsees. Vom Ufer aus wird die ganze Weite des Sees fassbar: 6,5 km lang und 2,5 km breit ist er. Auf und ab führen die Dorfstraße und die Gassen, die märkische Landschaft ist hier sehr hügelig. Der *Wietkiekenberg* gleich hinter Ferch erreicht immerhin die Höhe von 126 m.

»**Malerdorf**« steht neben dem Ortsschild. Schließlich suchten und fanden hier viele Maler im 19. und frühen 20. Jahrhundert ähnlich wie in Ahrenshoop und Worpswede vorzügliche Voraussetzungen für ihre Arbeit – Ruhe, ein besonders intensives Licht und eine Havellandschaft mit fast mediterranem Zauber. Gewiss ist Ferch mit seinen alten reetgedeckten Fachwerk- und Fischerhäusern einer der schönsten Flecken im Havelland. Auch das schmucke **Kirchlein** in der Dorfmitte ist ein Fachwerkbau. Er stammt noch aus dem späten 17. Jahrhundert, innen ist er von Fischerbarock mit Taufengel und wolkenbemalter Holztonnendecke geprägt, die die Form eines auf dem Kopf liegenden Kahns hat. Der darunter schwe-

☀ **Tipp:** Die Fercher Dorfkirche ist nach Voranmeldung zugänglich, ✆ 033209/71424.

bende Taufengel erscheint dabei wie eine Galionsfigur.

ℹ *14548 Schwielowsee-Ferch. www.ferch-online.de.* **Bahn/Bus:** *Bus 636 von und nach Werder, Bus 607 von Hbf Potsdam rund um den Schwielowsee (nur Mai – Okt).* **Rad:** ↗ *Mit dem Fahrrad rund um den Schwielowsee.*

Berliner Secession

Rund 30 bildende **Künstler** haben ab dem letzten Drittel des 19. Jahrhunderts in Ferch und in den umliegenden Dörfern am Schwielowsee gelebt und gearbeitet. Die malende Zunft war von dem charmanten Landstrich am Wasser mit seinen schilfbestandenen Ufern, von den Bauernhäusern und den Kornfeldern begeistert. Der vielleicht bekannteste dieser Künstler war *Karl Hegemeister* (1848 – 1933), Mitbegründer der Berliner Secession. Mehrmals besuchte ihn hier sein Malerfreund *Carl Schuch* (1846 – 1903). Mit ihm zusammen arbeitete Hagemeister in den Sommerhalbjahren draußen in freier Natur. Zahlreiche Landschaftsmaler folgten ihnen in den kommenden Jahrzehnten. Darunter *Theodor Schinkel* (1871 – 1919) und *Otto Gehrcke* (1896 – 1988). Seit 2002 kümmert sich ein Förderverein darum, dass die Künstlerkolonie nicht in Vergessenheit

Bootsklause, Seeweg 5, Schwielowsee-Ferch. ✆ 033209/70616. www.ferch-online.de. Täglich außer Di 11.30 – 22 Uhr, im Winter auch Mo Ruhetag. Direkt am Ufer des Schwielowsees, neben dem Schiffsanleger. Gute Fischgerichte. Sommerterrasse, Wintergarten. ♠ ✆ 7600.

Der **Kunstpfad Ferch** führt zu Lebens- und Wirkungsorten von 12 Malern und Künstlern durch Ferch.

HAVELLAND

Seestück: Viele Maler schon genossen Ferch

Als **Kossäten** wurden Dorfbewohner mit kleinem Bauernhaus, aber nur geringem Landbesitz bezeichnet.

gerät. In einem renovierten **Kossätenhaus** aus dem 18. Jahrhundert ist ein Museum eingezogen, das auf zwei Etagen Gemälde, Grafiken, Fotos und Dokumente dieser Künstler präsentiert.

M *Museum der Havelländischen Malerkolonie, Beelitzer Straße 1, 14548 Schwielowsee-Ferch. © 033209/21025, www.havellaendische-malerkolonie.de. Bahn/Bus: ⌇ Ferch. Zeiten: Mai – Okt Mi – So 11 – 17 Uhr, Nov – April Sa und So 11 – 17 Uhr sowie nach Vereinbarung. Preise: ab 14 Jahre 2,50 €.*

Japanischer Bonsaigarten in Ferch

Mit etwas Fantasie darf sich der Besucher am Ufer des Schwielowsees nach Japan versetzt wähnen. Der Inhaber Tilo Gragert hat sich in Ferch einen grünen Lebenstraum erfüllt. In seiner fernöstlichen Oase mitten im Havelland sind bei einem Rundgang u.a. farbenprächtige Azaleen, japanische Zierkirschen, feurig-rote Fächerahorne und sogar Kiefern im Kleinformat zu bestaunen – insgesamt sind es rund 500 Bonsaibäume. Es gibt außerdem einen Teich mit Felsenlandschaft und bunten Kois, ein Teehaus sowie Zubehör für die eigene Bonsaizucht. Außerdem: Seminare, Veranstaltungen, Galerie.

🕐🕐 *Tilo Gragert, Fercher Straße 61, 14548 Schwielowsee-Ferch. © 033209/72161, www.bonsaihaus.de. am Ortseingang. Bahn/Bus: ⌇ Ferch. Zeiten: April – Okt Di – So und Fei 10 – 18 Uhr. Preise: 2 €; Kinder bis 14 Jahre 1 €. Infos: Nichtrauchergarten, Hunde nur auf dem Arm erlaubt.*

WERDER, DIE BLÜTENSTADT AN DER HAVEL

Höchstens Peanuts für das reiche **Kloster Lehnin:** Läppische 244 Mark Brandenburgisches Silber berappten die Klosterbrüder dem Ritter Sloteke für die Insel Werder in der bis heute fischreichen Havel. Das Kaufdokument aus dem Jahre 1317 ist gleichzeitig die erste urkundliche Erwähnung des Ortes. Die Zisterziensermönche führten bereits im 14. Jahrhundert den Weinbau an den Südhängen der Werderschen Havelllandschaft ein. Ähnlich wie die Mosel muss die Havel bei Werder damals von mit Reben bewachsenen Bergen oder zumindest Hügeln umkränzt gewesen sein. Ein studentischer Spottvers aus dem 16. Jahrhundert lautete: »Märkischer Erde Weinerträge/Gehen durch die Kehle wie 'ne Säge«. Erst gegen Ende des 19. Jahrhunderts wichen die meisten Rebstöcke leichter zu pflegenden Obstplantagen, die aus Werder eine Garteninsel machten. Doch seit 1985 reifen in Werder auch wieder Weintrauben: Der 84 m hohe **Werderaner Wachtelberg** gehört seit 1991 zum Weinanbaugebiet *Saale-Unstrut*. Von der EU für die Produktion von Qualitätsweinen zugelassen, ist er die nördlichste weingesetzlich

Theodor Fontane über Werder: »Blaue Havel, gelber Sand/Schwarzer Hut und braune Hand/Herzen frisch und Luft gesund/Und Kirschen wie ein Mädchenmund.«

DER BESONDERE TIPP Wachtelberg

Auf dem sandigen Hügel gibt es einen Weiß- und einen Rotweinlehrpfad. Außerdem einen wunderbaren Havelblick sowie von Ostern bis Mitte Okt die Schankwirtschaft »Weintiene«, www.wachtelberg.de.

Café Muckerstube (Heimatmuseum), Brandenburger Straße 164, Werder. © 03227/ 42961. www.muckersche.de. Do – So 14.30 – 17.30 Uhr, Fei ab 14.30 Uhr. Heimatstube im Ambiente des alten Werder von 1910. Kuchen nach Großmutters Rezepten. Imbiss. Stadtführungen nach Vereinbarung. Regelmäßig kulturelle Veranstaltungen.

Biergarten Friedrichshöhe, Gertraudenstraße 8, www.friedrichshoehe-werder.de, © 03327/732990.

*Tipp: Heilig-Geist-Kirche** April – Okt täglich 10 – 18 Uhr.

erfasste Reblage der Welt! Geerntet werden Trauben vor allem der Sorten Müller-Thurgau, Saphira, Regent und Dornfelder.

Alkoholisches ist aus der idyllischen Landschaft offenbar nicht wegzudenken: Alljährlich in der Woche um den 1. Mai herum findet in Werder seit 1879 das berühmte obstweinselige **Baumblütenfest** statt. Dann öffnen sich in der Stadt und am neuen Panoramaweg die Gärten und Höfe und die zahlreichen Gäste werden unter weiß und zartrosa blühenden Obstbäumen bewirtet. In den 20er und 30er Jahren des letzten Jahrhunderts kamen vor allem Berliner Familien aus den Arbeiterbezirken wie Wedding und Pankow an die Havel gefahren. Mittelpunkt dieser bacchanalen Tage war und ist die traditionsreiche **Ausflugsgaststätte Friedrichshöhe** auf dem *Kesselberg.* In jenen tollen Tagen wurden früher von dort oben die vom tückischen Obstwein berauschten Gäste über eine Art Rutschbahn hinab befördert und dann mit einem Pferdewagen zum nahen Bahnhof gekarrt. Erich Kästner, ein treuer Teilnehmer des Volksfestes, prägte das Bonmot: »Wer nicht besoffen war, wurde nicht für voll genommen.«

Nicht nur an diesen festlichen Maitagen und wegen der gefährlichen *Bretterknaller,* wie die Kirsch-, Apfel-, Mehrfrucht- und Johannisbeerweine anschaulich genannt werden, sollte man das Automobil bei einem Werder-Besuch zu Hause lassen. Die Bahn- und Dampferverbindungen mit Berlin und Potsdam sind schließlich sehr günstig. Dann lässt sich Werder stressfrei entdecken. Das Wahrzeichen des malerischen Inselortes ist die **Heilig-Geist-Kirche,** deren neugotischer, 45 m hoher Turm aus der Ortschaft weit herausragt. Der heutige Kirchenbau entstand 1858 an der Stelle zweier Vorgängerbauten, die Skizzen dazu machte König Friedrich Wilhelm IV., die Entwürfe der Architekt *Friedrich August Stüler.* Im Innern der Kirche aus rotem Backstein ist das Gemälde »Christus als Apotheker« von 1743 besonders interessant. Die nahe **Bockwindmühle** auf dem Mühlenberg ist eine Rekonstruktion von 1991, ihr Vorgänger war 1973 abgebrannt.

Seitdem ist die alte und beeindruckende Stadtvedute von der Inselbrücke aus wiederhergestellt. Neben dem Gotteshaus steht das **Alte Rathaus**, ein zweigeschossiger, barocker Putzbau aus der ersten Hälfte des 18. Jahrhunderts. Über dem Portal an der formschönen Giebelseite ist das Stadtwappen mit den drei Kleeblättern und dem brandenburgischen Adler zu sehen.

Die katholische **Kirche Maria Meeresstern** am Westufer der Insel wurde 1906 eingeweiht. Alte, eingeschossige Fischerhäuser aus dem 18. und 19. Jahrhundert stehen vor allem am östlichen Ufer, wo der Duft von geräuchertem Fisch in die umliegenden, grob gepflasterten Gassen zieht und die Fischer ihre Netze aufgehängt haben. Hier befindet sich auch die **Anlegestelle** für die Haveldampfer.

So lässt sich die Blütenstadt am schönsten ansteuern – mit dem Ausflugsdampfer

❶ *Tourismusbüro Werder (Havel), Kirchstraße 6/7, 14542 Werder (Havel)-Glindow. © 03327/783374, 43110, www.werder-havel.de. Bahn/Bus: Ab Berlin etwa halbstündlich RE1. Auto: Von Berlin Alexanderplatz 53 km B5 und A10, von Potsdam 12 km B1. Rad: Europaradweg R1, Havelradweg, Otto-Lilienthal-Radweg. Zeiten: April – Okt Mo, Di, Do und- Fr 10 – 17.30, Sa, So 13 – 17 Uhr, im Winter Mo, Di, Do 10 – 14, Sa 11 – 15 Uhr.*

 **Fahrgastschifffahrt Nordstern Reederei,** Neuendorfer Straße 70, Brandenburg a.d. Havel. © 03381/ 226960. www.nordstern-reederei.de. Abfahrt an der Jahrtausendbrücke, Seerundfahrten 1 – 2,5 Std 6 – 12 €, pro Erw 1 Kind bis 6 Jahre frei, Kinder 6 – 13 Jahre 50 %, ab 65 Jahre Mo – Fr 2 €.

Obstbaumuseum Werder und Bockwindmühle

Das Obstbaumuseum im ehemaligen Stadtgefängnis und neben dem Rathaus besteht bereits seit 1959. Es befindet sich in Werder, weil hier der Obstanbau eine besonders lange Tradition hat. Das kleine Museum gilt (nach eigenen Angaben) als das einzige seiner Art in Deutschland. Es informiert über die Entwicklung des havelländischen Obstanbaus. Zu sehen sind historische Fotos und Dokumente, Maschinen und Geräte, wie etwa Pflückgefäße und Spritzgeräte, mit denen die Schädlinge früher bekämpft wurden oder alte *Weintienen,* wie die Holzbottiche zum Obsttransport in Werder genannt werden.

Die **Bockwindmühle** dem Museum gegenüber ist eines der Wahrzeichen der Inselstadt. Sehr fotogen steht sie am Havelufer, seit man sie nach der Wende aufwändig rekonstruiert hat. Im August 1993 wurde die Windmühle mit einem Mühlenfest, das seitdem jährlich stattfindet, wiedereröffnet.

M *Kirchstraße 6/7, 14542 Werder (Havel). ℂ 03327/ 783374, www.werder-havel.de. **Bahn/Bus:** ↗ Werder. **Zeiten:** Museum: April – Mitte Okt Do – Di 11 – 17 Uhr. Gruppen nach Anmeldung auch zu anderen Terminen. Mühle: Sa – Di 13 – 17 Uhr. **Preise:** Spende.*

Boot fahren auf der Havel

An der Inselbrücke, Bootsstege für Gäste, alles rund ums Boot im Verkauf, führerscheinfreie Motorboote sowie Kajaks, Kanadier, Ruder- und Tretboote im Verleih. Fahrradverleih. Wassersportfachgeschäft ganzjährig.

▶⊙ ***Wassersportfachgeschäft Krüger & Till,*** *Unter den Linden 17, 14542 Werder (Havel)-Havel. ℂ 03327/ 42424, www.wassersport-werder.de. **Bahn/Bus:** ↗ Werder. **Zeiten:** Ende April – Sep und bei schönem Wetter Mo – So 9 – 18 Uhr. **Preise:** z.B. 2-er Kajak*

✕ **Fischrestaurant Arielle,** Fischerstraße 33, Werder. ℂ 03327/45641. www.fischrestaurant-arielle.de. Di – So ab 11.30 Uhr. Direkt am Wasser mit Bootsanleger, Räucherei, Gartenterrasse, Pavillon. Frischer Fisch.
🔺 Gästezimmer.

8 € pro Std, 30 € pro Tag, Ruderboot 8 bzw. 25 €,
4-er Canadier 8 bzw. 30 €, Tretboot 12 bzw. 45 €.

Schloss Still-im-Land – Königin Luises Lieblingsdomizil

Zuerst musste das halbe Dorf abgerissen werden, dann konnte der Architekt *David Gilly* (1749 – 1808) beginnen, ein preußisches Musterdorf mit zehn Bauernhöfen, Ställen, Schmiede, Hirtenhaus und Gasthof in die märkische Landschaft zu platzieren. Es entstand zwischen 1797 und 1800 ein frühklassizistisches Gesamtkunstwerk. In der Dorfmitte: das **Schloss** für die Auftraggeber, für den späteren preußischen König *Friedrich Wilhelm III.* und für seine Gemahlin *Luise.* Genau genommen ist das Gebäude eher ein Herrenhaus oder ein Landhaus und sehr bescheiden innen wie außen gestaltet. Aber das Königspaar fühlte sich hier wohl, vor allem die vom Volk verehrte Königin und zehnfache Mutter genoss die Stille des abgelegenen Ortes. Gelb und cremefarben präsentiert sich das Haus, seit man den DDR-Kratzputz entfernt hat und die einstige königliche Logis gründlich restaurierte. Im 2001 eröffneten **Schlossmuseum** sind alle Räumlichkeiten im Erdgeschoss zugänglich, zu sehen sind Möbel, Grafiken, Gemälde und die berühmten, farbenprächtigen Paretzer Papiertapeten aus der Originalausstattung im

☀ **Tipp:** Interessant für Jung und Alt: der **Storchenhof** in der Werderdammstraße 12. Meister Adebar versorgt seine Familie auf dem Dach, unten leben neben den Besitzern Schafe, Schweine, Ponys, Enten, Katzen und Hunde. Es gibt ein Stallcafé, Reitunterricht und ⌂ Übernachtungsmöglichkeiten, www.storchendorf-paretz.de

Parkseite des Schlosses Paretz: Lieblingsresidenz von Königin Luise
© spsg, Foto: Wolfgang Kling

Gartensaal. Es sind aber vor allem auch die kleinen Dinge, die neugierig machen. Zum Beispiel das Papier mit der Speisenfolge eines Balls anno 1804, verschiedene Gutsrechnungen, das Gästebuch oder Luises blauer Wollschal. Richtig schön ist der kleine englische **Schlosspark** mit seinen alten Laubbäumen. Kutschen, Schlitten und herrschaftliche Sänfte sind in der **Schlossremise** zu bewundern. Die wertvollen Exponate stammen aus den königlichen Marstallsammlungen. Ein besonderes Prunkstück ist der Rennschlitten, den der Hofbildhauer *Johann Michel Döbel* 1695 mit üppiger Verzierung versah. Ausgestellt sind außerdem Gartenwagen, Kinderkutschen, die elegante Sänfte der Kronprinzessin Luise und die sehr schmucklose Friedrich des Großen.

Nur einen Steinwurf vom Schloss entfernt steht auf einer Erhebung die neugotische **Dorfkirche,** ihre Grundmauern stammen noch aus dem 12. Jahrhundert. Sie besitzt ein Kunstwerk des berühmten Bildhauers *Johann Gottfried Schadow* (1764 – 1850): das Tonrelief »Die Apotheose der Königin Luise«.

🕐 *Schloss und Schlossmuseum Paretz, Parkring 1, 14669 Ketzin-Paretz. ℭ 033233/73611, www.spsg.de. Bahn/Bus: Potsdam Hbf, dann Bus 614 Richtung Gutenpaaren. Auto: A10 Ausfahrt 25 Potsdam Nord oder über die B273, Abzweig Uetz. Rad: Königin-Luise-Radweg Hohenzieritz (Sterbeort Luises) – Schloss Charlottenburg – Pfaueninsel – Schloss Paretz, 220 km, Markierung Weißes L und Krone auf schwarzem Wappen; der Berliner Abschnitt durch Wohngebiete ist nicht ausgeschildert, von Fähre Ketzin bis Paretz ist der Weg teilweise unbefestigt und schmal. Zeiten: Schloss und Remise Nov – März Sa, So, Fei 10 – 16 Uhr nur mit Führung, April – Okt Di – So 10 – 18 Uhr (Führungsangebot). Preise: Kombiticket Schloss und Remise 6 €, Remise 2 €; Kinder 3 bzw. 1,50 €; Ermäßigungsberechtigte Kombiticket Schloss und Remise 5 €. Infos: bedingt barrierefrei.*

✕ Gotisches Haus, Parkring 21, Ketzin-Paretz. ℭ 033233/80509. www.gotisches-haus-paretz-online.de. Di – Do 11.30 – 18, Fr 11.30 – 20 Uhr und Sa, So ab 11.30 Uhr, im Winter Mo und Di Ruhetage. In der ehemaligen königlichen Schmiede, beliebtes Ausflugslokal seit 100 Jahren, große Terrasse, märkische Fisch- und Wildspezialitäten sowie deftige Hausmannskost.

Eine **Badestelle** gibt es an der Werderdammstraße, ein Strandbad im nahen **Ketzin.**

KUMM MAN RÖVER: RIBBECK IM HAVELLAND

Ganz Ribbeck lebt gewissermaßen von der Birne. Denn zweifellos sind es die berühmten Zeilen aus **Theodor Fontanes** (1819 – 1898) Birnen-Ballade, die die vielen neugierigen Touristen in die havelländische 350-Seelen-Gemeinde an der alten Heerstraße strömen lassen. Den **Birnbaum** mit seinen leuchtenden Früchten und den alten, gutherzigen *Herrn von Ribbeck,* die Fontane in seinem Gedicht gleichermaßen preist, gab es wirklich. Der spendable alte Herr war der 1689 geborene *Hans Georg von Ribbeck.* Dieser ließ sich der Legende nach 1759 mitsamt einer Birne bestatten, die bald aus seinem Grab trieb und fortan für die Obstversorgung der Ribbecker Jugend sorgte.

Der legendäre Baum wurde 1911 von einem mächtigen Sturm, der über das Dorf hinwegfegte, gefällt. Sein Stumpf ist in der Kirche zu besichtigen. An den Ästen des neuen Birnbaums, im Jahre 2000 an angestammter Stelle neben der Kirche gepflanzt, prangen heute nicht gerade üppige Prachtexemplare, eher ziemlich verknubbelte. Manche meinen, das läge an der aus dem Westen stammenden Birnensorte mit Namen »Gräfin von Paris«, die den märkischen Boden nicht liebe …

Friedrich Christian Delius: **Die Birnen von Ribbeck,** Rowohlt 1991. Hintergründige Betrachtungen eines Ribbecker Bauern zur Geschichte seines Dorfes vom Dreißigjährigen Krieg, über den deutschen Arbeiter- und Bauernstaat bis in die Gegenwart.

Herr von Ribbeck auf Ribbeck im Havelland,

Ein Birnbaum in seinem Garten stand,
Und kam die goldene Herbsteszeit
Und die Birnen leuchteten weit und breit,
Da stopfte, wenn's Mittag vom Turme scholl,
Der von Ribbeck sich beide Taschen voll,
Und kam in Pantinen ein Junge daher,
So rief er: »Junge, wiste 'ne Beer?«
Und kam ein Mädel, so rief er: »Lütt Dirn,
Kumm man röver, ick hebb 'ne Birn.
So ging es viel Jahre, bis lobesam
Der von Ribbeck auf Ribbeck zu sterben kam.
Er fühlte sein Ende. 's war Herbsteszeit,
Wieder lachten die Birnen weit und breit;
Da sagte von Ribbeck: »Ich scheide nun ab.
Legt mir eine Birne mit ins Grab. (…)
So spendet Segen noch immer die Hand
Des von Ribbeck auf Ribbeck im Havelland.«
                                        Theodor Fontane, 1889

Da stand der legendäre Birnbaum – links neben der Barockkirche

Die orange getünchte **Kirche,** ein barock überformter Saalbau aus dem 14. Jahrhundert, besitzt einen weitläufigen, 2 Hektar großen Pfarrgarten, den man liebevoll zu einem interessanten Bibelgarten gestaltet hat. Da haben nicht nur liebliche Lilien, sondern zum Beispiel auch die etwas verpönte *Urtica urens,* die ordinäre Brennnessel, ihren Stammplatz. Im Vorraum der Kirche geht's meist recht munter zu. Allerlei Nützliches sowie Krimskrams vom Topflappen über Baumwolltaschen bis hin zu Fontane-Literatur werden zum Verkauf angeboten. Den Kaffee und den frisch gebackenen Kuchen serviert an manchen Tagen der Pastor höchstselbst.

Das restaurierte **Schloss** nahe der Kirche wurde 1893 erbaut, an der Stelle eines Vorgängerbaus von 1822 und des ehemaligen Rittersitzes der Familie Ribbeck, der schon 1375 Erwähnung fand. Die neobarocke Fassade hat man, vielleicht absichtlich, kaiserbirnengelb getüncht. Drinnen erstrahlt das zweistöckige Gebäude in üppiger Eleganz mit feinen Ausstellungssälen, Restaurant und Trauzimmer. Nichts erinnert mehr daran, dass das herrschaftliche Haus zu DDR-Zeiten als Altersheim diente. Ein viel diskutiertes Relikt aus dem Jahre 1956 ist jedoch im Treppenhaus erhalten geblieben: Ein Wandrelief im real-sozialistischen Stil, das einen feisten Gutsherrn zeigt, der sich die Birnen genüsslich in den Mund schiebt, während vor ihm kniend ein Mädchen vergeblich bittend die Hand aufhält. Am rechten Bildrand rei-

Die Ribbecker Kirche und das **Kirchencafé** sind April – Okt täglich 10 – 18 Uhr geöffnet, im Winter nur am Wochenende.

chen – als ideologischer Kontrast – junge, hilfreiche Pioniere einer Oma ihre selbst gepflückten Früchte.

Noch gut erkennbar ist das Gebäudeensemble des Ribbeckschen Anwesens. Auf dem schlanken, hohen Backsteinturm der alten **Brennerei** hat sich eine Storchenfamilie wohnlich niedergelassen. Dort, wo im 19. Jahrhundert Industriealkohol gebrannt wurde, stellt seit einigen Jahren *Carl Friedrich von Ribbeck* aromatische Birnenessige aus der eigenen Obstplantage her. Der Enkel des letzten Herrn von Ribbeck, der 1945 als überzeugter Monarchist und Gegner Hitlers im Konzentrationslager Sachsenhausen ums Leben kam, ist 1998 nach Ribbeck zurückgekehrt.

In der alten **Ribbecker Schule,** wie Kirche und Schloss am weiten Dorfanger gelegen, ist ein historisches Klassenzimmer eingerichtet mit Schiefertafeln, ausgestopften Tieren und harten Holzbänken nebst Schreibpulten. In Dokumenten können die Besucher nachlesen, welche Aufgaben ein Dorfpauker zu Fontanes Zeiten täglich zu absolvieren hatte. Dazu gehörte das Heizen der Schulzimmer mit vorherigem Zerkleinern des Brennholzes ebenso wie das Läuten der Schulglocke. Dem kleinen **Museum** ist ein gemütliches **Café** mit Sommerterrasse, die Touristeninformation und die **Fahrradstation** *LandRad* (mit Fahrradverleih) angegliedert.

❶ *Tourismusverband Havelland e.V., Marco Brückner, Theodor-Fontane-Straße 10, 14641 Nauen-Ribbeck. ℂ 033237/*

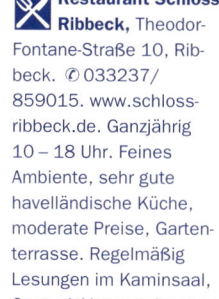

⊠ **Restaurant Schloss Ribbeck,** Theodor-Fontane-Straße 10, Ribbeck. ℂ 033237/ 859015. www.schloss-ribbeck.de. Ganzjährig 10 – 18 Uhr. Feines Ambiente, sehr gute havelländische Küche, moderate Preise, Gartenterrasse. Regelmäßig Lesungen im Kaminsaal, Open-air-Veranstaltungen.

Im birnengelben CI: Das Ribbecker Schloss

HAVELLAND

Von Ribbeck, Am Birnbaum 25, Ribbeck. ✆ 033237/88901. www.vonribbeck.de. Balsamessig und Edelbrände nicht nur aus Birnen aus berufener Familientradition.

*859037, www.havelland-tourismus.de. Lage: Im Schloss Ribbeck, 10 km westlich von Nauen. **Bahn/Bus:** RE, RB über Spandau, RE4 von Berlin bis Nauen, dann Havelbus 661 oder 669 bis Ribbeck. **Auto:** A10 Ausfahrt 28 Falkensee, L201 nach Brieselang bis Nauen, B5 bis Ribbeck. **Rad:** Havelland-Radweg, Otto-Lilienthal-Radweg.*

Ⓜ *Im Schloss befindet sich ein Standesamt und ein kleines Museum zur Kulturgeschichte der Region (täglich 10 – 17 Uhr, 3 €, ermäßigt 2 €).*

Landgut mit Wasser: Groß Behnitzer See

© Landgut A. Borsig

Landgut A. Borsig in Groß Behnitz

Abstecher zum Landgut A. Borsig in **Groß Behnitz**, ca, 6 km südlich von Ribbeck: Das Herrenhaus des Grafen Itzenplitz ging 1866 in den Besitz des Berliner Großindustriellen Borsig über. In dem liebevoll restaurierten, denkmalgeschützten Gebäudeensemble direkt am *Groß Behnitzer See* befinden sich das **Restaurant Seeterrassen** und ein 4-Sterne-Hotel.

DER BESONDERE TIPP Seeterrassen

Wunderbar oberhalb des Groß Behnitzer Sees gelegen, Sommerterrasse. Im ehemaligen Kälberstall und Geflügelhaus. Regionale, marktfrische Gerichte aus Bioprodukten, erlesene Weine. Kochkurse. **Bio-Hotel** im historischen Gästehaus des Landguts, DZ ab 49 € pro Person. Ausgezeichnet als Nachhaltigstes Privathotel Deutschlands 2013/ 2014. **Seeterrassen,** Behnitzer Dorfstraße 29 – 31, Nauen-Groß Behnitz. ✆ 033239/208066. www.landgut-aborsig.de. Di - Sa 11.30 – 21, So 11.30 – 20 Uhr.

© Landgut A. Borsig

© dzt. Hiltrud Haep

DIE WIEGE DER MARK: BRANDENBURG A.D. HAVEL

Bereits seit dem 5./6. Jahrhundert siedelten slawische Stämme im Havelland. Der Raum um die heutige Stadt Brandenburg war das Kerngebiet der slawischen *Heveller*. Sie nannten ihre Siedlung *Brennabor*, die erste urkundliche Erwähnung stammt aus dem Jahre 948. Nach dem Tod des letzten Slawenfürsten Pribislaw kam 1150 das Havellland unter die Fittiche Albrecht des Bären. Fortan regierten die Askanier als Markgrafen von Brandenburg. Auf der ehemaligen slawischen Burginsel ließen die Kirchenfürsten ab 1165 ihren Dom errichten. Zwei kleine Städte bildeten sich kurz danach auf den beiden Seiten der Havel. So besteht das historische Zentrum der Havelstadt bis heute aus Altstadt, Neustadt und Dominsel. Im Jahre 1411 fiel die Herrschaft in der Mark an die Hohenzollern,

Das Wohnzimmer des mittelalterlichen Brandenburg: Altstädtisches Rathaus mit Rolandfigur

Prächtig geschmückt: Die Fassade der spätgotischen Katharinenkirche

☀ **Tipp:** St. Katharinenkirche, Mo – Sa 11 – 15 und So, Fei 13 – 16 Uhr.

die allerdings nicht das askanische Brandenburg, sondern Berlin und Potsdam als ihre Residenzstädte wählten.

❶ *Stadtmarketing- und Tourismusgesellschaft Brandenburg an der Havel,* Neustädtischer Markt 3, 14776 Brandenburg an der Havel. ✆ 03381/796360, www.stg-brandenburg.de. **Bahn/Bus:** Von Berlin und Potsdam mit RE1 (halbstündlich) und RB51. **Auto:** Ab Berlin A115 und A10, von A2 Ausfahrt 78 Brandenburg B102 Richtung Belzig und Brandenburg; an der B1, die sich auf alten Handelswegen von West nach Ost quer durch Deutschland zieht. **Rad:** Havelradweg, Tour Brandenburg (Lehnin – Havelberg 152 km), Otto-Lilienthal-Radweg. **Zeiten:** Mai – Sep Mo – Sa 9 – 20, So, Fei 10 – 15 Uhr; Okt – April Mo – Sa 9 – 20 Uhr.

Von der Neu- zur Altstadt

Günstiger Ausgangs- und Endpunkt für einen Rundgang durch das historische Zentrum Brandenburgs mit Neustadt, Altstadt und Dominsel ist der **Neustädtische Markt.** Ihn säumen noch einige Häuser aus dem 18. Jahrhundert. Nur einen Steinwurf entfernt überragt die Pfarrkirche **St. Katharinen** die umliegenden Gebäude der Neustadt, die bereits Ende des 12. Jahrhunderts gegründet wurde. Die dreischiffige Hallenkirche ist das größte Gotteshaus der Stadt. Der äußerst feingliedrige Backsteinbau mit seinem 73 m hohen Turm gilt als ein Höhepunkt des spätgotischen Dekorationsstils. Er war 1401 fertiggestellt, Baumeister war der Stettiner *Hinrich Brunsberg.* Im Inneren sind u.a. der reich geschmückte Flügelaltar von

1474, der Bronzetaufkessel von 1440 und der Hedwigsaltar der Schöppenkapelle interessant.

Die St.-Annen-Straße führt nach 250 m zum Schleusenkanal. Hier zweigt die St.-Annen-Promenade ab. Gleich rechter Hand ragt das imposante Gebäude des **St. Pauli Klosters** auf. Es wurde 1286 errichtet, die dreischiffige Klosterkirche ist aus dem frühen 14. Jahrhundert. Im Zweiten Weltkrieg stark zerstört, beherbergt das ehemalige Dominikanerkloster nach Sanierung und Umbau seit 2008 das hochinformative *Archäologische Landesmuseum Brandenburg.* Nur ein paar Schritte entfernt steht der **Steintorturm,** einer der insgesamt fünf Tortürme des alten Mauerrings um die Neustadt. Im fast 30 m hohen und sechsgeschossigen Wehrturm aus dem 15. Jahrhundert informiert eine Dauerausstellung über die Brandenburger Havelschifffahrt.

Über die Kurstraße erreichen Sie nach rund 200 m die **Hauptstraße,** die belebte Einkaufsmeile der Stadt. Hier in der Fußgängerzone steht der *Fritze-Bollmann-Brunnen.* Der arme Frisör (1852 – 1901), der gern einen Schluck über den Durst trank, ist das berühmte Stadtunikum. In den Stein am Brunnen hat man das bekannte Spottlied »Fritze Bollmann wollte angeln« eingemeißelt – der Zecher soll angeblich, nicht ganz standfest auf den Beinen, im Beetzsee ertrunken sein.

Die nahe **Jahrtausendbrücke** führt über die *Niedere Havel* und bildet gleichzeitig den Übergang von der mittelalterlichen Neustadt in die noch ältere mittel-

M Dependance des Stadtmuseums: **Steintorturm** mit der Dauerausstellung »Entlang der Havel – Schiffe – Schiffer – Traditionen«, Steinstraße, ℅ 03381/ 200265. April – Okt Di – So 13 – 17 Uhr.

Museumsreif: Steintorturm

HAVELLAND

M **Kriminal- und Foltermuseum,**
Bäckerstraße 38,
✆ 03381/796777,
www.folterwerkstatt-
henke.de, Di – So 10 –
18 Uhr, einstündige Füh-
rung 4,50 €. Nicht für
Kinder unter 14 Jahre.
Rund 80 historische Fol-
ter- und Hinrichtungsge-
genstände, etliche dürfen
angefasst werden.

alterliche **Altstadt.** Die Brücke wurde 1928 zur 1000-Jahr-Feier der Stadt eingeweiht. In Sichtweite am Havelufer steht die bemerkenswerte Ruine der **St. Johanniskirche.** Sie wurde 1240 von den Mönchen des Franziskanerklosters erbaut. Das **Altstädtische Rathaus** entstand gegen 1470 im Stil der norddeutschen Backsteingotik. Davor, neben dem Hauptportal, dominiert in wehrhafter Positur das Standbild des *Roland,* die bekannteste Plastik des Landes Brandenburg aus dem Mittelalter. Der Riese, 1474 aus Sandstein gebildet und 5,30 m hoch, galt als Zeichen der mittelalterlichen Gerichtsbarkeit. Die Figur mit Rüstung, Schwert und Dolch wurde erst 1946 zum Altstädter, als man ihn vom Neustädtischen Markt hierher umplatzierte. Sein seltsamer Büschel auf dem Kopf, *Donnerbart* genannt, soll ihn angeblich vor Blitzeinschlägen schützen! Ein schöner Kontrast: Eine ganz andere Figur hat man ebenfalls am Altstädtischen Markt platziert – eine typische **Loriotsche Knollnasenfigur** auf einer Bank sitzend.

Von der Altstadt zur Dominsel

Die Mühlentorstraße hinter dem ehemaligen Rathaus, das bis zur Zwangsvereinigung der beiden Städte 1715 administrativer Mittelpunkt der Altstadt war, führt zur dreischiffigen **St. Gotthardtkirche** aus der Mitte des 12. Jahrhunderts. Das romanische Feldsteinportal von 1140 ist das älteste erhaltene Mauerwerk der Stadt. Über den Grillendamm, an dem sich schöne Blicke auf den *Beetzsee* öffnen, kommt man zur **Dominsel.** Hier stand die slawische *Brennaburg,* die 928 erstmals von dem Heer des römisch-deutschen Kaisers *Heinrich I.* eingenommen werden konnte. 1165 erfolgte an gleicher Stelle durch den Mönchsorden der Prämonstratenser die Grund-

Domcafé, Krakauer
Straße 21 – 23,
Brandenburg/ Havel.
✆ 03381/522336.
www.domkonvikt.de. Winterpause Dez – März. Im
historischen Burghof des
Domes, märkische
Küche, herrliche Gartenterrasse. 🏠 Im Domkonvikt gibt es Hotelzimmer
und Tagungsräume.

steinlegung für den **Dom St. Peter und Paul**. Eigentlich ist es ein Wunder, dass die Mutter aller Kirchen der Mark Brandenburg überhaupt noch steht. Denn die ehrgeizigen Domherren des 14. und 15. Jahrhunderts errichteten auf den Fundamenten des ursprünglich romanischen Baus eine gotische Kirche, ohne sich um die instabilen Bodenverhältnisse zu kümmern. *Karl Friedrich Schinkel* prophezeite dem Dom bei Restaurierungsarbeiten 1834/36, dass »das Gebäude auf eine sehr lange Zeit nicht mehr Anspruch machen kann«. Eine grundlegende, sehr teure Sanierung in den letzten Jahrzehnten rettete das sakrale Kleinod schließlich in das neue Jahrtausend. Zu den Spendeneintreibern gehörte u.a. der gebürtige Brandenburger **Vicco von Bülow** alias *Loriot*.
Die dreischiffige Pfeilerbasilika ist schön von außen und ungemein eindrucksvoll von innen. Ihre **Ausstattung** ist sehr reichhaltig und geradezu prunkvoll. Dazu gehören die drei berühmten spät-

Der Dom Peter und Paul zu Brandenburg/Havel. Im Vordergrund originale, barocke Brunnenfiguren aus der Schule des berühmten italienischen Bildhauers Gian Lorenzo Bernini (1598 – 1680)

✴ *Loriot alias* **Vicco von Bülow,** *geboren am 12. November 1923 in Brandenburg an der Havel, starb am 22. August 2011 im Alter von 87 Jahren in Ammerland am Starnberger See. Die Bücher des Humoristen sind im Diogenes Verlag erschienen.*

mittelalterlichen Altäre, die Krypta unter dem Hochchor, die Bunte Kapelle mit ihren einzigartigen Putzmalereien und die spätbarocke Orgel des Berliner Orgelbauers *Joachim Wagner* aus dem Jahre 1725.

Das **Dommuseum** beherbergt den Domschatz mit Goldschmiedearbeiten, Gemälden, Retabeln und wertvolle liturgische Gewänder wie das Hungertuch von 1290 sowie die Gründungsurkunde des Bistums von 948.

🌐Ⓜ🎵 *Dom St. Peter und Paul, 14776 Brandenburg a.d. Havel. ✆ 03381/2112221 (Domführungen), 2112223 (Dommuseum), www.dom-brandenburg.de.* **Zeiten:** *Dom Mo – Sa 10 – 17, So 11.30 – 17 Uhr. Orgelvorführungen Mai – Sep So 13.30 Uhr (45 Min).* **Dommuseum und Domladen** *Mo – Sa 10 – 17 und So 11.30 – 17 Uhr, Mai – Sep Mi nur 10 – 12 Uhr.* **Infos:** *Gruppenführungen ab 20 €.*

Kletteraffen aus Blech im Stadtmuseum im Freyhaus

Das **Freyhaus** ist schon äußerlich ein Hingucker. Das imposante Gebäude mit Mansardendach wurde 1723 für einen Oberst namens *Masson* im barocken Stil erbaut und jüngst sehr liebevoll restauriert. Es besitzt ein sehenswertes Treppenhaus, einen Kopfstein gepflasterten Innenhof mit schönen Fachwerkgebäuden und anschließendem Garten. Der Name dieses Hauses geht übrigens auf einen Erlass Friedrich II. zurück, der 1751 die Freistellung des Hausbesitzers von allen bürgerlichen Steuern anordnete.

Im Jahre 1912 zog der Spielzeugfabrikant *Ernst Paul Lehmann* hier ein. Er stellte das Haus 1922 dem Historischen Verein als Museum zur Verfügung. Daher sieht man hier auch die wunderbare **Spielzeugausstellung** »Der Kletteraffe Tom«, die über die traditionsreiche Geschichte der Spielzeugindustrie in Brandenburg von 1881 bis 1992

> ▶ *Links oben am gotischen Haupt-*

DER FUCHS IM MÖNCHSPELZ

portal des Domes fallen aus Stein gemeißelte Figuren auf: Rechts außen erkennt man einen Fuchs in Mönchskutte gehüllt, wie er zuerst einer Versammlung von Gänsen predigt und zuletzt eine in seinem Rachen davon trägt. Die Sage erzählt, dass der Dombaumeister, als er keinen Lohn für sein Werk bekommen sollte und gar flüchten musste, diese originelle Figurengruppe als Allegorie für den ausgefuchsten und geizigen Dompropst ans spitzbogige Portal setzte. ◀

informiert. Besonders originell: die mechanischen Blechspielzeuge wie Wild-West-Reiter, störrische Esel, Rennautos und Kletteraffen.

In drei Etagen präsentiert das Museum sehr anschaulich die weit über 1000-jährige Siedlungs- und Stadtgeschichte Brandenburgs – von der slawischen Besiedlung im 5./6. Jahrhundert bis zur Wende 1989. Zu sehen ist hier auch das Richtschwert, mit dem 1730 *Hans-Hermann Katte,* der Jugendfreund des späteren Königs Friedrich II., in Küstrin hingerichtet wurde.

Ⓜ️ *Ritterstraße 96, 14770 Brandenburg a.d. Havel. ✆ 03381/584501, www.stadt-brandenburg.de. Bahn/Bus: ↗ Info & Verkehr Brandenburg a.d. Havel. Zeiten: Di – Fr 10 – 12 und 13 – 16 Uhr, Sa, So 10 – 16 Uhr. Preise: 3 €; 1,50 €, Familienticket (ab 5 Pers) 5 €. Infos: Historischer Verein zu Brandenburg an der Havel e.V., www.hvbrb.de.*

✖️ **Buhnenhaus,** Buhnenhaus 1, Brandenburg a.d. Havel. ✆ 03381/6190090. www.buhnenhaus.de. Täglich ab 11 Uhr. Beliebte Ausflugsgaststätte. Regionale Küche, Fischgerichte. Barrierefrei. Dampferanlegestelle, Marina, ⛺Camping.

Malge, Malge 1 – 2, Brandenburg.
℗ 03381/62850. www.malge-brandenburg.de. März – Dez täglich ab 11.30 Uhr. Gut 8 km südwestlich vom Stadtzentrum. Schönes Fachwerkgebäude von 1917, direkt am Breitlingsee. Großer Biergarten, Fischerstube und Grillhütte, Fischgerichte. Schiffsanleger, ♠Pension.

M Kunsthalle Brennabor: Das Spektrum der Ausstellungen reicht von Malerei über Rauminstallationen und Skulptur bis hin zu Fotografie und Grafik. Mi – So 13 – 19 Uhr, Eintritt frei. Geschwister-Scholl-Straße 10 – 13 (Nähe Hbf), www.kunsthalle-brennabor.de.

Industriemuseum Brandenburg/Havel

Wie im Dornröschenschlaf zeigt sich die riesige Werkshalle: Schlacken und Stahlkrusten liegen noch in der Abstichrinne, Schrott in den Muldenwagen, die Hebebühnen mit den massigen Haken sind abgestellt. Im Pausenraum stehen originale Kaffeetassen aus DDR-Zeiten, Wasserkocher und Radio, Arbeitshandschuhe liegen auf der Heizung. Doch niemand wird das alte Stahl- und Walzwerk wach küssen, das 1914 am Silokanal eröffnete Werk wurde 1993 endgültig stillgelegt und der musealen Nutzung übergeben. Noch aktiv sind immerhin einige der ehemals 10.000 Kumpel – auf »Tagesschicht« als Führungspersonal mit Helm und Kittel. Wer könnte auch authentischer über die alte Produktionsstätte erzählen? Im Mittelpunkt der Ausstellung steht ein wahrer Dino aus der alten Eisenzeit, der letzte *Siemens-Martin-Ofen* Westeuropas.

Das Werk am Kanal deckte u.a. auch den Rohstoffbedarf der 1871 in Brandenburg gegründeten **Brennaborwerke** der *Gebrüder Reichstein,* die zu den erfolgreichsten Pionieren der deutschen Industriegeschichte zählen. Man begann mit der Produktion von Kinderwagen in Serie, ab 1890 entwickelte sich das Werk zur größten Fahrradfabrik Deutschlands. Später wurden auch Motorräder und Automobile produziert. Einige originelle Originale aus diesen Produktionsbereichen sind ebenfalls im Industriemuseum zu bewundern. In einer Produktionsetage der historischen Brennaborwerke befindet sich seit 2004 die **Kunsthalle Brennabor,** gewiss eine der schönsten Ausstellungsorte für zeitgenössische Kunst im Land Brandenburg.

M *August-Sonntag-Straße 5, 14770 Brandenburg a.d. Havel.* ℗ *03381/304646, www.industriemuseum-brandenburg.de. **Bahn/Bus:** ↗ Brandenburg Bhf,*

*Tram 2 Richtung Quenz bis Am Stadion/Industrie-museum. **Zeiten:** März – Okt 10 – 17 Uhr, Nov – Feb 10 – 16 Uhr, Gruppenführungen nach Voranmeldung. **Preise:** 4 €, mit Führung 6 €; ermäßigt 2 €, mit Führung 3 €. **Infos:** zünftige Schichtpausenverpflegung für Besucher 5 €.*

Archäologisches Landesmuseum Brandenburg im Paulikloster

Es gibt viel zu sehen und zu entdecken: 10.000 Exponate führen auf eine Zeitreise durch 50.000 Jahre Kulturgeschichte Brandenburgs: Alltagsgegenstände, Waffen, Jagdgeräte, Werkzeuge, ein slawischer Münzschatz aus dem 11./12. Jahrhundert, Pilgerzeichen, Musikinstrumente, zum Teil bronzezeitliche Schmuck, Einblicke in frühe Rituale, Lebensbilder, prähistorische Schädel mit Spuren chirurgischer Operationen, informative Dioramen. Oft werden die Museumsschätze multimedial und mit Computer-Stationen präsentiert. Auch die restaurierte **Hallenkirche** mit ihren eindrucksvollen Chorfenstern von 1330/1340 ist Teil des chronologischen Museumsrundgangs.

🅼 *Neustädtische Heidestraße 28, 14776 Brandenburg a.d. Havel. ✆ 03381/4104112, www.paulikloster.de. **Bahn/Bus:** ↗ Info & Verkehr Brandenburg a.d. Havel. **Zeiten:** Di – So 10 – 17 Uhr, geschlossen an Neujahr, Karfreitag, Heiligabend, Silvester. **Preise:** 5 €; Kinder ab 10 Jahre und ermäßigt 3,50 €; Familienticket 10 €. **Infos:** Museumscafé.*

Fischerkiez mit Schloss: Plaue an der Havel

Besuchenswert ist der vom Brandenburger Zentrum rund 10 km entfernte Vorort Plaue. Hier, am Ausfluss der Havel aus dem *Plauer See,* liegt das barocke **Schloss der Grafen von Königsmarck.** Es ging aus der mittelalterlichen Burg der berüchtigten Raubritterfamilie *derer von Quitzow* hervor.

Cafébar, Ritterstraße 76, Brandenburg. ✆ 03381/229048. www.cafebar-kanu.de. Mo – Fr 8.30 – 18.30, Sa, So 9.30 – 18.30 Uhr. Im Brückenhäuschen der Jahrtausendbrücke. Kaffee- und Teespezialitäten, Frühstück. Lecker: *Pasteis de nata,* portugiesische Törtchen mit Puddingfüllung. ❯ Kanuverleih am Havelufer.

*Natürlich besuchte auch **Theodor Fontane** den Ort Plaue. Er schwärmte in seinem Tagebuch nicht nur vom Barockschloss, sondern auch von »Plaues ewig blauem Himmel.« Der Ausflug ist aber auch dann empfehlenswert, sollte sich Fontane mal geirrt haben.*

HAVELLAND

Schlossschänke,
Brandenburg-Plaue.
℡ 03381/285360.
www.schlossplaue.de.
Sommer Mo – So ab 8
Uhr, Winter Mo – Fr ab 17
und Sa, So, Fei 8 – 21
Uhr. Am Schloss mit Som-
merterrasse am Havel-
ufer. Kaffee, Kuchen,
regionale Gerichte.
❍ Fahrrad-Service.

☀ **Tipp:** Plaue, Bornufer:
2- bis 4-stündige **See-
rundfahrten** mit dem Aus-
flugsschiff »Friederike«,
barrierefrei, ℡ 03381/
402237.

*Alles, was Petrijünger
brauchen: Im Fischer-
kiez am Plauer See*

Das herrschaftliche Gebäude dient heute als Hotel und Restaurant. Im Schloss nächtigte schon
der russische Zar Peter I. auf seiner Europareise
und der preußische Soldatenkönig schlug hier seinen Sohn Friedrich, den späteren Großen, zum Ritter. Der Plauer **Fontaneweg** mit Baumlehrpfad
führt durch den Schlosspark und am Plauer See
entlang. Interessant sind außerdem der **Fischer-
kiez** nahe der denkmalgeschützten Havelbrücke
von 1904 und die spätromanische Stiftskirche
aus dem 13. Jahrhundert. Das später mehrfach
umgebaute Gotteshaus besitzt restaurierte Wandmalereien aus dem 15. und 16. Jahrhundert.

🕐🏠✉ *Schloss Plaue GmbH, Schlossstraße 27a, 14776
Brandenburg a.d. Havel-Plaue. ℡ 03381/285360,
www.schlossplaue.de. **Bahn/Bus:** RE von Hbf Brandenburg nach Kirchmöser, dann weiter mit Bus E.
Preise: Unterkunft in EZ- und DZ-Apartments in Ne-
bengebäuden des Schlosses, 30 – 60 € pro Pers,
Frühstück ab 7,50 €.*

RHINLUCH & RUPPINER LAND

Rheinsberg • Templin • Schwedt • Angermünde

RHINLUCH & RUPPINER LAND
Kyritz • Neuruppin • Gransee • Zehdenick • Parsteiner See • Oder • PL
Wusterhausen • Ruppiner See • Groß Schönebeck • Eberswalde
Neustadt (Dosse) • Oranienburg • Finowfurt
RUPPINER LAND
Wandlitz • **BARNIM & MÄRKISCHE SCHWEIZ** • Oder • Neuhardenberg
Nauen • Velten • Bernau
Rathenow • **BERLIN** • Strausberg • Buckow
HAVELLAND • **WANN-SEE &** • Köpenick • **DAHME-SEEN &**
Brandenburg • Havel • Wannsee • **MÜGGEL-SEE** • Fürstenwalde
POTSDAM • Potsdam • Spree
Caputh • Königs Wusterhausen • Bad Saarow-Pieskow
BRANDENBURG • Blankensee • Scharmützelsee
Beelitz • Wünsdorf • **SPREEWALD**
Belzig • Treuenbrietzen • Luckenwalde • Spree
N • **TELTOW-FLÄMING** • Dahme
Jüterbog • Lübbenau
1 cm
20 km
www.PeterMeyerVerlag.de

STÖRCHE AUF DER STREUSANDBÜCHSE

»An jeder Stelle gleichen Reiz erschließt dir die Ruppiner Schweiz«, dichtete einst Theodor Fontane. Er hätte mit seinem Werbereim gewiss heute noch Recht. Die Rhinseen zwischen Neuruppin und Rheinsberg gehören zu den schönsten Gegenden der »Streusandbüchse« Brandenburg.

Doch das gesamte **Ruppiner Land** ist landschaftlich sehr reizvoll: flachwellige Heidelandschaft, naturbelassene Seen, verschlungene Fließe, wie Bäche und Wassergräben hierzulande genannt werden, und schließlich von alten Bäumen gesäumte Alleen.

Südlich von Neuruppin breitet sich die schier endlose Fläche des immer feuchten **Rhinluchs** aus, wo Störche in den Sommermonaten allgegenwärtig

FESTE & FESTE TERMINE RHINLUCH & RUPPINER LAND

April:	Rheinsberg: **Keramik- und Kunsthandwerkermarkt**.
Mai:	Neuruppin: **Mai- und Hafenfest**.
	Neuruppin: **Fontane-Festspiele** zu Pfingsten.
	Lindow: **Maifest**.
	Rheinsberg: **Hafenfest** mit Bühnenprogramm.
	Kyritz: **Bassewitzfest** in ungeraden Jahren.
Juni:	Rheinsberg: **Hafendorffest** Anfang Juni.
Juli:	Lindow: **Drei-Seen-Fest**.
	Gransee: **Historisches Stadtfest**.
	Neuruppin: **Dixietage** mit Antikmarkt.
August:	Linum: **Storchenfest** am 1. Wochenende.
	Rheinsberg: **Leuchtturmfest**.
	Neuruppin: **Weinfest**.
	Kyritz: **Regattatage** mit Bootskorso.
September:	Linum: **Fischerfest** am 1. Wochenende.
	Neustadt (Dosse): **Hengstparade** an 4 Sonntagen mit Markt und Rahmenprogramm.
	Kremmen: **Erntedankfest**.
Oktober:	Rheinsberg: **Töpfermarkt** mit Kulturfest.
	Gransee: **Herbst- und Trödelmarkt**.
November/Dezember:	Rheinsberg: **Weihnachtsmarkt** neben dem Schloss.
	Neuruppin: **Weihnachtsmarkt** im Museumshof.

sind, denn sie und die nicht minder schönen Kraniche nisten zu Tausenden hier. Ein ergreifender Anblick!

MOORE, FLIESSE, WIESEN UND NEBELFRAUEN: DAS RHINLUCH

Das Rhinluch ist eine faszinierende Niedermoorlandschaft mit Feuchtwiesen, Schilfmatten, Baum- und Buschgruppen, in der unter anderem Störche, Fischotter, Biber und mehrere Greifvogelarten ihre Lebensgrundlage finden. Das *Luch* entwickelte sich nach dem Rückgang der letzten Eiszeit. Zunächst blieben flache Seen zurück, die mit der Zeit verlandeten und zu Mooren wurden. Die Bezeichnung *Rhin* für das Flüsschen, das später der sumpfigen und tischflachen Gegend den Namen gab, stammt aus dem 13. Jahrhundert, als sich im Luch Kolonisten aus dem Rheinland ansiedelten. Unter Friedrich Wilhelm I. begann man mit der Trockenlegung, es entstanden Weideflächen, Auen und Feuchtwiesen. Für eine wirtschaftliche Blütezeit sorgte 1785 die Entdeckung von aschearmem Torf zwischen Linum und Flatow. Die abgebaute Erde diente in erster Linie als Brennmaterial. Im späten 19. Jahrhundert soll fast halb Berlin mit Rhinlucher Torf geheizt haben. Damals transportierten die Kähne das begehrte Material auf dem Ruppiner Kanal über Oranienburg in die Reichshauptstadt.

Besonders reizvoll ist die Landschaft zwischen den Luchdörfern **Flatow** und **Wall.** Hier dominiert noch teilweise gröbstes Straßenpflaster, das sich durch sumpfiges Gelände buckelt, durch ein weit verzweigtes Netz von Gräben und Fließen. Doch aufgepasst! Neben Irrwischen und Kobolden, die durch das Rhinluch geistern, soll es zudem mannstolle Nebelfrauen geben!

Fehrbellin – die Wiege Preußens

Einst war das 1216 erstmals erwähnte Bellyn im wasserreichen Luch nur durch eine Fähre zu erreichen. Die prägte später den heutigen Ortsnamen. Fehrbellin liegt mitten im Ländchen *Bellin,* einem Landstrich, wo das Berliner Urstromtal mit dem Havelländischen Luch und das Eberswalder Urstromtal mit dem Rhinluch aufeinandertreffen. Nach der Trockenlegung und Urbarmachung des Rhinluchs ab der Mitte des 18. Jahrhunderts wurde das Ackerbürgerstädtchen zu einem bedeutenden Zentrum der Torfstecherei.

Sehenswert sind die neugotische *Kirche* von 1867, die nach Plänen Friedrich August Stülers erbaut wurde, und der in Bronze gegossene Große Kurfürst Friedrich Wilhelm am östlichen Ausgang der Stadt. Das Standbild im *Kurfürstenpark* soll an die berühmte Schlacht bei Fehrbellin im Jahre 1675 erinnern, das Denkmal bekam das Städtchen aber erst 1902. Denn die Schwedenschlacht fand im 6 km entfernten **Hakenberg** statt. Folgerichtig erhebt sich dort immerhin schon seit 1879 eine fast 35 m hohe *Siegessäule,* bekrönt mit der geflügelten und 40 Zentner schweren Göttin Victoria, die Christian Daniel Rauch schuf. Exakt 114 Stufen muss man erklimmen, wenn man von der Aussichtsplattform über das weite Belliner Land und auf das darunter liegende Schlachtfeld blicken möchte. Eine alte beeindruckende Lindenallee verbindet das Denkmal mit einem weiteren, das im Jahre 1800 aufgestellt wurde. Dieses schmiedeeisern umzäunte Monument ist ein schlichter rechteckiger Sockel aus Sandstein mit einer Urne obendrauf. »Hier legten die braven Brandenburger den Grund zu Preußens Größe«, heißt es da.

Wohl zu Recht. Was war damals passiert? 1675 drang ein 11.000 Mann starkes schwedisches

Waldhaus am Denkmal, Am Denkmal 104, Fehrbellin-Hakenberg. ✆ 033922/50211. Täglich 11.30 – 21 Uhr. Zu Füßen der Siegessäule, gute regionale Küche, die gediegene Einrichtung hat offenbar die DDR überlebt, schöne Sommerterrasse neben kleinem Zoo.

Direkt an der Siegessäule führt der **Kurfürstenpfad** durch Laub- und Nadelwald. Knapp 30 Min ist man unterwegs. Der Rund- und Walderlebnispfad ist originell gestaltet und außerdem lehrreich. Auf mehreren Infotafeln erfährt der Wanderer viel über Fauna, Flora und die Geschichte der Region. Zudem können Sie Ihr Wissen zum Thema »Wald« überprüfen.

Heer in die Mark ein, weil der brandenburgische Kurfürst gerade auf Seiten
Hollands gegen Schwedens Verbünde-
ten Frankreich kriegte. In Eilmärschen
zogen die Brandenburger Truppen vom
Rhein zum Rhin und am 18. Juni bei Hakenberg den Schweden entgegen. Wie
durch ein Wunder konnten sie die seit
dem Dreißigjährigen Krieg als unbesieg-
bar geltenden und zahlenmäßig weit
überlegenen Skandinavier in die Flucht
schlagen. Held der Schlacht war ein Cou-
sin des Kurfürsten, *Friedrich Wilhelm von
Homburg.* Der Prinz, im gleichnamigen
Drama Kleists literarisch verewigt, führte
mit einem Überraschungsangriff die sieg-
reiche brandenburgische Reiterei an –
übrigens gegen den ausdrücklichen Befehl seines Kriegsherrn. Der schmückte
sich fortan mit dem Beinamen »der Große« und die Entwicklung Brandenburg-Preußens
zur europäischen Großmacht nahm ihren Lauf.
Eine **museale Einrichtung** zu diesem historischen
Ereignis gibt es – ein wenig verwunderlich – nicht,
besichtigen kann man aber Kanonenkugeln, die
im Eintageskrieg abgefeuert wurden. Ausstel-
lungsort ist ausgerechnet die *Dorfkirche* in Hakenberg (Anmeldung unter ☏ 033922/50403).

*Lady in Gold: Die Fehr-
belliner Victoria thront
in 35 m Höhe*

🛈 **Gemeindeamt Fehrbellin,** *Johann-Sebastian-Bach-
straße 6, 16833 Fehrbellin-Linum. ☏ 033932/5950,
www.gemeinde-fehrbellin.de.* **Bahn/Bus:** *RE bis Neuruppin Rheinsberger Tor, weiter Bus Mo – Fr ca. 8 –
17 Uhr Bus 756 Neuruppin – Fehrbellin – Linum –
Kremmen.* **Auto:** *Von Berlin A10 oder A111 sowie
aus Süden A10 zur A24 bis Ausfahrt 24 Fehrbellin,
ca. 65 km.* **Rad:** *Seit Sommer 2011 ist ein 16 km langer Radweg auf der alten Bahntrasse zwischen Fehrbellin und Paulinenaue fertig (- Dammkrug – Bus-
kow – Neuruppin, 30,5 km).*

📖 Eine weitere »Gold-
else« finden Sie in:
77 beste Plätze Berlin:
Streifzüge, Sehenswertes
& Museen. Mit 250
Adressen zum Entspan-
nen & Vergnügen. pmv,
ISBN 978-3-89859-201-
7, 18 €.

Das Storchendorf Linum im Rhinluch

Hier klappert's von den Dächern: Meister Adebar in Linum

© dzt, Andreas Kaster

☀ **Tipp: Storchenfest:** 1. Wochenende im Aug, **Fischerfest:** 1. Wochenende im Sep.

Im zarten Alter von 19 Jahren, wenn heutige Teenager sich des abends für die Disco rüsten, schrieb *Luise Hensel* das berühmte Nachtgebet »Müde bin ich, geh zur Ruh«. Die Pastorentochter (1798 – 1876) stammt aus Linum und da werden sich wohl auch schon damals Fuchs, Hase und Storch frühzeitig gute Nacht gesagt haben.

Langweilig ist das ehemals bedeutende Leinweberdorf am alten Postweg von Berlin nach Hamburg aber keineswegs. Dafür sorgen schon die klappernden Störche, die hier überall auf Dächern, Schornsteinen, Kirchengiebel, Masten und einer Linde ihre Horste gebaut haben. Bis zu einem Dutzend Paare verbringen in Linum jährlich ihren ausgedehnten Sommerurlaub. Ende März treffen sie aus dem südlichen Afrika ein, Ende August geht's wieder zurück. Die Jungtiere verabschieden sich schon rund zwei Wochen früher.

Das Storchenparadies lockt natürlich auch Touristen an und so ist während der Storchenzeit hier immer was los. Das **Storchenfest** findet jährlich am ersten Wochenende im August statt. Doch die dörfliche Ruhe hält nicht lange an.

Kaum ist Meister Adebar gen Süden gestartet, landen im Teichland Ende September um Linum herum andere Großvögel – bis zu 50.000 **Kraniche!** Dann bieten die »Vögel des Glücks« den ebenfalls zahlreich angereisten Natur- und Vogelfreunden, die mittlerweile als »Kraniacs« bezeichnet werden, wochenlang ein überwältigendes Schauspiel, das in Europa wohl seinesgleichen sucht. Die scheuen Tiere stärken sich hier auf den Mais- und Getreidestoppelfeldern für ihre Weiterreise in die südeuropäischen Länder.

❶ Tourismusinformation des TV Region Kremmen, Scheunenweg 49, 16765 Kremmen. ✆ 033055/ 21161, www.kremmen.de. **Bahn/Bus:** RE6, RB55 von ⌁ Hennigsdorf, Mo – Fr Bus 756 weiter nach Linum (15 Min), Hakenberg (20 Min), Fehrbellin (30 Min), Neuruppin (45 Min). **Auto:** A10 Ausfahrt 25 Kremmen, B273, links auf L19 Sommerfeld/Kremmen. **Rad:** Rhinluch-Radweg, Seen-Kultur-Radweg. **Zeiten:** März – Dez Mo – Fr 10 – 16, Sa, So 10 – 18 Uhr, Jan, Feb Mo – Fr 10 – 16 Uhr.

✕ Imbiss Zum Bäuerchen, Nauener Straße 92, Linum. ✆ 0172/ 3007586. Di – Fr 11 – 18, Sa, So und Fei 10 – 18 Uhr. Riesiges Angebot an »Happen für Zwischendurch« sowie frischer Fisch, Naturkost, Kuchen, Eis. Günstig und gut. Terrasse, sehr freundlicher Service.

Kirche in Linum

Die gotische Backsteinkirche stammt aus dem 13. Jahrhundert, 1868 wurde sie um die beiden Seitenschiffe erweitert. Das schmucke Gotteshaus kann sich noch eines besonderen Schmuckes rühmen: Sie trägt auf ihrer Spitze eine Krone, die der preußische König Friedrich I. 1711 für den neu erbauten Turm stiftete. Anlässlich des 200. Geburtstages der Dichterin *Luise Hensel* hat man 1998 eine Gedenktafel an der Kirche angebracht.

Storchenschmiede Linum

In der ehemaligen Dorfschmiede hat der **Naturschutzbund** (NABU) eine interessante Ausstellung eingerichtet: Hier wird gründlich und interessant über die Lebensgewohnheiten und über die existenziellen Bedrohungen von *Ciconia ciconia,* wie der Weißstorch wissenschaftlich heißt, informiert. Während der Storchensaison wird das Familiengeschehen im Storchennest auf dem Dach direkt in die Ausstellung auf einen Monitor übertragen.
Im feuchten Rhinluch findet der Großvogel noch immer genug Nahrung für sich und seinen Nach-

Kleines Haus, Nauener Straße 58, Linum. ℰ 033922/90855. www.kleineshaus-linum.de. Mi – So 11 – 18.30 Uhr, zur Kranichzeit im Okt täglich 11 – 21 Uhr, im Januar geschlossen. Sehr gute regionale Küche. Die Produkte stammen von den umliegenden Erzeugern.

wuchs. Allerdings sehen die Aussichten für die langbeinigen Störche angesichts der fortschreitenden Entwässerung, der Beseitigung von Kleingewässern, der intensiven Grünlandnutzung und der zunehmenden Stromverdrahtung nicht gerade rosig aus.

Der Besucher der Storchenschmiede erfährt darüber hinaus Wissenswertes zur Tier- und Pflanzenwelt des Rhinluchs. Es werden außerdem Führungen zu den Storchennestern, Exkursionen ins Teichland und zum Kranicheinflug im Herbst (Ende Sep bis Mitte Nov) angeboten.

🕑 *Naturschutzbund (NABU), Nauener Straße 54, 16833 Fehrbellin-Linum. ℰ 033922/50500, www.nabu-berlin.de. Bahn/Bus: Für nicht motorisierte Storchenfreunde bietet der NABU Fahrten mit dem vereinseigenen Kleinbus von Berlin für 12,50 € an, Anmeldung ℰ 030/9860837-0. Zeiten: April – Mitte Nov Mi – Fr 10 – 16, Sa, So und Fei 10 – 18 Uhr sowie jederzeit nach Vereinbarung.*

Wo die Störche klappern und die Biber nagen: Teichland Linum

Wo der preußische Soldatenkönig Friedrich Wilhelm I. im frühen 18. Jahrhundert die Niedermoorlandschaft entwässern ließ und vor 200 Jahren Torf zum Heizen für die Berliner gestochen wurde, führen heute wunderschöne Wanderwege um 36 rechtwinklige Teiche – die ehemaligen Torfabbaufelder – und zu drei Aussichtskanzeln. Folgende Wege sind besonders zu empfehlen:

Zur Fischerhütte, Zu den Teichen 58, Fehrbellin-Linum. ℰ 033922/909950. www.teichland-fischer-huette.de. April – Nov Mi – So ab 10 Uhr, täglich während der Kranichrast im Herbst. Leckeres vom Holzkohlengrill, fangfrischer und geräucherter Fisch. Sommerterrasse. Man kann sich das Mittagessen aber auch selbst angeln (Angelkarten gibt's vor Ort). ➔Außerdem: Bootsverleih, Zeltmöglichkeit.

Am Seerosenteich: An diesem Rundweg stehen Infotafeln zur Tier- und Pflanzenwelt des Teichlandes. Hier sind 181 Vogelarten zu Hause, oft gut wahrzunehmen ist der schmetternde Gesang des Drosselrohrsängers.

Großer Teichlandwanderweg: Führt in etwa 45 Min um die Teiche 29 bis 35 herum und bietet Ausblicke auf die schilfumstandenen Teiche.

Großer Luchwanderweg: Führt bis zur 2. Aussichtskanzel. Von dieser kann man im Herbst in der Dämmerung die Kraniche in das Teichland einfliegen sehen. Auch See- und Fischadler kann man hier mit etwas Glück beobachten.

Das Gasthaus **Zur Fischerhütte** organisiert April – Okt Naturausflüge im idyllischen Teichland Linum: Führung mit Outdoorpicknick, 6 Std, 45 €, Wasserwanderung mit dem Spreewaldkahn oder dem Solarboot »Atlantis«, 1,5 Std, 18 € inkl. 10 € Verzehrgutschein.

> *Zu den Teichen 58, 16833 Fehrbellin-Linum. ✆ 033922/50408, Bahn/Bus: ↗ Info & Verkehr fürs Storchendorf/Kremmen. Auto: A24, 10 km westlich von Kremmen an der Deutschen Alleenstraße. Zeiten: Mi – So und Fei ab 10 Uhr, täglich während der Kranichrast im Herbst. Infos: Kranichbeobachtungen: Landschaftsförderverein Oberes Rhinluch e.V., www.oberes-rhinluch.de.*

☀ **Tipp:** Fernglas nicht vergessen!

Zu den Teichen, Zu den Teichen 28, Linum. ✆ 033922/50208. Mi – So ab 11 Uhr. Ländliches Ambiente, Fischgerichte, Wildschweinbraten und andere Köstlichkeiten aus der Region.

Keine Hektik, nirgends: An den Linumer Teichen

DAS KLEEBLATT KYRITZ, WUSTERHAUSEN & NEUSTADT AN DER DOSSE

Edle Hengste, eine Mumie und eine Kleinstadt an der Knatter – das sind die Zutaten für das »Kleeblatt« im Knatter-Dosse-Land in Ostprignitz. Die vom Verein vermarktete **Kleeblatt-Städte-Tour** verbindet als markierte Radtour die drei Städte Neustadt (Dosse), Wusterhausen und Kyritz miteinander und führt Sie durch hübsche Dörfer; die Tour ist ca. 35 km lang.

ℹ️ *Tourismusverein Kyritz, Wusterhausen, Neustadt (Dosse), Maxim-Gorki-Straße 32, 16866 Kyritz. ✆ 033971/52331, www.knatter-dosseland.de. Bahn/Bus: RE4 bis Neustadt (Dosse), umsteigen in PE73 in Richtung Pritzwalk/Meyenburg. Auto: A24 Ausfahrt Neuruppin in Richtung Kyritz, B5, B103. Rad: Kleeblatt-Städte-Tour. Zeiten: Mai – Aug Mo – Fr 9 – 18 und Sa 10 – 14 Uhr. Sep – April Mo – Fr 9 – 16 Uhr.*

Kyritz: Mord und Totschlag an der Knatter

Das knapp 10.000 Einwohner zählende Städtchen, das 2012 sein 725. Stadtjubiläum feierte, empfängt seine Besucher mit einem freundlichen Ortsschild: »Willkommen in Kyritz an der Knatter«. Der Name versprüht vielleicht nicht gerade viel Charme, dafür aber ordentlich Klang und Kraft. Nur, die Suche nach dem vermeintlichen Fluss ist sinnlos, es gibt ihn nämlich nicht. Die alte Tuchmacherstadt Kyritz liegt an der *Jäglitz,* an derem Nebenarm einst einige Wassermühlen klapperten – allerdings knarrten und knatterten die offenbar so markerschütternd, dass man das Flüsschen kurzerhand umtaufte.

Noch berühmter als die Krachmacher war aber schon ab 1488 das dunkle **Kyritzer Starkbier** mit dem – wohl vor den zu erwartenden Folgen des Konsums – warnenden Namen »Mord und Totschlag«. Der herbe Gerstensaft fand trotzdem regen Absatz bis nach Hamburg, Lübeck und Berlin. Das süffige Bier war der Kyritzer Exportschlager im späten Mittelalter. Nach der Wende erlebte es eine Renaissance, es wird heute in Dessow gebraut.

Am sehenswerten **Marktplatz** mit dem modernen Bassewitzbrunnen ist der einstige Wohlstand der alten Hansestadt, durch die ab dem 14. Jahrhundert der sehr belebte Pilgerweg von Berlin nach Wilsnack führte, noch gut erkennbar. Hier stehen das Kyritzer *Rathaus* von 1879, das an ein wehrhaftes Kastell erinnert, die ehrwürdige *Apotheke* von 1666, sehr liebevoll restaurierte Fachwerkhäuser aus dem 17. Jahrhundert, das ehemalige *Kreisgerichtsgebäude* im Jugendstil von 1900 und die *Friedenseiche,* die die Kyritzer 1814 zum Andenken an die Leipziger Völkerschlacht gegen Napoleons Truppen pflanzten. Die nahe Stadtkirche **St. Marien** besitzt noch romanisches Mauerwerk aus dem frühen 13. Jahrhundert. Sie stand schon, als Kyritz 1237 das Stadtrecht bekam und damals noch slawisch *Chorizi* hieß. Das Gotteshaus wurde im 15. Jahrhundert zu einer dreischiffigen Hallenkirche erweitert, die neugotischen Zwillingstürme schuf August Stüler 1850. Drinnen hängt das Gemälde *Die Kreuztragung Christi,* ein Werk der Rubensschule. Die berühmte Reubke-Orgel von 1873 ist die größte romantische Orgel in Brandenburg.

Die Knattermühlen sind längst verschwunden, die reizvolle Landschaft mit ihren Seen und Wäldern ist geblieben; ↗ Dampferfahrt auf der **Kyritzer Seenkette.**

❶ *Kyritz an der Knatter, www.kyritz.de. Bahn/Bus:* ↗ *Kleeblatt Kyritz, Wusterhausen & Neustadt a.d. Dosse.*

 Waldschlösschen, Seestraße 110, Kyritz. ✆ 033971/ 30780. www.wald-schloesschen-kyritz.de. Mai – Sep täglich 10 – 23 Uhr, Okt – April Mo – Fr 15 – 22, Sa und So 10 – 22 Uhr. Restaurierte Sommerfrische von 1906. Schöne Lage am Waldrand und nahe Untersee. Gute, regionale Küche. Biergarten. ♠ DZ ab 70 €.

Der Bassewitz sinnt wieder Krieg

Ebenso hartnäckig wie vergeblich versuchte der mecklenburgische Raubritter **Curt von Bassewitz** mehrmals, die stark bewehrte Hansestadt Kyritz einzunehmen. Im Jahre 1411 versuchte er es mit einer List und grub heimlich einen Tunnel unter der Wehrmauer bis zum Marktplatz. Zur Schlafenszeit kroch der Unhold mit seinen Mannen also in die Stadt, doch die Leute hatten schon Lunte gerochen und die beherzten Kyritzer Frauen übergossen den verdutzten Raubritter mit kochend heißer Grütze. Kurz danach wurde Bassewitz mit seinem eigenen Schwert enthauptet. Die scharfe Waffe liegt zusammen mit einer mittelalterlichen Ratsbibel in einem Glaskasten im Rathaus.

Den Triumph feiert die Stadt alle zwei Jahre im Mai (ungerade Jahre) mit ihrem **Bassewitzfest.** Dann herrscht mittelalterliches Spektakel und eine Laienschauspielgruppe, die *Kyritzer Knattermimen,* führen im Klostergarten des Franziskanerklosters das Stück »Bassewitz sinnt wieder Krieg« auf.

T *Theatergruppe Knattermimen, Kyritzer Knattermimen e.V., Johann-Sebastian-Bach-Straße 4, 16866 Kyritz. © 033971 /73728, www.kyritzer-knattermimen.de.*

Dampferrundfahrten auf der Kyritzer Seenkette

Die **Kyritzer Seenkette** ist eine eiszeitliche Schmelzwasserrinne, die sich über rund 18 km östlich von ↗ Kyritz erstreckt. Auf der Kyritzer Insel im **Untersee** stand einst eine slawische Burg, seit 1893 eine beliebte Gaststätte. Das idyllische Eiland ist mit der kleinen Fähre Columbus zu erreichen – einmal kräftig an der Glocke am Ufer bimmeln oder auf die Pfanne hauen, dann kommt der Fährmann und setzt Sie über.

Inselgaststätte am Untersee, Insel 1, Kyritz. © 033971/ 302222. In der Sommersaison täglich ab 11 Uhr, in den Wintermonaten, sofern der See eisfrei ist, Do – So ab 12 Uhr.

Auf den fünf durch Kanäle miteinander verbundenen Seen verkehren ansonsten nur noch die **Ausflugsboote** der Fahrgastschifffahrt, darunter die legendäre »Hertha«, ein 23 m langes Ausflugsboot, das 1886 Berlins Fußballclub zu seinem Namen verhalf.

Sportlich, sportlich: Eine Hertha in voller Fahrt
© Dentler-Reederei

❷ *FGS Fahrgastschifffahrt Wusterhausen GmbH,* See-straße 9, 16868 Wusterhausen. Handy 0172/ 6521107. www.fahrgastschiffe-wusterhausen.de. *Zeiten:* Mitte Mai – Sep, Sa, So jeweils 13.30 Uhr, Juli und Aug auch Mi ab Hafen Wusterhausen. Ab Kyritz Sa, So 14 Uhr Seerundfahrt (2 Std), 15 Uhr Seerundfahrt (1 Std), 16 Uhr Fahrt nach Wusterhausen (30 Min). *Infos:* Bestellung von Sonderfahrten: ✆ 03877/74121.

 Badeanstalt am Kyritzer Untersee: Strand, Wasserrutschen, Café, Bootsverleih.

Der unverwüstliche Ritter Kahlbutz

»Wenn ich doch der Mörder bin gewesen, dann wolle Gott, soll mein Leichnam nie verwesen!« Vielleicht hätte der märkische Edelmann **Christian Friedrich von Kahlbutz** diese Worte besser nicht vor Gericht und Gott gesprochen. So aber wurde der tote Rittersmann zu einer Touristenattraktion. Denn, als man 1794 zufällig im Gruftanbau der mittelalterlichen Wehrkirche auf den Kiefernholzsarg von Kahlbutz stieß, entdeckte man zur großen Überraschung (oder auch zum großen Entsetzen), dass die Leiche des 1702 Verstorbenen unverwest geblieben war. Seitdem wird sie neugierig bestaunt, mittlerweile pilgern Tausende jährlich zum nackten, gelbledern geschrumpelten Ritter

✂ **Töpferhof Kampehl,** Kampehl 24, Neustadt (Dosse)-Kampehl. ✆ 033970/13535. www.toepferhof-kampehl.de. Mo – So 11 – 18 Uhr, Nov – April Fr – So 11 – 18 Uhr. Deftige märkische Küche, frisch gebackener Kuchen, schöne Gartenterrasse mit Ökoteich. Barrierefrei. ⌂ Ferien- und Pensionswohnung.

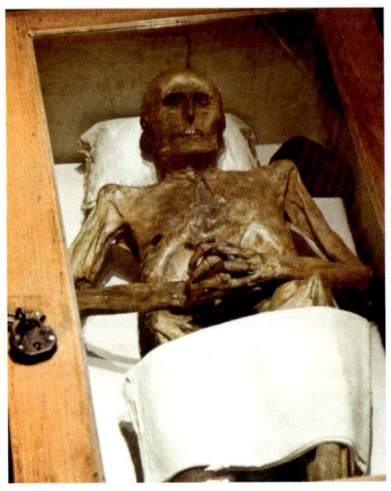

Noch immer ganz gut in Schuss: Der alte Herzensbrecher Ritter von Kahlbutz

Foto: Maciek Grzywinski

☀ *Die Geschichte des Ritters Kahlbutz wird im 1997 produzierten Fernsehfilm »Spuk aus der Gruft« mit Matthias Schweighöfer aufgegriffen.*

☀ *Die **Kampehler Dorfkirche** aus dem 13. Jahrhundert besitzt einen barocken Kanzelaltar, barockes Patronatsgestühl und die angeblich älteste Sonnenuhr Deutschlands.*

im dunklen Sarg mit dem gläsernen Deckel. Was war geschehen? Als Gutsherr nahm Kahlbutz das »Recht der ersten Nacht« oft und gern in Anspruch. Angeblich soll der einst stattliche Mann auf diese Weise neben seinen 12 ehelichen einige Dutzend uneheliche Kinder in die Welt gesetzt haben. Doch die schöne Magd *Maria Leppin,* dem Schäfer *Pickert* versprochen, verweigerte sich. Rasend vor Lust und Eifersucht soll Kahlbutz daraufhin den Bräutigam in spe kurzer Hand erschlagen haben. Eine ziemlich profane Geschichte also mit eindeutiger Moral von der Geschicht: Lüg niemals vor Gericht! Und das Wunder? Spätestens Ende des 19. Jahrhunderts wurde der Vorzeige-Tote auch zum interessanten Objekt der wissenschaftlichen Begierde. Die renommierten Professoren *Rudolf Virchow* und *Ferdinand Sauerbruch* obduzierten ihn, suchten aber vergeblich nach einem Wunderbalsam für die rätselhafte Mumifizierung. So blieb der Touristenstrom nach Kampehl erhalten, mit dem armen Kahlbutz aber hat man im Laufe seines Todes immer wieder bösen Schabernack getrieben. Mal landete er als Vogelscheuche auf dem Feld, im Jahre 1901 fand sich der ruhelose Ritter nach einer Hochzeitsfeier gar im Brautbett wieder.

🌀 *Kahlbutzgruft in der Dorfkirche Kampehl,* Schulstraße 3, 16845 Neustadt (Dosse)-Kampehl. ✆ 033970/ 13405, www.kalebuz.de. **Bahn/Bus:** RE4 Berlin-Wittenberge bis Neustadt, Ausgang Kampehler Straße, Fußweg 1,5 km. **Auto:** A24 BerlinHamburg bis Ausfahrt Neuruppin, dann B167 bis Neustadt bzw. B5 Schildern folgen. **Zeiten:** März – Okt Di – So 10 – 12 *und 13 – 17 Uhr; Nov – Feb Mi – So 10 – 12 und 13 – 16 Uhr, Jan nur Sa, So.* **Preise:** *2 €; 1 €.*

Das Brandenburgische Haupt- und Landesgestüt

Seit dem Jahr 2000 darf sich **Neustadt an der Dosse** offiziell »Stadt der Pferde« nennen. Die Tradition der Neustädter Pferdezucht geht aber schon auf das Jahr 1788 zurück. Damals gründete *Friedrich Wilhelm II.* eine Aufzuchtstätte für Kavallerie-Pferde. Aufgrund der weitläufigen Anlage und den herrschaftlich anmutenden alten Verwaltungsgebäuden wird gern auch – ein bisschen hoch-trabend – vom »Sanssouci der Pferde« gesprochen. Heute besitzt das Gestüt rund 80 Hengste und 40 Stuten sowie zahlreiche Fohlen. Das Neustädter Brandzeichen zählt zu den angesehensten in ganz Europa. Höhepunkt des Jahres ist die berühmte **Neustädter Hengstparade** an vier Sonntagen im September. Dann stehen Dressurnummern, Springquadrillen und Rennen mit altrömischen Quadrigen auf dem Programm.

🕐 *Hauptgestüt 10, 16845 Neustadt (Dosse).* ℂ *033970/50290, www.neustaedter-gestuete.de.* **Lage:** *Graf von Lindenau-Halle im Landgestüt, Havelberger Straße 18a.* **Bahn/Bus:** ↗ *Kyritz.* **Auto:** *Von Neuruppin B167, ca. 30 km.* **Zeiten:** *Hengstparade an 3 Sa im Sep sowie weitere Veranstaltungen.* **Preise:** *20,60 – 28,60 €, Stehplätze ab 8,60 €; Kinder bis 15 Jahre 15,60 €.*

Ⓜ *Gestütsmuseum: Mo – Fr 8 -16 Uhr, 2 €, Di und Do um 15 Uhr Führung ohne Anmeldung.*

Ⓜ **Kutschenmuseum,** auf dem Gestütsgelände in der Graf von Lindenau-Halle, ℂ 033970/13883. www.neustaedter-gestuete.de. Mo – Fr 9 – 16, Sa, So und Fei 12 – 16 Uhr, 2,50 €. Kutschen vom einfachen Erntewagen über Kaleschen, Landauer und Jagdwagen bis hin zu Postkutschen und herrschaftlichen Prachtwagen.

➡ Einstündige Führungen durch das Gestüt mit Infos zur Historie jeden So um 14 Uhr, Treff am Kutschenmuseum, 5 €, Kinder 3 €.

Viel PS: Die Herde des Brandenburgischen Haupt- und Landesgestüt

© Brandenburgisches Haupt- und Landgestüt, Foto: Gabriele Boiselle

DAS RUPPINER LAND

Fontanestadt Neuruppin

Im frühen Mittelalter war das Ruppiner Land von Slawen besiedelt. Anfang des 13. Jahrhunderts gründete im Zuge der deutschen Ostkolonisation ein Graf namens *Gebhard von Arnstein* ein Dominikanerkloster am See und baute in Nachbarschaft der Slawenburg eine Befestigung, die bald als *Olden Rupyn* urkundlich erwähnt wurde. Das Stadtrecht erhielt der Ort 1256. Mit dem Aussterben der Arnsteins kam Ruppin 1524 zum Kurfürstentum Brandenburg. Unter dem *Großen Kurfürsten* entwickelte sich der Ort zur preußischen Garnisonstadt und bekam den Beinamen »Klein-Potsdam«. Von 1732 bis 1736 leitete der junge *Prinz Friedrich* das Regiment der Garnison in Ruppin, das »Regiment Kronprinz«.

Die **Tuchmacherei** und das **Bierbrauen** waren die hauptsächlichen Gewerbe der Einwohner im späten Mittelalter. Gegen Ende des 16. Jahrhunderts soll es sage und schreibe über 250 Brauer in Ruppin gegeben haben. Die Tuchmacher erlebten einen ungeahnten Boom, als der Soldatenkönig – nomen est omen – das preußische Heer um mehr als das Doppelte auf 83.000 Mann vergrößerte. Eine dicke Stadtmauer und Wallanlagen, von denen heute noch Reste erhalten sind, boten über Jahrhunderte Schutz von außen. Die Katastrophe kam von innen. Im Jahre 1787 brannte die Stadt lichterloh, es blieb nicht viel übrig.

König Friedrich Wilhelm II. gab sofort Order, die Ortschaft unverzüglich und nun als **Neu-Ruppin** wieder aufzubauen. Der dafür verantwortliche Baumeister *Bernhard Mathias Brasch* (1741 – 1821) ersann einen streng rechtwinkligen Stadtgrundriss mit drei dominierenden Plätzen. Schnurgera-

✳ *»Nach dem großen Brand, der nur zwei Stückchen am Ost- und Westrande übrig ließ (als wären von einem runden Brote die beiden Kanten übrig geblieben) wurde die Stadt in einer Art Residenzstil wieder aufgebaut. Für eine reiche Residenz voll hoher Häuser und Paläste, voll Leben und Verkehr, mag solche raumverschwendende Anlage die empfehlenswerteste sein, für eine kleine Provinzialstadt aber ist sie bedenklich. Sie gleicht einem auf Auswuchs gemachten großen Staatsrock, in den sich der Betreffende, weil er von Natur klein ist, nie hineinwachsen kann. Dadurch entsteht eine Öde und Leere, die zuletzt den Eindruck der Langeweile macht.«*
Theodor Fontane über seine Geburtsstadt

▶ Mit dem Beinamen »Fontanestadt« darf sich Neuruppin auch offiziell schmücken, gewiss zu Recht. Schließlich darf der märkische Dichter mit seinen zahlreichen Romanen und Erzählungen ohne Einschränkung zu den großen Romanciers des 19. Jahrhunderts gezählt werden. Fontane,

THEODOR FONTANE, DER MÄRKISCHE WANDERER

1819 in Neuruppin geboren, 1898 in Berlin gestorben und dort auf dem Friedhof der französischen Gemeinde begraben,

gehört zu den Autoren, für die Reisen und Schreiben ganz eng miteinander verknüpft sind. Seine »Wanderungen durch die Mark Brandenburg« sind grandiose Reiseliteratur, die darüber hinaus die märkische Landschaft einem großen Publikum näher brachte.

Er durchreist seine Heimat zwischen 1862 und 1888, gewandert im eigentlichen Sinne des Wortes ist er dabei aber relativ wenig. Fontane bedient sich vorwiegend der Kutsche, was bei den damaligen Chaussee-Verhältnissen nicht selten eine Tortur für Kopf und Magen ist. Anders

als mit Zwei-PS-Antrieb hätte er sein Pensum, die ganze Mark zu durchstreifen, auch kaum schaffen können. Fontane führt ein bewegtes Leben: Er beginnt zunächst als Apotheker, arbeitet später als Theaterkritiker, Kriegsberichterstatter in England, er ist preußischer Staatsdiener, Mitarbeiter bei mehreren Zeitungen und schließlich ein Meister des realistischen Romans. Zu seinen Hauptwerken gehören »Effi Briest«, »Der Stechlin« und der historische Roman »Schach von Wuthenow«. ◀

de sind die beiden parallelen Längsachsen gezogen. Die zwei- bis dreigeschossigen Bürgerhäuser baute man im Stil des norddeutschen Zopfklassizismus. 1791 wurde das humanistische Gymnasium, das durchaus einem kleinen, feinen Schloss ähnelt, im neuen Stadtzentrum eingeweiht. Hier gingen die zwei größten Söhne der Stadt zur Schule: *Theodor Fontane* (1819 – 1898) und *Karl F. Schinkel (1781 – 1841).* Das ehemalige *Friedrich-Wilhelm-Gymnasium* ist heute Sitz des **Fontane-Zentrums** mit der Dauerausstellung »Erfahrenes Land – Fontanes Spuren im Ruppiner Land«.

Eine weitere Ausstellung widmet sich dem **Neuruppiner Bilderbogen.** Richtig berühmt wurde Neuruppin nämlich weder durch Fontane noch durch Schinkel, sondern durch seine Bilderbögen. Die Idee dazu kam *Gustav Kühn* 1819. Zunächst mit einer primitiven Handpresse druckte er Blätter mit vielen Bildern und wenig Text, schließlich konnten damals nur wenige Menschen lesen. »Lange bevor die erste Illustrierte Zeitung in die Welt ging, illustrierte der Kühnsche Bilderbogen die Tagesgeschichte, und was die Hauptsache war, diese Illustrationen hinkten nicht langsam nach, sondern folgten den Ereignissen auf dem Fuße«, schrieb Fontane. So begann das Medienzeitalter – mitten in der Mark! Im Jahre 1832 wurden mehr als 1 Mio Bilderbogen für drei Pfennig das Stück verkauft. Fast unvorstellbar ist heute, dass jedes Exemplar handkoloriert war. Nachdrucke werden im ↗ *Heimatmuseum* angeboten.

📘 Theodor Fontane, **Wanderungen durch die Mark Brandenburg,** Große Brandenburger Ausgabe, 8 Bände, Aufbau Verlag Berlin.

➤ **Dampferfahrten:** ✆ 03391/511511, www.fahrgastschifffahrt. neuruppin.de.

❶ ***Touristeninformation Neuruppin BürgerBahnhof,*** *Karl-Marx-Straße 1, 16816 Neuruppin. ✆ 03391/ 45460, www.neuruppin.de. 70 km nördlich von Berlin.* ***Bahn/Bus:*** *Ab Berlin RE6 (Prignitzexpress).* ***Auto:*** *Ab Berlin A24 bis Neuruppin-Süd.* ***Rad:*** *am Radweg Berlin – Kopenhagen, Start von Ruppiner Seen- und Kulturradweg, 165 km, Neuruppin – Oranienburg –*

*Zehdenick – Rheinsberg (ab Kremmen Rhinluch-Rad-weg), www.ruppinerreiseland.de. **Zeiten:** Mai – Sep Mo – Fr 8 – 18, Sa 8 – 16 Uhr, So 10 – 17 Uhr, Okt – April Mo – Fr 8 – 16, Sa 8 – 18, So 8 – 13 und 14 – 17 Uhr.*

Stadtrundgang durch Neuruppin: Von der Löwen-Apotheke zum Seeufer

Die schöne märkische Kleinstadt am Ruppiner See ist von ihrer Architektur und ihrer streng geometrischen Stadtplanung die vielleicht preußischste Stadt in Brandenburg. Von »Öde und Leere«, von »Langeweile«, wie Fontane 1862 seine Geburtsstadt charakterisierte, keine Spur. Im Gegenteil: Die nach der Wende wunderbar restaurierte Ortschaft macht heute einen überaus freundlichen und reizvollen Eindruck. Die gesamte Innenstadt steht unter Denkmalschutz.

Das wohl berühmteste Haus Neuruppins steht mitten in der Stadt, in der Karl-Marx-Straße 84: Die **Löwenapotheke,** das **Geburtshaus Fontanes.** Der kleine Theodor erblickte hier in der ersten Etage, im Zimmer hinter den beiden rechten Fenstern 1819 das Licht der Welt. In »Meine Kinderjahre« schreibt Fontane: »An einem der letzten Märztage des Jahres 1819 hielt eine Halbchaise vor der Löwenapotheke in Neuruppin, und ein junges Paar, von dessen gemeinschaftlichem Vermögen die Apotheke kurz vorher gekauft worden war, entstieg dem Wagen und wurde von dem Hauspersonal empfangen. Der Herr –

Berühmte Wiegenstätte: Geburtshaus Theodor Fontanes

man heiratete damals (unmittelbar nach dem Kriege) sehr früh – war erst 23, die Dame 21 Jahr alt. Es waren meine Eltern.« Rechts neben dem Apothekeneingang erinnert ein Schild an den berühmten Bewohner.

Den weiten und mit Bäumen bestandenen Kirchplatz am nördlichen Teil der Karl-Marx-Straße beherrscht die wuchtige **St. Marienkirche,** die heute als Kulturzentrum dient. Der klassizistische und einschiffige Saalbau wurde 1804 nach Plänen des Oberbaurats *Philipp Berson* und des Architekten *Carl Friedrich Engel* fertiggestellt. Gleich hinter der Kirche steht der bronzene **Schinkel** seit 1883 lässig auf seinem Sockel, wie das ↗ Fontane-Denkmal ebenfalls ein Werk *Max Wieses.* Im nahen **Predigerwitwenhaus** in der Fischbänkenstraße 8 wohnte der jugendliche ↗ *Schinkel* 1787 – 1794.

Ungewöhnlich krumm für Neuruppiner Verhältnisse ist die **Siechenstraße** mit der **Siechenkapelle** und dem **Up-Hus,** dem historischen Fachwerkbau des Siechenhospitals. Das älteste Haus der Stadt stammt noch aus dem 17. Jahrhundert und blieb beim großen Brand verschont. Es beherbergt heute ein elegantes Hotel mit Restaurant.

In Sichtweite erhebt sich majestätisch die Klosterkirche **St. Trinitatis.** Mit dem Gotteshaus am Seeufer wurde unter Prior *Wichmann von Arnstein* 1245 begonnen. An den legendären Geistlichen erinnert die fast 700-jährige mächtige und vierfach gespaltene *Wichmannlinde* vor dem gotischen Gebäude, unter der er begraben sein soll. St. Trinitatis ist eine der ältesten Backsteinhallenkirchen Brandenburgs und das Wahrzeichen der Stadt. Das Innere der dreischiffigen Kirche wurde 1836 – 1841 nach Plänen Schinkels restauriert und erheblich umgebaut. Der Sandsteinaltar und die Sandsteinfigur eines Dominikaners – womöglich ist es Pater Wichmann – in der Priesternische

✕ **Up-Hus-Idyll,** Siechenstraße 4, Neuruppin. ✆ 03391/856457. www.up-hus.de. Mo 17 – 24 Uhr, Di – So 12 – 24 Uhr, Jan – März Mo – Fr 17 – 24 und Sa, So 12 – 24 Uhr. Im ältesten Gebäude der historischen Altstadt. Gute, saisonale Gerichte. Mediterraner Hofgarten. Konzerte in der spätgotischen Siechenhauskapelle. ♠ DZ ab 78 €.

des Chors stammen noch aus dem 14. Jahrhundert. Die beiden charakteristischen **Türme** kamen erst zwischen 1904 und 1907 hinzu. Grandios ist der Ausblick von ihrer **Aussichtsplattform** über See, Stadt und das Ruppiner Land.

Unten an der **Uferpromenade** ist neben der 17 m hohen Edelstahlskulptur *Parzival am See* die Anlegestelle der Dampferlinie. Von dort kann man rund um den mit 14 km längsten See Brandenburgs fahren oder die berühmte Ausflugsgaststätte **Boltenmühle** am Tornowsee (2 Std einfach) und das Kerngebiet der Ruppiner Schweiz ansteuern, die Rhinseen.

Beide uralt: St. Trinitatis und die Wichmannlinde

🕐 *Löwen-Apotheke,* Nicole Conrad, Karl-Marx-Straße 84, 16816 Neuruppin. ℂ 03391/397193,

Vom Tempelgarten zum Fontane-Denkmal

In der August-Bebel-Straße steht der klassizistische Prachtbau des Heimatmuseums und vis-à-vis am mittelalterlichen Wall liegt der historische **Tempelgarten,** eine der herausragenden Sehenswürdigkeiten Neuruppins. Die barocke Anlage wurde 1732 auf Veranlassung des preußischen Kronprinzen Friedrich als »Amalthea-Garten« angelegt. Sein späterer Sanssouci-Architekt *Georg Wenzeslaus von Knobelsdorff* baute dem Prinzen 1735 als Erstlingswerk einen Rundtempel mit acht toskanischen Säulen. Ursprünglich war das Tempelchen ganz mediterran an allen Seiten geöffnet, ein Bau mit Kuppel, die durch eine Apollofigur abgeschlossen wurde. Heute besitzt er, dem märkischen Klima angepasst, Wände und Fenster. Der Tempel diente Friedrich als eine Art herrschaftliches Jugendzentrum, wo er seinen Freundeskreis empfing.

Im 19. Jahrhundert erfuhr der **Garten** so manche Veränderung, als 1853 die Kaufmannsfamilie *Gentz* das Areal übernahm und mit einer maurischen Villa, einem Gärtnerhaus und Umfassungsmauern mit maurischem Wachturm orientalisieren ließ. Architekt war *Karl von Diebitsch,* ein Protagonist arabischer Baukunst. Auch das Gartenportal verrät in Form und Ausstattung mit Azulejos (bunte Keramikfliesen) den maurischen Charakter der Anlage. Sandsteinfiguren des 18. Jahrhunderts holte man aus Dresdner und Berliner Werkstätten. Sie stehen heute am Hauptweg und an einem kleinen Rondell. Eine Seltenheit auf märkischem Sand: der beeindruckende amerikanische Mammutbaum mit enormen Ausmaßen.

Nur einen Steinwurf davon entfernt, am südlichen Ende der langen Karl-Marx-Straße, steht das **Fontane-Denkmal,** das der Bildhauer *Max Wiese* 1907 so realistisch gestaltete, dass man glatt meinen könnte, der Dichter werde sich gleich nach kurzer Rast erheben, um sich auf eine neue Wanderung zu begeben. Es zeigt Fontane lebensgroß auf einer Bank sitzend, den Wanderstock an seiner Seite, die Feder in der Rechten, den Notizblock in seiner Linken. Sinnend blickt er in die Ferne, im Rücken seine Geburtsstadt.

🕐 *Tempelgarten e.V., Präsidentenstraße 64, 16816 Neuruppin. ℰ 03391/507056 (Veranstaltungen), www.tempelgarten.de. Präsidentenstraße – Fontane-platz. **Bahn/Bus:** RE bis Neuruppin West. **Zeiten:** April – Okt 9 – 20 Uhr, Nov – März 9 – 17 Uhr.*

Der Ruppiner Bilderbogen im Neuruppiner Heimatmuseum

Das Neuruppiner Heimatmuseum befindet sich im wohl prächtigsten frühklassizistischen Gebäude der Stadt, in einem Bürgerdoppelhaus aus dem Jahre 1791, das damals dem Bürgermeister als formidable Unterkunft diente. Die Sammlung des Museums stammt zu größeren Teilen aus einer Schenkung *Friedrich Christian Graf von Zieten,* dem Sohn des legendären preußischen Husaren-generals (↗ Ruppiner See, Wustrau). 1865 wurde sie erstmals ausgestellt. Das Museum gehört damit zu den ältesten Heimatmuseen Deutschlands. Neben der Ausstellung zur Geschichte des Ruppiner Raums – von der Ur- und Frühgeschichte über die slawische Besiedlungsepoche bis zum Stadtbrand von 1787 – sind natürlich auch den beiden berühmten Söhnen der Stadt mehrere Gedenkräume gewidmet. Die **Fontane-Ausstellung** besitzt unter anderem Möbel der Familie, Stiche, Gemälde und Fotografien sowie Erstausgaben seiner Romane und der »Wanderungen durch die Mark Brandenburg«. Die erschienen zunächst als Groschenhefte im Selbstverlag. Werk und Werdegang **Karl Friedrich Schinkels** werden ebenfalls umfassend dokumentiert. Ebenso die Geschichte des berühmten **Ruppiner Bilderbogens** (↗ Ortsgeschichte) und das Wirken des Orientmalers *Wilhelm Gentz* (1822 – 1890) Bücher, Broschüren und Postkarten hierzu sind an der Kasse erhältlich. Bemerkenswert ist das wunderschöne repräsentative **Treppenhaus** des Gebäudes, das im klassi-

»Was ist der Ruhm der ›Times‹ gegen die zivilisatorische Aufgabe des Ruppiner Bilderbogens!« Theodor Fontane

▶ Im Jahre 1794, im Alter von 13 Jahren, übersiedelt der jugendliche Schinkel zusammen mit seiner Mutter von Neuruppin nach Berlin. Schon früh zeigt sich sein Multitalent. Bald betätigt er sich in der Spree-Metropole unter anderem

IN JEDEM WINKEL – SCHINKEL
KARL FRIEDRICH SCHINKEL,
GENIALER TAUSENDSASSA

als Bühnenbildner, als Innenarchitekt, arbeitet als Designer für Möbel, Öfen, Vasen, entwirft riesige Wandbilder und arrangiert gar die königlichen und städtischen Festivitäten. 1815 beginnt schließlich seine Karriere als Architekt, obgleich nach den Befreiungskriegen gegen Napoleon viele Entwürfe für Schlösser, Kirchen und andere Bauten im finanziell abgebrannten Preußen in der Schublade landen. Entscheidend für seinen beruflichen Lebensweg ist seine Bekanntschaft mit dem frühklassizistischen Baumeister Friedrich Gilly aus Stettin (1772 – 1800).

Im Mittelpunkt von Schinkels Schaffen steht die humanistische Idee, dass »der Architekt der Veredler aller menschlichen Verhältnisse« sein soll. »Dieser muss«, so heißt es bei Schinkel, »in seinem Wirkungskreis die gesamte schöne Kunst umfassen: Plastik, Malerei und die Kunst der Raumverhältnisse.« In diesem Sinne arbeitet er wie ein Besessener, zu seinen berühmtesten Bauwerken gehören u.a. die Berliner Neue Wache und das Alte Museum Unter den Linden, das Berliner Schauspielhaus am Gendarmenmarkt, Schloss Charlottenhof und die Nikolaikirche in Potsdam. Wahrscheinlich an körperlicher Erschöpfung stirbt Schinkel, der ungekrönte Meister der reifen klassizistischen Baukunst in Deutschland, 59-jährig in Berlin, das er zum preußischen »Spree-Athen« verwandelte. ◀

zistischen Originalzustand erhalten ist. Zum Interieur des Museums gehört auch eine interessante **Grafik** des damals populärsten Kupferstechers *Daniel Chodowiecki* aus der Zeit des Ruppiner Wiederaufbaus. Es zeigt die spärlich bekleidete Ruppina in der Asche der niedergebrannten Stadt, mit einem Tuche bemüht, ihre imposanten Reize zu bedecken. Frohen Mutes eilt ihr die Berolina zu Hilfe, auf ein drittes Mädel deutend, die Hoffnung, die ihrerseits auf den gütigen König von Preußen verweist, der schließlich gar nicht anders kann, als landesväterlich Geld für den Neuaufbau zu stiften. Tatsächlich soll Friedrich Wilhelm II. 100.000 Taler aus eigener Tasche gespendet haben. Den Kupferstich verkaufte Chodowiecki damals für 12 Silbergroschen zu Gunsten der Opfer des verheerenden Brandes.

🅼 *Heimatmuseum Neuruppin, August-Bebel-Straße 14/15, 16816 Neuruppin. ✆ 03391/458060, www.neuruppin.de. Zeiten: April – Okt Di – Fr 12 – 17, Sa, So 11 – 17 Uhr, Nov – März Di – Fr 11 – 16, Sa, So 11 – 17 Uhr. Preise: 2,50 €; Kinder 1,50 €; bei Gruppen ab 10 Pers 2 € pro Pers. Infos: Museumsführungen 20 €/Stunde.*

Coffee & Art, Karl-Marx-Straße (am Schulplatz), Neuruppin. ✆ 03391/4015398. Täglich bis 18 Uhr. In Sachen Kaffee die erste Adresse der Stadt, Sommerterrasse.

☀**Tipp:** Nach Umbau wird das Museum 2014 wiedereröffnet.

Am schönen Ruppiner See

Absolutes Badevergnügen mit Sandstrand, Steganlagen, Sprungturm und dem Charme wie aus einer Zille-Zeichnung genommen.

Unbedingt besuchenswert ist die alte Ortschaft **Wustrau** an der Südspitze des Ruppiner Sees: Hier stehen u.a. das **Schloss Wustrau** des legendären, weil draufgängerischen preußischen Husarengenerals *Hans Joachim von Ziethen* (1699 – 1786), wo heute Klassik- und Jazzkonzerte zur Landpartie einladen, und das private **Brandenburg-Preußen Museum.** Außerdem gibt es mehrere schöne Einkehrmöglichkeiten.

☀ *Wegen seiner berühmten Überraschungsangriffe wurde »wie Zieten aus dem Busche« damals zu einem geflügelten Wort.*

M **Brandenburg-Preu-ßen Museum,**
Eichenallee 7a, Wustrau.
☎ 033925/70798.
www.brandenburg-preus-sen-museum.de. April –
Okt Di – So 10 – 18 Uhr,
sonst 10 – 16 Uhr, Ein-tritt 2,50 €, Kinder ab 10
Jahre 1,50 €. Das Muse-um beschreibt anschau-lich den Aufstieg der
»märkischen Streusand-büchse« zur europäischen
Großmacht unter den
Hohenzollern.

Seebadeanstalt Jahnbad, Alt Ruppiner Allee, 16816
*Neuruppin. www.neuruppin.de. **Bahn/Bus:** ⬈ Neurup-*
*pin. **Zeiten:** Mai – Ende Aug 9 – 19 Uhr. **Preise:** 2 €;*
Kinder 1 €, ab 14 Jahre 1,50 €.

Entspannen in der Fontane Therme

Direkt am Ruppiner See. Das Angebot ist riesig
und zum Teil einzigartig: Es gibt ein Süßwasserbe-cken, ein See-Tauchbecken, Sport & Fitness,
Beauty & Wellness, Sonnendeck, einen Ruheräu-me mit Seeblick, Leselounge und Bibliothek, eine
Soleaußen- und ein Schwebebecken, eine
schwimmende Seesauna mit Treppe in den See.
Bistro Seeblick und Sportbar bieten natürlich
leichte Küche.

An der Seepromenade 20, 16816 Neuruppin.
☎ 03391/4032400, www.gesundbrunnen-neurup-
*pin.eu. **Bahn/Bus:** RE Neuruppin-West. **Zeiten:** Täg-*
lich 10 – 22 Uhr, für Mitglieder und Hotelgäste ab 7
*Uhr. **Preise:** Tageskarte 29 €, an Sa, So, Fei 35 €;*
1,5-Std-Karte 15 €, 3-Std-Karte 21 €, an Sa, So, Fei
25 €; Tageskarte Kinder 3 – 17 Jahre 20 €, 1,5-Std-
Karte Kinder 3 – 14 Jahre 6 €, 15 – 17 Jahre 8 €, 3-
Std-Karte 3 – 14 Jahre 12 €, 15 – 17 Jahre 14 €;
Abendtarif ab 20 Uhr 15 €, ab 55 Jahre 10 – 13 Uhr
*15 €; Fitness-Aufpreis 10 €. **Infos:** Barrierefrei.*

Ausflugstipp: Wolfs Revier

Einen Ausflug wert ist der **Tierpark Kunsterspring**
im Neuruppiner Ortsteil **Gühlen Glienicke,** 13 km
in Richtung Rheinsberg. Im reizvollen Tal der Kuns-ter und eingebettet in den Wald der »Ruppiner
Schweiz« liegt der 16 ha große Park. Er besitzt
über 500 Tiere in 90 verschiedenen Arten, darun-ter Luchse, Wisente, Fischotter und ein Wolfsru-del. Dieses wird artgerecht gefüttert, weshalb es
auch Fastentage gibt. Die Fütterungszeiten mit Er-klärungen über die Wölfe erfahren Sie auf dem

 **Waldgaststätte Eichkater** Gleich
daneben kann man
gemütlich einkehren oder
auf der Terrasse einen
Imbiss einnehmen.
Imbiss April – Sep 11 –
18 Uhr, Gaststätte Aprl –
Okt 11 – 20, Nov – März
11 – 18 Uhr (oder nach
Vereinbarung), ☎ 033
929/70112.

Hinweisschild am Eingang des Tierparks, alle an-deren Fütterungszeiten liegen Sa – Do zwischen 11 und 15 Uhr.

🕐 *Tierpark Kunsterspring, April – Sep täglich 9 – 19 Uhr, sonst bis 17 Uhr, Kunsterspring 4, 16818 Neu-ruppin, ☎ 033929/70271, www.tierpark-kunster-spring.com. Auto: ✈ Neuruppin, von dort 13 km Rich-tung Rheinsberg. Preise: Erw 4 €, Kinder bis 16 Jah-re 2 €, ermäßigt 2,50 €.*

Die Drei-Seen-Stadt Lindow

»Lindow ist so reizend wie sein Name. Zwischen drei Seen wächst es auf und alte Linden nehmen es unter Schatten«, notierte Theodor Fontane be-geistert und dichtete sogleich hinzu: »Wie seh ich, Klostersee, dich gern/Die alten Eichen stehen von fern/Und flüstern, nickend, mit den Wellen. Und Gräberreihen auf und ab/Des Sommer-abends süße Ruh/Umschwebt die halbzerfallnen Grüfte.«
Von dem ehemaligen **Zisterzienser-Nonnenklos-ter** am **Wutzsee,** das Graf *Gebhardt von Ruppin und Lindow* am Anfang des 13. Jahrhunderts grün-dete, stehen schon lange nur noch Ruinen, me-

**Lindower Sommer-
musiken** Juni –
Ende August: Klassikkon-
zerte in der Stadtkirche
jeweils Sa 20 Uhr.

**Kuriositätenmu-
seum Schau mal
rein,** Mittelstraße 11, Lin-
dow/Mark. ✆ 033933/
71422. www.lindow-
mark.de. Mi 16 – 18 Uhr,
So auf Nachfrage. Herr
Strebelow hat mehr als
11.000 Alltagsgegenstän-
de aus 3 Jahrhunderten
gesammelt, die mit Lin-
dow in Verbindung ste-
hen. Es gibt eine **Tausch-
börse:** Wenn Sie z.B. alte
Schlüssel besitzen, kön-
nen Sie dafür alte Zigar-
renbauchbinden erste-
hen.

lancholisch von Efeu umrankt. Daneben liegen ein kleiner Park und ein verträumter Friedhof mit alten Sarkophagen verdienter Lindower Bürger sowie Gräbern von Stiftsdamen und Äbtissinnen. Das Kloster wurde im Jahre 1542 säkularisiert, seine Besitztümer gingen in kurfürstliches Eigentum über. In Fontanes Roman »Der Stechlin« kommt es als »Kloster Wutz« zu literarischen Ehren – im Mittelpunkt des Buches steht Tante Adelheid, die Äbtissin oder Domina, wie der geistliche Beruf zu Fontanes Zeiten hieß. Sie ist erzkonservativ und der Gegenpol zum alten Dubslav, der dem Neuen gewogen ist, ohne das Alte zu verleugnen. Einige Info-Schildchen zum Thema Fontane/Lindow alias Kloster Wutz hat die Gemeinde am Seeufer plat-ziert.

Die **Stadt** entstand erst nach der Gründung des Klosters. Ackerbürger und Handwerker siedelten sich wohl gegen Ende des 13. Jahrhunderts hier an. Nach dem Edikt von Potsdam 1685 kamen auch zahlreiche Schweizer, die ihre Heimat auf-grund ihres protestantischen Glaubens verlassen mussten. Mehrere Brände verwüsteten immer wieder den Ort, die Feuersbrunst von 1803 ver-nichtete schließlich fast die gesamte Stadt. Der heutige Stadtkern ist vorwiegend von frühklassi-zistischen Häusern des Wiederaufbaus geprägt. Mehrere dieser Gebäude stehen unter Denkmal-schutz. Auffallend sind die hohen und breiten Tor-durchfahrten mit teilweise noch original erhalte-nen Holztoren, Schlössern und Verriegelungen.

❶ *Touristinformation Lindow/Mark,* Am Markt 1, *16835 Lindow/Mark.* ✆ *033933/70297, www.lin-dow-mark.de.* **Bahn/Bus:** *Von Berlin mit dem Prignitz Express RE6 im 2-Std-Takt.* **Auto:** *Von Berlin B96 über Oranienburg bis nach Gransee, dann links Land-straße nach Lindow.* **Rad:** *Löwenberger Landradweg Oranienburg – Lindow – Glambeck 38 km; ausge-schilderte Radrundwege siehe Internetseite Lindow.*

Zeiten: April – Okt Mo – Fr 10 – 18 und Sa, So, Fei 10 – 16 Uhr, Nov – März Mo – Fr 10 – 16 Uhr. **Info:** Vermittlung von Hotel- und Pensionszimmern, Ferienhäusern und -wohnungen sowie Angebot von Kutsch-, Kremser- und Seerundfahrten, Organisation naturkundlicher Wanderungen mit dem Förster, geführte Rad- und Wandertouren und anders mehr. Hier bekommen Sie außerdem Bücher etc. zur Region.

Rundgang durch Lindow

Puppenhaus nennen die Lindower das Haus mit der Nummer 16 in der Straße des Friedens und spotten so über die Musen (Dichtung, Schauspiel, Malerei und Musik), die ein Berliner Ende des 19. Jahrhunderts im Stil der Gründerzeit auf dem Dachgesims anbringen ließ. Die barocke **Stadtkirche** entstand 1755, sie trägt die Handschrift des Königlichen Landesbaumeisters *Georg Christian Berger* und besitzt seit 1900 eine herrliche Orgel der berühmten Frankfurter Orgelbauer-Familie Sauer. Selten: Der Kirchturm befindet sich nicht wie üblich auf der Westseite, sondern weist in Richtung Osten. Ungewöhnlich: Die Kanzel steht in der Mitte der Kirche – weil die eitlen Stiftsdamen in ihrer Loge direkt angepredigt werden wollten. Einen kleinen Abstecher wert ist der **Vogelpark** mit über 100 Vogelarten nahe dem Rathaus. Das **Rathaus** stammt aus dem Jahre 1807. Der damalige Bürgermeister soll es aus eigener Tasche finanziert haben. Ja, so war das früher.

Für viele Besucher des mittlerweile staatlich anerkannten Erholungsortes hat die vorzügliche Wasserlage Lindows besondere Attraktivität. Die Ortschaft liegt schließlich an drei größeren Seen: am tiefen **Wutzsee,** am **Gudelacksee** mit der Insel *Werder* und am sehr fischreichen **Vielitzsee.** An allen drei glasklaren Gewässern gibt es Badestellen, am Ostufer des Gudelacksees auch ein Strandbad.

Gasthaus Gudelacksee, Am Gudelacksee 2a, Lindow. ✆ 033933/72330. www.gasthaus-gudelacksee.de. April – Okt Do – Di ab 12 Uhr, Nov geschlossen, sonst nur Fr – So. Sommerterrasse, neben Badewiese, Seglerclub und Yachthafen. Regionale Küche, Heil- und Wildkräuterspezialitäten, vegetarische Kost. ➲ Boots- und Fahrradverleih, ⚓ Unterkunft.

Klosterfrau: Am Ufer des Wutzsees

✕ **Klosterblick,** Am Wutzsee 53, Lindow/Mark. ✆ 033933/8900. www.klosterblick-lindow.de. Täglich ab 11.30 Uhr. Direkt am Seeufer mit Sommerterrasse, drinnen stilvolles Ambiente mit Wintergarten. Fangfrischer Fisch, saisonale Spezialitäten, Daneben Bootsverleih.

Wanderung rund um den Wutzsee

Vom Marktplatz läuft man zunächst durch eine kleine Parkanlage, die »süße Ecke« genannt wird. Am Seeufer geht's links zum ehemaligen Klostergelände und schließlich in ein geschütztes Feuchtbiotop, das **Klosterluch.** Der Weg führt am Steilufer des Sees aufwärts. Von dort oben bieten sich wunderbare Ausblicke. Es gibt auch eine Aussichtsplattform mit Panoramablick. Danach geht es durch einen dichten Mischwald und zur **Badestelle Strubensee.** Es folgt kurz darauf noch eine Naturbadestelle mit Toiletten und Waschräumen. Der Wanderweg geht in die Straße Am Wutzsee über und man erreicht bald das **Restaurant Klosterblick.**

➲ *Länge: 7,4 km, Wegbeschaffenheit: befestigter Weg.*

ROMANTISCHES RHEINSBERG

Das Städtchen Rheinsberg, staatlich anerkannter Erholungsort mit knapp 9000 Einwohnern, liegt zwischen der Ruppiner Schweiz im Süden und der Rheinsberger Seenlandschaft, die sich nördlich bis zur Mecklenburger Seenplatte erstreckt. Keine Frage: Touristischer Höhepunkt des nordmärkischen Ortes ist das »stille Schloss am Grienericksee« (Fontane).

Die Geschichte des Rokoko-Gebäudes ist eng mit vier namhaften Persönlichkeiten verbunden: Zunächst natürlich mit dem Hofarchitekten *Georg Wenzeslaus von Knobelsdorff,* der es erbaute, mit *Friedrich II.,* der hier vier Jahre als Kronprinz wohnte, ebenso mit dessen jüngerem Bruder *Heinrich,* der im Schloss einen Großteil seines langen Lebens verbrachte, und schließlich aber auch mit **Kurt Tucholsky,** der das in der ersten Hälfte des 20. Jahrhunderts fast vergessene herrschaftliche Domizil mit seinem Roman »Rheinsberg, ein Bilderbuch für Verliebte« aus seinem Dornröschenschlaf erweckte. Regelrechte Besuchermagnete sind alljährlich im Sommer die Veranstaltungen in der *Rheinsberger Kammeroper* und in der *Musikakademie.* Aber auch die hübsche Ortschaft selbst, die sich nicht zu Unrecht als Kulturhauptstadt im Norden Brandenburgs bezeichnet, geizt keineswegs mit architektonischen Reizen, beschaulichen Plätzen und interessanten Kulturevents. Darüber hinaus ist die wald- und seenreiche Umgebung ein wahres Dorado für Wanderlustige – egal, ob man zu Fuß, auf zwei Rädern oder im Boot unterwegs ist.

Urkundlich wurde Rheinsberg erstmals um das Jahr 1335 als *Rynesberg* erwähnt. Es handelte sich um eine Gründung von Kolonisten aus dem Rheinland. Das großflächige Seengebiet gab ihnen eine gediegene Existenzgrundlage als Fischer. Später kommt die Herrschaft Rheinsberg über längere Zeit in den Besitz der märkischen Adelsfamilie von Bredow. In deren Auftrag wurde 1568 die interessante frühgotische **Pfarrkirche St. Laurentius** um zwei Drittel vergrößert. Aus dieser Zeit stammt die gut erhaltene Renaissanceausstattung mit Kanzel, Altar und einigen ornamental gestaltete Epitaphen der Bredows.

Nach dem verheerenden Stadtbrand von 1740 entstand nach einem Plan von Knobelsdorff eine streng rechtwinklige, typisch barocke Straßenord-

Ein **Badestrand** befindet sich am Rheinsberger Hafendorf. In der Umgebung gibt es zahlreiche Badestellen an den Seen östlich und nördlich von Rheinsberg, z.B. am **Großen Zechliner See,** am **Kleinen Pälitzsee** und am **Zootzensee.** Besonders reizend liegt der **Große Stechlinsee** rund 10 km östlich der Stadt.

Warten auf Ausflügler: Rheinsberger Fiaker am Denkmal des jungen Fritz

 **Keramikmuseum,** Kirchplatz 1, Rheinsberg. ✆ 033931/ 37631. März – Okt täglich 10 – 18 Uhr, Nov – März 12 – 17 Uhr, Januar geschlossen. Rheinsberger Keramik aus 250 Jahren. Auf den Spuren der berühmten Rheinsberger Teekanne.

nung. Aus dem zuvor verschlafenen märkischen Ackerbürgerstädtchen wurde eine schmucke **Residenzstadt** mit ganzen Straßenzügen von *Ein- und Doppelstubenhäusern,* die bis heute erhalten sind.

Theodor Fontane besuchte Rheinsberg bereits 1859. Wenig bekannt ist, dass es gerade dieses Städtchen war, das den Dichter dazu anregte, seinen Knotenstock in die Hand zu nehmen und durch die Mark Brandenburg zu wandern. Bei seiner ersten Ankunft in der Stadt war er von der anstrengenden Kutschfahrt so ausgezehrt, dass er zunächst »vor einem reizend gelegenen Gasthofe« anhielt, um vor dem Besuch des Schlosses »ein solennes Frühstück einzunehmen«. Im selben »Ratskeller« lässt gut 50 Jahre später **Kurt Tucholsky** in seinem ersten heiter-bezaubernden Liebesroman das junge Pärchen Cläre und Wölfchen ihre Nächte verbringen. Heute sitzen Touristen auf dem Trottoir vor dem berühmten Gasthaus und blicken auf den jungen Fritz, wie er überlebensgroß auf seinem Sockel steht und stolz auf seine Stadt schaut. Gleich neben dem Denkmal liegen, mit uralten und hohen Kastanien bestanden, der alte **Markt** und der dreieckige **Triangelplatz,** wo in den Sommermonaten die Rheinsberger Fiaker auf Ausflügler warten, um sie in die reizvolle Umgebung zu kutschieren.

ℹ️ *Touristinformation Rheinsberg, Remise am Schloss, 16831 Rheinsberg. ✆ 033931/34940, www.rheinsberg.de. Bahn/Bus: Ab Berlin RB 54, Mai – Sep täglich, anschließend ca. 15 Min Fußweg bis Zentrum.*

Auto: Von Berlin A 24 bis Neuruppin-Süd, B167 bis Herzberg, dann Landstraße über Lindow und Köpernitz. *Rad:* Ab Rheinsberg ausgeschilderte Rundwege durch Wald und Flur, mit Bademöglichkeiten, z.B.: Eduard-Gaertner-Tour zur Zechliner Hütte 30 km, Prinz-Heinrich-Tour Lindow – Neuruppin, Theodor-Fontane-Tour Stechlin 38 km, Kurt-Tucholsky-Tour Diemitz, Kronprinz-Friedrich-Tour nach Neuruppin, 8-teiliger Kartensatz bei der Touristinformation erhältlich. *Zeiten:* Mo – Do 10 – 17 Uhr, Fr, Sa 10 – 18 Uhr, So 10 – 16 Uhr, Okt – April täglich 10 – 16 Uhr. *Infos:* Vermittelt Unterkunft, Führungen durch Stadt, Schloss, Keramikmanufaktur und Brauhaus, Seerundfahrten, naturkundliche Wanderungen. Kartenservice für Schlosstheater und Kammeroper.

Ratskeller, Markt 1, Rheinsberg. ✆ 033931/2264. www.ratskeller-rheinsberg.de. Täglich ab 10 Uhr. Das renommierteste Gasthaus der Stadt, direkt am Schlosseingang. Serviert wird u.a. Fontanes Leibgericht: Alt-Brandenburger Schmorbraten in Ingwersoße mit Apfelrotkohl und Kartoffelklößen. Hauptgerichte ab 10 €. Große Sommerterrasse. Galerieetage.

Unsterblich: Das Rheinsberger Schloss

Der verlorene Sohn kehrt heim: Nach misslungenem Fluchtversuch vor seinem tyrannischen Vater und Festungshaft in Küstrin wird der junge **Friedrich II.** wieder in das höfische Leben integriert. 1733 heiratet er seinem Vater zu Gefallen die ungeliebte *Elisabeth Christine von Braunschweig-Bevern.* Sein Vater Friedrich Wilhelm I. kauft Rheinsberg mitsamt einer mittelalterlichen Renaissanceburg und lässt sie auf sehr sparsame Weise, wie es sprichwörtlich seinem Charakter entsprach, umbauen. Nach dem Einzug des Kronprinzen und seiner Gemahlin übernahm ab 1737 Baumeister *Georg Wenzeslaus von Knobelsdorff* alle weiteren Ausführungen. Der fügte das Gebäude auf geniale Art in die Landschaft ein und öffnete die Gartenfront zum See hin. Dadurch zeigt das **Schloss** dem Besucher zunächst seinen strengen Hauptbau mit schmuckloser Fassade, erst beim Umschreiten blickt man auf die heitere Seite der Dreiflügelanlage. Bei den meisten Schlossbauten aus dieser Zeit verhält es sich gerade umgekehrt. Das sym-

Ein erster Glanzpunkt des friderizianischen Rokoko: Schloss Rheinsberg

© spsg, Foto: Wolfgang Kling

metrisch gegliederte Gebäude am *Grienericksee* und am Rhinzufluss besticht zudem durch seine klaren Formen. Besonders reizvoll erscheinen dabei die beiden Rundtürme auf der Garten- und Seeseite, die den Seitenflügeln vorgestellt sind. Die Flügel sind durch gekoppelte Säulen einer Kolonnade miteinander verbunden, eine Freitreppe führt zum Gartenparterre. Schloss Rheinsberg darf als Premiere für das friderizianische Rokoko gelten, das schließlich in ⤴ *Sanssouci* – mit dem selben Baumeister – seinen Höhepunkt erreicht.

Der Kronprinz residiert nur vier Jahre in Rheinsberg. Hier erwirbt er sich die Grundlagen seiner Bildung, die ihm den Ruf eines aufgeklärten Monarchen einbringen. Hier schreibt er 1739 den »Antimachiavell«, in dem sich Friedrich mit der berühmten Schrift von *Nicolo Machiavelli* »Il Principe« (Der Fürst) auseinandersetzt. Während der Italiener dem Staat alle Mittel zur Erhaltung seiner Macht erlaubt, fordert der gelehrige Prinz von einem Herrscher, dass er »der erste Diener des Staates« zu sein habe. Von Rheinsberg aus beginnt er seinen Briefwechsel mit dem französischen Philosophen *Voltaire*. Sein besonderes Interesse gilt den antiken Dichtern und Philosophen wie Lukrez, Vergil, Horaz, Cicero, Seneca und Marc Aurel. Später schildert Friedrich die Rheinsberger Zeit als seine glücklichsten Lebensjahre.

Mit dem Tode Friedrich Wilhelm I. im Mai 1740 endet die »Republique de Platon«. Friedrich muss in

Berlin als König ins Berufsleben eintreten und seinen »Schlupfwinkel« verlassen.

Bruder Heinrich zieht ein

Sein Bruder **Heinrich von Preußen**, 13. Kind seiner Eltern, oft als hässlicher und melancholisch-verträumter Prinz beschrieben, der lieber mit schönen, großen Männern verkehrte, als mit vergrübelten Philosophen zu diskutieren, bezieht vorübergehend 1744 im Rheinsberger Schloss Quartier. Aber erst nach der erzwungenen Heirat mit der Prinzessin *Wilhelmine von Hessen-Kassel* darf Heinrich 1752 das Schloss zu seinem ständigen Wohnsitz machen. Er lässt daraufhin durch *Carl Gotthard Langhans,* den späteren Baumeister des Brandenburger Tores, die Innenräume neu dekorieren und 1786 das Schloss um zwei Eckpavillons erweitern. Aber vor allem gestaltet er den **Garten** grundlegend und in französischer Manier um. Es entstehen Grotten, Tempelchen, Pavillons, Säulen und Statuen, Erinnerungsstätten, Einsiedeleien, neue Brücken und Alleen. Da ihm sein großer Bruder Friedrich mehrmals strikt die Reise nach Frankreich verbietet, muss Frankreich eben zu ihm nach Rheinsberg kommen. Heinrich errichtet neben dem Schloss das **Kavalierhaus** und 1774 das **Schlosstheater.** Der »alte Rheinsberger Prinz« segnet 1802 auf seinem Schloss 76-jährig das Zeitliche. Er liegt unter einer Pyramide im Schlosspark begraben. Seinem von ihm überaus geschätzten Vertrauten und »vielbewährten Diener« (Fontane), dem Grafen *La Roche-Aymon,* soll er kurz vor seinem Tod lächelnd gesagt haben: »Stellt mich in der Pyramide so, dass ich nach dem Schloss hinüber blicke, und sagt's auch den Leuten, dass ich so stehe. Das wird manchen in heilsamer Furcht halten.« Und in der von ihm natürlich in französischer Sprache verfassten Inschrift auf

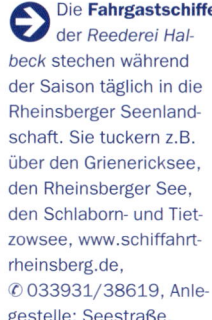
Die **Fahrgastschiffe** der *Reederei Halbeck* stechen während der Saison täglich in die Rheinsberger Seenlandschaft. Sie tuckern z.B. über den Grienericksee, den Rheinsberger See, den Schlaborn- und Tietzowsee, www.schiffahrt-rheinsberg.de, ✆ 033931/38619, Anlegestelle: Seestraße, Rheinsberg.

seiner Grabpyramide steht: »Wanderer, gedenke daran, dass auf Erden keine Vollkommenheit wohnt.« Vielleicht deshalb fehlt dem Monument die Spitze.

Durch die Schlossräume

Nach Heinrichs Tod hält sich der königliche Hof im ehemaligen Musenschlösschen kaum noch auf. Erst nach dem Ersten Weltkrieg zieht hier wieder ein Hohenzoller ein, **August Wilhelm von Preußen,** ein Sohn des ins Exil geflüchteten deutschen Kaisers. Der als »Prinz Auwi« berüchtigte Mann ist ein überaus vernarrter Fahnenträger der Nazis, der es bis zum SA-Gruppenführer bringt. Das Schloss-Inventar geht durch Versteigerungen im 19. Jahrhundert und schließlich durch Plünderungen nach 1945 nahezu vollständig verloren. Zu DDR-Zeiten dient das Gebäude als Diabetiker-Sanatorium. Nach der Wende muss der alte Rokokoglanz unter dicken Farb- und Tapetenschichten wieder hervorgekratzt, Vergoldungen wieder angebracht und alte Porträts, soweit sie auf andere Schlösser verteilt waren, wieder aufgehängt werden. So orientiert sich die heutige Einrichtung weitgehend am historischen Vorbild.

Die geführte **Schlossbesichtigung** beginnt am Hofeingang des Nordflügels und widmet sich folgenden Fest- und Wohnräumen: dem Spiegelsaal, der Amalien-, Ferdinands-, Prinz-Heinrich- und Kronprinz-Friedrich-Wohnung. Über das lichte und schlichte Haupttreppenhaus gelangt man zum **Spiegelsaal,** dem größten und gewiss auch prächtigsten Schlossraum. Hier finden sich die für das friderizianische Rokoko typischen Ornamente: Supraportenreliefs mit Szenen nach Ovids »Metamorphosen« und geschwungene Blumengirlanden über den Türen und Fenstern. Durch die Spiegel, die dem Saal den Namen geben, soll das Draußen nach innen gebracht werden. Der schmucke Raum war das Zentrum der höfischen Geselligkeit. Beeindruckend ist das Deckengemälde »Der Tag vertreibt die Nacht« des Hofmalers *Antoine Pesne*. Aurora, die Göttin der Morgenröte, schwebt vor dem Sonnenwagen Apolls, während die Göttin der Nacht entschwindet. Die verklausulierte Botschaft: Der junge Fritz steht gewissermaßen schon ante portas in Berlin, der alte Soldatenkönig muss den Thron freigeben.

Weitere Pesne-Gemälde zieren auch die Decken des **Bacchus-Kabinetts** im Nordturm und im Turmkabinett der **Kronprinz-Friedrich-Wohnung.** Hier wird Ganymed von Hebe im Olymp empfangen, dort Minerva als Beschützerin der Wissenschaft und Kunst dargestellt. In einem aufgeschlagenen Buch sind die Namen Horaz und Voltaire eingetragen. Dieser runde Turmraum diente dem Prinzen als Studierzimmer, von hier aus blickte er auf den Grienericksee und den Park, hier studierte er die Werke der Philosophen, hier schrieb er seine ersten Briefe an Voltaire. Dabei anregen sollten ihn die vergoldeten Schnitzereien über den Fenstern, Attribute für die Wissenschaften und die Künste.

🅜 *Rheinsberger Schloss und Schlossmuseum, 16831 Rheinsberg. ✆ 033931/7260, www.spsg.de. **Bahn/ Bus:** ↗ Info & Verkehr Rheinsberg. Vom Bhf links 5 Min Richtung See. **Zeiten:** April – Okt Di – So 10 – 18 Uhr, Nov – März 10 – 12.30 und 13 – 17 Uhr, Sonderregelungen an Feiertagen. **Preise:** 6 € jeweils mit Führung oder Audio Guide und inklusive ↗ Tucholsky-Literaturmuseum am gleichen Tag; Kinder und ermäßigt 5 €, Familienkarte (2 Erw, bis 3 Kinder) 8 €, Audio Guide für Kinder vorhanden. **Infos:** Barrierefrei.*

Tucholsky & das Schloss

1911 verlebt der 22-jährige Jurastudent **Kurt Tucholsky** (1890 – 1935) ein amouröses Wochenende mit der Medizinstudentin **Else Weil,** seiner

Maritim Hafendorf Rheinsberg, Hafendorfstraße 1, Rheinsberg. ✆ 033931/800-812. www.hafendorf-rheinsberg.de. Täglich 7 – 22 Uhr. Modernes Hafendorf direkt am Rheinsberger See, 4-Sterne-Wellnessoase mit 176 eleganten Zimmern und Suiten, DZ/F ab 159 €, Restaurant, Bar, Nachtclub, Snackbar. ❯ Badestrand, Fahrradverleih, Boot- und Yachtcharter, barrierefrei.

späteren Ehefrau. In seinem Erstling »Rheinsberg – ein Bilderbuch für Verliebte« beschreibt er seine Romanze als lockeren Ausbruchsversuch aus bürgerlichen Zwängen mit getanzten Spaziergängen um den See und recht kindischen Verrücktheiten. Das Büchlein wird ein Bestseller und begründet Tucholskys Karriere als Schriftsteller sowie sein besonderes Verhältnis zur Stadt am **Grienericksee.** Die heitere Lovestory macht Rheinsberg schließlich in ganz Deutschland berühmt. Stolz schrieb Tucholsky, dass nach seinem Roman »später generationsweise vom Blatt geliebt wurde«.

Mit Fördermitteln des Landes Brandenburg wurde kurz nach der Wende im Schloss eine *Tucholsky-Gedenkstätte* eröffnet, aus der 2004 die Einrichtung des **Tucholsky-Literaturmuseums** hervorging. Sehr informativ mit zahlreichen Dokumenten, Briefen, Manuskripten, Fotos und Alltagsutensilien des Dichters, Zeitkritikers, Satirikers, Chansoniers, kämpferischen Pazifisten und Nazi-Gegners werden seine Lebensabschnitte und politischen Engagements dargestellt. Zum vielfältigen Programmangebot gehören Literaturabende, Lesungen und Tagungen. Dazu gehört auch eine Galerie für Bildende Kunst. Im Museumsshop gibt es Bücher, CDs, Kataloge und Postkarten.

🅜 *✆ 033931/39007, www.tucholsky-museum.de.* **Zeiten:** *Täglich Di – So 10 – 17.30 Uhr.* **Preise:** *4 €; Kinder 6 – 14 Jahre und ermäßigt 3 €, Familien (2 Erw mit Kindern bis 14 Jahre) 8 €.* **Infos:** *barrierefrei.*

Kurt Tucholsky: **Rheinsberg. Ein Bilderbuch für Verliebte.** Rowohlt, 2006 bei Diogenes mit Illustrationen von Tatjana Hauptmann.

Rheinsberger Schlosspark (Lustgarten)

Vom Schlossgarten mit den Statuen des Apoll und den vier Jahreszeiten erreicht man den Rheinsberger Lustgarten über die **Billardbrücke** (nach dem Billardzimmer im Schloss benannt), die südlich des Schlosses über den Rhin führt. Gleich linker

Hand steht das Grabmal Heinrichs, die **Ziegelpyramide.** Die Parkanlage ist, wie im Barock und Rokoko üblich, streng durch Symmetrieachsen gegliedert, die auf das Schloss ausgerichtet sind. Allerdings lässt Heinrich Teile des Gartens nach Art des englischen Landschaftsparks auf-

Besuchermagnet: Rheinsberger Schlossensemble vom Obelisken aus

lockern. Die örtlichen Gegebenheiten zwingen die für die Gartengestaltung Verantwortlichen, *Knobelsdorff* und *Friedrich Christian Glume,* die Hauptachse des Parks seitlich zum Schloss verlaufen zu lassen. Die beiden **Sphinxe** am Ende dieser Hauptallee stammen vom Bildhauer Glume, sie sollen angeblich Kaiserin Maria Theresia und Madame Pompadour darstellen. Wie zu Heinrichs Zeiten ist das nahe **Heckentheater** heute wieder ein herrliches Theater im Grünen, das im Sommer zu Open-Air-Veranstaltungen lädt.

Die dominierende der beiden Queralleen führt durch einen Pavillon und wird von der **Grotte der Nymphe Egeria** abgeschlossen. Solche Felsgrotten waren im 18. Jahrhundert als Ausdruck der damaligen Empfindungswelt nobler Herrschaften sehr beliebt und sollten antikisierende Elemente mit dem modischen französischen Lebensstil romantisch verquicken. Der dem Schloss schräg gegenüberliegende Hügel wurde erst nach 1762 von Prinz Heinrich in den Park mit einbezogen. Hier steht der berühmte **Obelisk,** den der Freimaurer Heinrich als Erinnerungssäule für seinen Bruder *August Wilhelm* und für etliche (von Friedrich II. wenig bis gar nicht gewürdigte) Generäle des »glor-

Hinter dem **Obelisken** erstreckt sich der 6400 Hektar große **Forst Boberow,** der bis zum Großen Linowsee und zum Rheinsberger See reicht. Mehrere ausgeschilderte Wanderpfade führen in dieses Waldgebiet und noch weiter bis in die Rheinsberger Seenlandschaft, zum Beispiel zur rund 10 km von Rheinsberg entfernten Ortschaft **Zechlinerhütte** am **Schlabornsee.**

Café Tucholsky, Kurt-Tucholsky-Stra-ße 30a, Rheinsberg. ✆ 033931/34370. www.tucholsky-cafe.de. April – Okt täglich 11 – 22, im Winter Fr – Di 12 – 20 Uhr. Das Café mit anspruchsvoller Küche liegt direkt an der Uferpromenade, große Sommerterrasse, barrierefrei, regelmäßig Live-Musik: Oldies, Jazz und Blues. 2 FeWo im Sommer ab 75 €, im Winter 55 €.

Café Götsch, Rhinpassage, Rheinsberg. ✆ 033931/38696. Di – So 10 – 18 Uhr, Nov – März 12 – 18 Uhr. Dorado für Kuchengourmets, super Eiskreationen.

reichen« Siebenjährigen Krieges aufstellen ließ. Fontane nannte den monströsen Obelisken unerklärlicherweise die »vielleicht größte Sehenswürdigkeit Rheinsbergs«. Sehr wahrscheinlich wollte der ins Abseits gedrängte Heinrich mit diesem viel beschrifteten Monument seinem verhassten Bruder in Potsdam eins auswischen. Der Name des Königs fehlt hier ebenso wie die Namen der von Friedrich besonders bevorzugten preußischen Helden. Grandios ist jedenfalls der Ausblick von hier über den See zum Schloss hin.

🕐 *Frei zugänglich von 6 Uhr bis zum Einbruch der Dunkelheit. **Info:** Parkführung möglich.*

Rheinsberger Kammeroper und Musikakademie

Gleich nach der Wende wurde der alte Rheinsberger Musenhof um den jungen Fritz und Prinz Heinrich erneut mit klangvollem Leben erfüllt. Die Initiative ergriff der Berliner Komponist *Prof. Siegfried Matthus,* er gründete 1991 die **Kammeroper.** Seitdem findet jährlich im Sommer mit zauberhaftem Ambiente zwischen Schloss, Park, See, dem Heckentheater am Rande des Lustgartens und dem wieder aufgebauten Schlosstheater das beliebte und viel besuchte **Opernfestival junger Sänger** statt. Auf beeindruckende Weise entstand durch den Architekten *Gottfried Hein* dieses neue und hochmoderne Theater innerhalb der alten Ruinenwände des Prinz-Heinrich-Theaters von 1774. Unter der Leitung von *Siegfried Matthus* trifft sich an diesem historischen Ort die Weltelite des Sängernachwuchses. Für viele der jungen Künstler ist die »Lehre« in Rheinsberg eine viel versprechende Reputation für eine Karriere bei den Salzburger Festspielen, an der New Yorker Met, an der Mailänder Scala oder anderen renommierten Opernhäusern.

Die im historischen Kavalierhaus untergebrachte **Musikakademie** bildet junge Musiker aus. Sie führt Meisterkurse, Werkstätten und Probenphasen für Chöre, Orchester und Theatergruppen durch und beherbergt jährlich um die 5000 Musiker! Regelmäßig erklingen in der St. Laurentiuskirche und im Spiegelsaal des Schlosses Serenaden sowie Flöten-, Chor- und Orgelkonzerte der jungen Meisterschüler.

🎵 *Kavalierhaus der Schlossanlage, 16831 Rheinsberg. ✆ 033931/725-0, Karten 34940, Infos zu Open-Air-Veranstaltungen 725-14. www.kammeroper-schloss-rheinsberg.de.* **Zeiten:** *Rheinsberger Festivalsommer Ende Juni bis Mitte Aug.* **Preise:** *z.B. Oper ab etwa 25 € in Kategorie D – 50 € in Kategorie A, 100 € in der Lounge, Matinee mit Brunch.*

Gransee: Ein Besuch im Mittelalter

»Das Tor liegt hinter uns«, schrieb Theodor Fontane, »und unser Wagen lärmt jetzt die Hauptstraße hinauf, an deren linker Seite die beiden Plätze der Stadt und auf ihnen die beiden vorzüglichsten Sehenswürdigkeiten derselben: die Marienkirche und das Luisen-Denkmal gelegen sind«.

Sehr viel wird sich hier seit Fontanes Besuch nicht verändert haben. Das Pflaster ist heute gewiss Achsen schonender, aber genau genommen ist das **historische Ortsbild** von Gransee – wie wohl in keiner anderen Stadt Brandenburgs – seit dem späten Mittelalter weitgehend unverfälscht erhalten. Nahezu vollständig hat die **Stadtmauer** aus dem 14. Jahrhundert mit dem Pulverturm und aus der Mauer hervortretenden Wiekhäusern die Jahrhunderte überstanden, es gibt Gassen wie aus der Ritterzeit, das Ruppiner Stadttor von 1450 besitzt eine typisch märkische Giebelarchitektur sowie ein Nachbartor, ein sogenanntes *Waldemartor* (↗ Treuenbrietzen).

Ⓜ Das **Ruppiner Tor** wird im Sommer für Kunstausstellungen genutzt. Der Ruppiner Torturm und der Pulverturm sind begehbar, der Schlüssel ist im Heimatmuseum erhältlich.

Pat und Patachon: Das Ruppiner und das Waldemartor

So, als wäre die Königin hier begraben: Schinkels Luisensarkophag mit Baldachin

 *Viel Mittelalter ist nordöstlich von Berlin auch in den reizvollen Städten **Bernau, Templin** und **Angermünde am Mündesee** erhalten.*

Das benachbarte **Ruppiner Tor** wird im Sommer für Kunstausstellungen genutzt. Der Ruppiner Torturm und der Pulverturm sind begehbar, die Schlüssel sind im Heimatmuseum erhältlich.

Die massige **Marienkirche** aus dem 13. Jahrhundert ist ein dreischiffiger Backsteinbau mit ungleichen Türmen an der Westseite und auf dem rechteckigen Schinkelplatz, von Bürgerhäusern aus dem 18. Jahrhundert umsäumt, steht seit 1811 das **Luisen-Denkmal:** Der gusseiserne Sarkophag, von Schinkel entworfen, erinnert an den Leichenzug der jung verstorbenen Königin *Luise von Preußen,* der hier 1810 auf dem Wege vom mecklenburgischen Hohenzieritz nach Charlottenburg übernachten musste. »An dieser Stelle hier, ach, flossen unsre Tränen, als wir dem stummen Zuge betäubt entgegensahen. O Jammer, sie ist hin«, steht auf der Inschrift.

Im einstigen **Armen- und Siechenhaus** befinden sich Touristinformation, Heimatmuseum und Verschönerungsverein Gransee e.V. Infos zum Historischen Stadtfest, der Granseer Rocknacht sowie dem Sängertreffen auf der Freilichtbühne.

ⓘ Ⓜ *Heimatmuseum und Tourismusinformation Gransee,* *Rudolf-Breitscheid-Straße 44, 16775 Gransee. ✆ 03306/21606, www.gransee-info.de. **Bahn/Bus:** RE Berlin – Stralsund oder Rostock bis Gransee Bhf oder Dannewalde alle 1 – 2 Std. **Auto:** A10 Ausfahrt Dreieck Oranienburg, B96 bis Gransee. **Rad:** Löwenberger Landradweg Oranienburg – Lindow, in Großmutz Richtung Schloss Meseberg (10 km, »Kanzlerpiste«); ausgeschilderte Radwege von Regio-Bhf Rheinsberg 30 km, Lindow 19 km, Fürstenberg 38 km, Dannewalde 38 km, Zehdenick 15 bzw. 34 km, Neulöwenberg 17 km, Oranienburg 30 km. **Zeiten:** Mai – Sep Di – Fr 10 – 16.30, Sa, So bis 16 Uhr, Okt – April Di – Fr 10 – 16, Sa, So 12 – 16 Uhr.*

OBERHAVEL & SCHORFHEIDE

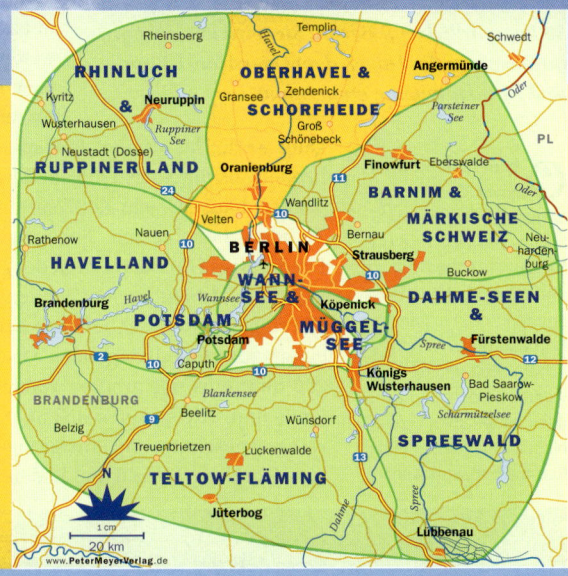

Templin
Rheinsberg
Schwedt
Angermünde
RHINLUCH
OBERHAVEL &
Kyritz
& Neuruppin
Gransee
Zehdenick
SCHORFHEIDE
Parsteiner
See
Wusterhausen
Ruppiner
See
Groß
Schönebeck
Oder
PL
Neustadt (Dosse)
Eberswalde
RUPPINER LAND
Oranienburg
Finowfurt
24
Wandlitz
11
BARNIM &
Oder
Velten
10
MÄRKISCHE
Rathenow
Nauen
SCHWEIZ
Neu-
10
BERLIN
Bernau
harden-
berg
HAVELLAND
WANN-
Strausberg
SEE &
Wannsee
Köpenick
Buckow
10
Brandenburg
Havel
DAHME-SEEN
POTSDAM
MÜGGEL-
&
Potsdam
SEE
Spree
Fürstenwalde
2
10
10
Caputh
Königs
12
Blanksee
Wusterhausen
Bad Saarow-
Pieskow
BRANDENBURG
Beelitz
Wünsdorf
Scharmützelsee
9
Belzig
N
Treuenbrietzen
Luckenwalde
13
SPREEWALD
TELTOW-FLÄMING
Spree
1 cm
Jüterbog
Dahme
Lübbenau
20 km
www.PeterMeyerVerlag.de

OASE SO WEIT DAS AUGE REICHT

Die Havel- und Kreisstadt Oranienburg liegt etwa 35 km nördlich von Berlin. Sie wird wie eine grüne Oase von der Havel, dem Oder-Havel-Kanal und dem Lehnitzsee eingerahmt.

🔒 **Bauernmarkt Oberhavel,** Bauernmarktstraße 10, Schmachtenhagen, Di – Fr 9 – 16 Uhr, Sa, So, Fei 9.30 – 17 Uhr, www.oberhavel-bauernmarkt.de. Ein ganzes Dorf aus Buden mit frischem Obst und Gemüse, Wildbret, Honig und sonstigen bäuerlichen Erzeugnissen. Am Wochenende Rummelplatzatmosphäre.

Prächtig restauriert zeigt sich das Oranienburger Schloss mit zwei Museen. Der weitläufige Schlosspark ist zu jeder Jahreszeit einen Spaziergang wert. Das dunkelste Kapitel Oranienburgs begann, als die Nazis 1936 am Rande der Stadt – in Sachsenhausen – ein Konzentrationslager bauten. Zu den beliebtesten Sehenswürdigkeiten des Landkreises **Oberhavel** zählt der großartige Ziegeleipark in Mildenberg bei Zehdenick.

Die sich östlich anschließende **Schorfheide** ist mit einem zusammenhängenden Mischwald von rund 200 qkm eins der größten Waldgebiete Deutschlands und wird von der UNESCO als Biosphärenreservat geschützt. Ein einzigartiges Naturparadies zum Wandern, Radeln und Baden.

FESTE & FESTE TERMINE OBERHAVEL & SCHORFHEIDE

März/April:	Groß Schönebeck: **Osterfest** im Wildpark Schorfheide.
	Liebenthal: **Frühlingsfest** im Wildpferdgehege.
	Schmachtenhagen: **Ostern** auf dem Oberhavel Bauernmarkt.
	Mildenberg: **Ostereier suchen** auf der Spielwiese im Ziegeleipark.
	Liebenwalde: **Osterfeuer.**
	Velten: **Walpurgisnacht** im Ofen- und Keramikmuseum.
Mai/Juni:	Liebenwalde: **Museumsfest** im Heimatmuseum.
	Mildenberg: **Märkisches Dampfspektakel** im Ziegeleipark.
Juni:	Mitte Juni, Sa, So: **Brandenburger Landpartie.** Im ganzen Bundesland öffnen Landwirte ihre Hof- und Stalltore. www.brandenburger-landpartie.de.

DIE REGION OBERHAVEL

Oranienburg und sein Schloss

Bothzowe hieß der Ort, als er im Jahre 1216 erstmals urkundlich erwähnt wurde. Er besaß damals eine Burg und war eine Vogtei der Askanier. Die Siedlung an der Havel, in spätmittelalterlicher Zeit als Ausfalltor nach Berlin oft umkämpft, erhielt erst Mitte des 17. Jahrhunderts ihren heutigen Namen. Und der verweist auf die historisch bedeutende Vermählung Brandenburgs mit den Niederlanden: **Louise Henriette von Oranien-Nassau** ehelichte den brandenburgischen Kurfürsten **Friedrich Wilhelm I.** Der Hohenzoller hatte seiner Gemahlin 1650 das Amt Bötzow »mit allen dazu gehörigen Äckern, Vorwerken, Schäfereien, Mühlen, Triften, Weiden, Fischereien in der Havel, den Seen und Karpfenteichen« zum Geschenk gemacht. Die schöne Frau übersiedelte also aus Den Haag ins Brandenburgische und der verliebte Kurfürst, später der *Große Kurfürst* genannt, ließ

Kurfürst sucht Frau: Es kam die schöne Holländerin Louise Henriette

OBERHAVEL & SCHORFHEIDE

	Mildenberg: **Ziegeleiparknacht.**
	Oranienburg: **Stadtfest.**
	Zehdenick: **Hafenfest** Ende Juni.
Juli:	Liebenberg: **Liebenberger Musiksommer** mit Klassik Open Air im Schlosspark.
	Velten: **Museumsfest,** Ofen- und Keramikmuseum.
	Groß Schönebeck: **Kräuterfest.**
August:	Oranienburg: **Schlossfest.**
September:	Mildenberg: **Bauernmarkt und Windmühlenfest** auf dem Dorfanger.
	Eden: **Apfelfest.**
	Vehlefanz: **Bockwindmühlenfest.**
Oktober:	Schmachtenhagen: **Oberhavel Bauernmarkt.**
	Oranienburg: **Beachparty und Halloween** im T.U.R.M.
Dezember:	Oranienburg, Fr – So Anfang Advent: **Oranienburger Weihnachtsgans-Auguste-Markt** auf dem Schlossplatz.

flugs an der Stelle eines baufälligen Jagdhauses **Schloss Oranienburg** errichten, das um 1700 als das schönste Schloss der preußischen Monarchie galt.

Der Renaissancebau entstand nach Plänen der holländischen Architekten *Johann Gregor Memhardt* und *Michael Matthias Smids*. Nach dem frühen Tod Louises 1667 wurde das Schloss von den Baumeistern *Johann Arnold Nering* und *Johann Friedrich Eosander* im barocken Stil erweitert. Der prächtige Mittelrisalit stammt aus dieser Zeit. Er diente als Corps de Logis, hier lagen also die Wohnräume für die Familie des Kurfürsten Friedrich III. In lateinischer Sprache und in goldenen Lettern ist an der Schaufassade zu lesen: »Dieses von Louise, der Prinzessin von Oranien, der besten Mutter, erbaute und durch den Namen ihres Geschlechts ausgezeichnete Schloss hat Kurfürst Friedrich III. zum Gedächtnis der sehr frommen Mutter erweitert, geschmückt, vermehrt, 1690.« Die beim Volk be- und von ihrem Gatten innig geliebte Kurfürstin war politisch und sozial sehr engagiert, sie stiftete in Oranienburg ein Waisenhaus und achtete zudem darauf, dass ihre Untertanen die holländische Käse- und Butterkunst erlernten. Vielleicht auch deshalb stellte die »dankbare Bürgerschaft« – wie am Sockel eingemeißelt – 1858 ihr zu Ehren ein Denkmal vor das Schloss. Die eindrucksvolle Plastik stammt von dem Fehrbelliner Bildhauer *Wilhelm Wolff.*

Die Schlossanlage wurde durch die späteren Besitzer vernachlässigt und verfiel. Erst nach 1850 hat man sie erneuert. Kurz zuvor, im Jahre 1830, dienten noch einige Räume einer **chemischen Produktionsfabrik.** Hier experimentierte der aus Billwerder bei Hamburg stammende Chemiker *Friedlieb Ferdinand Runge* (1794 – 1867). Er entdeckte 1835 in seinem hauseigenen Laboratori-

Ristorante L'Oasi, Schlossplatz 5, Oranienburg. ✆ 0331/577117. www.restaurantloasi.com. Täglich 11 – 23 Uhr. Gegenüber dem Schloss, freundliches Ambiente, große Sommerterrasse. Pizza, Pasta und andere italienische Spezialitäten. Das historische Gebäude gehörte im 19. Jahrhundert Louis Blumenthal, der in Oranienburg die erste Bank gründete.

Schön herausgeputzt: Schloss Oranienburg

um das Anilin und die Karbolsäure. Damit begann die Geschichte der modernen Farbenchemie. Gut vom Schloss aus zu sehen: der 60 Meter hohe Turm der **Nikolaikirche.** Er überragt das Oranienburger Zentrum. Das Gotteshaus wurde bereits in der Mitte des 16. Jahrhunderts gebaut, sein heutiges Aussehen bekam es erst 1866 durch den Schinkelschüler *Friedrich August Stüler.*

❶ *Tourist-Information Oranienburg, Bernauer Straße 52, 16515 Oranienburg. ✆ 03301/704833, www.tourismus-or.de. Bahn/Bus: RE5, RB12, RB20, von Berlin S1 bis Oranienburg, S7 bis Lichtenberg und weiter mit PEG (Prignitzer Eisenbahngesellschaft). Zum Schloss Bus 824. Auto: B96, A10 Richtung Hamburg, Ausfahrt Oranienburg-Zentrum. Rad: Seen-Kultur-Radweg, Havelradweg, Löwenberger Landradweg Oranienburg – Lindow, von Bhf Gransee ausgeschildert 30 km. Zeiten: Mai – Sep Mo – Fr 9 – 18, Sa 10 – 13 Uhr, Okt – April Mo – Fr 9 – 17 Uhr.*

Das Schlossmuseum

Die **Inneneinrichtung des Schlosses** aus dem 17./18. Jahrhundert ist nahezu vollständig verschwunden, einen beträchtlichen Teil davon soll der preußische Soldatenkönig an den sächsischen Kurfürsten verscherbelt haben. Von der ehemaligen Innendekoration ist nur die reich besetzte Stuckdecke im Porzellankabinett des Parkflügels erhalten. Trotzdem ist der Besuch des **Schlossmuseums** wärmstens zu empfehlen. Es besitzt eine stattliche Sammlung einzigartiger Kunstwerke. Der Rundgang führt zunächst durch mehrere Räume der königlichen Wohnung. Bedeutend sind die Tapisserien (1685) aus der Berliner Manufaktur von *Pierre Mercier,* die die Ruhmestaten des Großen Kurfürsten darstellen, prächtig eine Gruppe von Sitzmöbeln aus verziertem Elfenbein, die um 1640 in Brasilien entstand. Zur Gemäldesammlung gehören u.a. Meisterwerke des Flamen *Antonis van Dyck* und des preußischen Hofmalers *Antoine Pesne.* In der Porzellankammer beeindrucken die herrlichen Porzellanetageren, die einzig erhaltenen Möbel der Originalausstattung.

Besonders prunkvoll glitzert und funkelt es in der **Silberkammer** des original erhaltenen Silbergewölbes. Hier wurden 2006 die reichen Bestände an königlichem Prunksilber zusammengeführt. Dazu gehört etwa der kostbare »Bombenträger«, ein Tafelaufsatz aus vergoldetem Silber des Goldschmieds *Heinrich Mannlich.* Er entstand kurz vor 1700 und gehörte wie etliche weitere Exponate des Museums zum Inventar des Berliner Schlosses.

Das angegliederte **Kreismuseum** informiert mit zahlreichen, zum Teil sehr ori-

Prunkvoll: Pretiose in der Silberkammer

ginellen Exponaten über die Ur- und Frühgeschichte der Region, über die Schlossgeschichte, den Chemiker *Friedlieb Ferdinand Runge,* die Marwitzer Keramik-Legende **Hedwig Bollhagen** und über die Geschichte der märkischen Binnenschifffahrt.

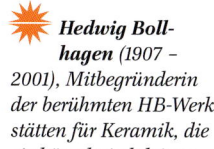

Hedwig Bollhagen (1907 – 2001), Mitbegründerin der berühmten HB-Werkstätten für Keramik, die sie künstlerisch leitete.

M *Schloss- und Kreismuseum, Schlossplatz 1, 16515 Oranienburg.* © *03301/537437/-438, www.schlossmuseum-oranienburg.de. Bahn/Bus: Info & Verkehr Oranienburg. Zeiten: April – Okt Di – So 10 – 18 Uhr, Nov – März (nur mit Führung) Di – Fr 10 – 16 Uhr, Sa, So, Fei 10 – 17 Uhr. Preise: 6 € für beide Museen mit Führung, 5 € ohne Führung, Winterpreis 5 € nur mit Führung. Angebot: Museen plus Schlosspark 6 €; Familienticket (2 Erw und bis 3 Ki) 8 €; 5 € mit Führung, 4 € ohne Führung, im Winter 4 € nur mit Führung. Infos: Barrierefrei.*

Schlosspark Oranienburg

Vom ursprünglich barocken Schlosspark, der später zum englischen Landschaftsgarten umgestaltet wurde, sind das elegante Gartenportal von Nering und die restaurierte **Orangerie** von 1755 noch erhalten. Das reizende Gebäude dient heute als Kulturstätte für Konzerte, Lesungen und Theateraufführungen. Zur **Landesgartenschau** 2009 wurde das 30 Hektar große Gelände vollständig umgestaltet. Der barocke Charakter des Parks lebt nun wieder auf. Der neue Garten ist einer holländischen Polderlandschaft nachempfunden. Wassergräben durchziehen den Park, sechs Lustwäldchen hat man als »Traumlandschaften« zu Themen wie Krieg und Frieden, Toleranz und Vergänglichkeit angelegt. Gartenkünstlerische Arrangements folgen im nördlichen Bereich der Anlage, ebenfalls »Traumlandschaften« mit Themen wie Familie, Liebe, Lust, Hoffnung, Einsamkeit oder Herkunft. Diese 17 Gartenzimmer sind der Kurfürstin *Louise Henriette* gewidmet. Auf kleinen Tafeln am Wegesrand darf sich der Besucher von

*Im Westen der Stadt liegt der **Garten Eden**. In dieser Laubensiedlung, besonders im Frühling besuchenswert, entstand 1893 die »Vegetarische Obstbaukolonie Eden«, die 1933 durch die Nazis gleichgeschaltet wurde. Die Genossenschaft dieser ersten deutschen vegetarischen Gemeinde zählte damals fast 1000 Mitglieder. Auf dem Gelände der heutigen Genossenschaft finden regelmäßig Ausstellungen statt, es gibt eine Musikwerkstatt und das Eden-Café.*

OBERHAVEL & SCHORFHEIDE

Schlosshafen Oranienburg, Rungestraße 47, Oranienburg. ✆ 03301/203135. www.oranienburg-erleben.de. An der Havel direkt neben dem Schlosspark. Komforttourismus mit Liege- und Servicehafen, Zelt- und Caravanstellplatz, zugänglich für alle Wasserwanderer, Bootsführerschein binnen 3 Tagen. Infos beim Hafenmeister, Handy 0171/5552013.

»Herkunft:
Hier wurde ich geboren,
mit Liebe großgezogen,
das Land ist fremd
geworden,
als wäre es gelogen.«
Herman van Veen

poetischen Sinnsprüchen des holländischen Sängers und Liederkomponisten *Herman van Veen* zu den jeweiligen Themen inspirieren lassen. Neu entstanden ist auch der **Schlosshafen** mit Bootsanlegestellen. Dort, am Parkausgang, verläuft eine schöne Promenade am Havelufer entlang und zurück zum Schloss.

🕐 *Schlossplatz 1, 16515 Oranienburg. ✆ 03301/ 600830, www.gartenschau-oranienburg.de. Zeiten: Mai – 3. Okt 9 – 18 Uhr, 4. Okt – April 10 – 16 Uhr (Kassenschluss), geöffnet bis Einbruch der Dunkelheit, 24. und 31. Dez geschlossen. Preise: 2,50 €, ab Okt und in den Wintermonaten 1 €. Angebot: Park und Schloss- und Kreismuseum 6 €; Kinder und Jugendliche (mit Schülerausweis) 7 – 17 Jahre 1 €; Jahreskarte 18 €, Kinder bzw. mit Schülerausweis, Behinderte, Arbeitslose 10 €. Infos: Fahrräder und Hunde verboten.*

Gedenkstätte und Museum Sachsenhausen

Im Nordosten Oranienburgs lag für Abertausende ab 1936 die Hölle auf Erden, das Massenvernichtungslager Sachsenhausen. In 68 Baracken wurden insgesamt 204.000 Häftlinge aus 47 Nationen in Gefangenschaft gehalten. Sie mussten in Sklavenarbeit vorwiegend für deutsche Rüstungskonzerne schuften. »Arbeit macht frei« hieß die zynische, Menschen verachtende Lagertorinschrift. Mehr als die Hälfte der Insassen brachte die SS um. Beispielsweise gab es analog zum »Eingangstor A« die »Station Z«, eine Genickschussanlage. Tausende starben an Hunger, Krankheiten oder durch medizinische Experimente. Ende April 1945 ließen die Nazis die Häftlinge in Richtung Ostsee abmarschieren, wo sie auf Schiffe geladen und anschließend versenkt werden sollten. Tausende starben auf dem beschwerlichen Weg. Die Rote Armee konnte die Vollendung des teuflischen

Plans noch rechtzeitig vereiteln. Gleich nach der Nazi-Kapitulation setzte der sowjetische Staatssicherheitsdienst NKWD jedoch die grausige Geschichte des KZ fort: Im »Speziallager Nr. 7« starben bis 1950 noch einmal 12.000 Menschen! Darunter auch der Schauspieler *Heinrich George.* 1961 weihte die DDR die **Gedenkstätte Sachsenhausen** ein. In der wieder aufgebauten und zuvor von Neonazis zerstörten *Baracke 38* wurde 1997 das neue **Lagermuseum** eröffnet.

Das erste nationalsozialistische Konzentrationslager, das **KZ Oranienburg,** entstand bereits 1933 in einer ehemaligen Brauerei in der Berliner Straße. Es diente den Faschisten zur Ausschaltung ihrer politischen Gegner. Mehr als 3000 Frauen und Männer waren hier bis zur Schließung 1934 inhaftiert. Sechzehn Häftlinge, darunter der Schriftsteller *Erich Mühsam,* wurden ermordet.

M *Straße der Nationen 22, 16515 Oranienburg. ✆ 03301/200-0, 200-200 (Besucherdienst, Anmeldung), www.stiftung-bg.de. **Bahn/Bus:** Von Berlin S1, RE5, RB12. **Zeiten:** Mitte März – Mitte Okt Di – So 8.30 – 18 Uhr, sonst 8.30 – 16.30 Uhr. Die Museen, das Archiv und die Bibliothek sind Mo geschlossen, die Außen-Dokumentation »Mord und Massenmord im KZ Sachsenhausen«, der Gedenkort »Station Z« sowie das Besucherinformationszentrum sind geöffnet. **Preise:** Eintritt frei, Audioführung 3 €, Gruppenführung bis 15 Pers 15 €, bis 30 Pers 25 €. **Infos:** Archiv und Bibliothek Di – Fr 9 – 16.30 Uhr. Hunde nicht erwünscht.*

M Ein weiteres ehemaliges KZ im heutigen Brandenburg befindet sich bei Fürstenberg an der Havel, rund 100 km nördlich von Berlin: die **Mahn- und Gedenkstätte Ravensbrück.** Hier errichtete die SS 1939 das größte Frauenkonzentrationslager auf deutschem Gebiet. Dauer- und Sonderausstellungen Mai – Sep Di – So 9 – 18 Uhr, Okt – April Di – So 9 – 17 Uhr. Außerdem: Internationale Jugendbegegnungsstätte mit Jugendherberge, Straße der Nationen, ✆ 033093/608-0, www.ravensbrueck.de.

»Arbeit macht frei«: Zynisches Motto am Eingangstor des Konzentrationslagers Sachsenhausen

Schönes aus Lehm: Ofen- & Keramikmuseum Velten

Aufgrund der reichen Tonvorkommen in der Umgebung etabliert sich im 19. Jahrhundert nahe der westlichen Stadtgrenze zu Berlin eine veritable Kachelofenfabrikation – das unscheinbare **Velten** wird zur berühmten »Ofenstadt«. Als die deutsche Hauptstadt und ihr Wohnungsbau zur Zeit der Industrialisierung mächtig boomten, gibt es in Velten 40 Fabriken, die an die 100.000 Kachelöfen jährlich für Berlin produzieren. Der Boom lässt erst nach, als die Zentralheizung in Mode kommt. Diese Entwicklung dokumentiert das **Museum** in der Wilhelmstraße seit 1905. Die heutige Ausstellung umfasst rund 100 Kachel- und Eisenöfen aus den letzten fünf Jahrhunderten, etwa 4000 Kacheln, eiserne Küchenherde, Keramiken aus den 1920er Jahren und alte Fotografien. Außerdem werden Arbeiten der bekannten märkischen Keramikerin *Hedwig Bollhagen* gezeigt.

Seit 1994 ist das Museum in der reprivatisierten Veltener *Ofenfabrik Schmidt, Lehmann & Co.* un-

☀ **Tipp:** Jeden Sa ab 13 Uhr Beratung durch einen Ofensetzer.

tergebracht. Es versteht sich nun als Museum innerhalb der produzierenden Ofenfabrik. Unter sachkundiger Führung kann man die **Töpferei,** die Lehmgalerie und die Töpferkantine besichtigen. Es gibt auch einen **Keramikladen.** Rund ums Jahr finden Veranstaltungen wie Sonderausstellungen und Kunsthandwerkermärkte statt.

🅜 🌀 *Wilhelmstraße 32, 16727 Velten. © 03304/ 31760, www.ofenmuseum-velten.de.* **Bahn/Bus:** *S25 bis Hennigsdorf, weiter mit RB6 Richtung Kremmen oder RE55 Richtung Neuruppin; Bus 824 von Oranienburg Bhf.* **Auto:** *A10 Ausfahrt Birkenwerder oder Dreieck Oranienburg Richtung Berlin-Zentrum zur A111 Ausfahrt Hennigsdorf/Velten.* **Rad:** *3 km Abstecher von Fernradweg Berlin – Kopenhagen.* **Zeiten:** *Di – Fr 11 – 17, Sa, So 13 – 17 Uhr. Führungen Mi und jeden 1. Sa im Monat 15 Uhr oder nach Voranmeldung.* **Preise:** *3 €, mit Führung 4,50 €; Schüler ab 10 Jahre und Ermäßigungsberechtigte 2,50 €, mit Führung 4 €.* **Infos:** *www.schmidt-lehmann.de.*

🌞 **Tipp:** Das Ofen- und Keramikmuseum ist Ausgangspunkt der **Deutschen Tonstraße,** die über 40 Orte miteinander verbindet, in denen man die Tradition der Keramik- und Ziegelproduktion pflegte, www.deutsche-tonstrasse.de.

@ Infos: www.schmidt-lehmann.de.

Das Wunder von Zehdenick

Die eigentliche Stadtgeschichte Zehdenicks begann mit einem **Wunder.** Der Hintergrund war jedoch ganz profaner Natur: Im Jahre 1249 vergrub die Dorfwirtin eine geweihte Oblate vor ihren Bierfässern im Keller, um so die himmlischen Mächte dazu zu bewegen, den Bierkonsum ihres Ausschanks zu fördern. Bald bekam die fromme Frau aber Gewissensbisse. Als sie zusammen mit einem Prediger nach der Oblate suchte, quoll plötzlich unverhofft an drei Stellen Blut aus der Erde hervor. Man tat die Erde danach in ein Gefäß und stellte es auf den Altar der Dorfkirche. Es dauerte auch nicht lange, da erhob sich ein großer Zulauf. Selbst die brandenburgischen Markgrafen ließen es sich nicht nehmen, andächtig vor der geweihten Erde niederzuknien. Schon ein Jahr später wurde das Nonnenkloster der Zisterzienser gegründet, das man in der Folge der Reformation 1541 in ein adliges Fräuleinstift umwandelte. Erst 1973 endete mit dem Tod der letzten Oberin die Geschichte des Stiftes. Das alte Klostergebäude ist nur noch ruinös erhalten, es wurde im Dreißigjährigen Krieg zerstört. Von dem Feldsteinbau der Klosterkirche aus dem 13. Jahrhundert stehen nur noch die Grundmauern. Eines der kostbarsten Klosterstücke, das sogenannte *Hungertuch* aus der Gründungszeit, ist in der Berliner Nikolaikirche aufbewahrt.

Das adrette Städtchen an der Havel und am Rande der Schorfheide hat viel **Sehenswürdiges** zu bieten. Im überschaubaren Zentrum stehen das ehemalige Amtshaus von 1750, das klassizistische Rathaus von 1801 und die ebenfalls klassizistische Pfarrkirche. 1992 hat man die hydraulische *Dammhast-Zugbrücke* über die Havel eingeweiht. Sie erinnert an ähnlich konstruierte holländische Brücken und gilt als neues Wahrzeichen der Stadt. Die hölzerne Zugbrücke aus dem 18. Jahrhundert musste kurz zuvor wegen Baufälligkeit abgerissen werden. Vom Havelübergang hat man einen reizvollen Ausblick auf die beiden höckerförmigen Kamelbrücken und den Yachthafen.

Havelschloss, Schleusenstraße 15, Zehdenick. ✆ 03307/302609. www.havelschloss.de. Täglich ab 12 Uhr. Historisches Schlossgebäude auf einer Havelinsel, 5 Min vom Zentrum. Räume in mittelalterlichem Gewölbe, Sommerterrasse mit Havelblick. Deutsche und internationale Küche. ⌂17 FeWos ab 45 – 120 € pro Nacht.

❶ *Fremdenverkehrsbüro Zehdenick, Am Markt 11 (im Alten Rathaus), 16792 Zehdenick. ✆ 03307/2877, www.fremdenverkehrsbuero-zehdenick.de.* **Bahn/Bus:** *RB12 Berlin/Lichtenberg – Templin bis Bhf Zehdenick (1-Std-Takt, DB und PEG im Wechsel), RE5 Berlin – Rostock stündlich bis Gransee, weiter mit Bus 833, Bus von Fürstenberg 838, Löwenberg 832.* **Auto:** *A10 Berliner Ring bis Kreuz Oranienburg, dann B96 bis Gransee Richtung Zehdenick, Abzweig Mildenberg.* **Rad:** *Seen-Kultur-Radweg, Fernradweg Berlin – Kopenhagen, Havelradweg.* **Zeiten:** *Mo – Fr 8.30 – 16, Mai – Okt Sa 8.30 – 12.30 Uhr.*

© Freilichtmuseum Ziegeleipark Mildenberg

Zu Besuch bei den Ziegeleiarbeitern

»Ganz Berlin ist aus dem Kahn erbaut« heißt ein altes Sprichwort. Und das ist wohl wahr, schließlich sind die in der Berliner Umgebung gebrannten Ziegel und Kacheln auf Kähnen über die Havel in die schnell wachsende Spreemetropole gekommen. Im Jahre 1887 wurden beim Bau der Eisenbahnstrecke Templin – Löwenberg nördlich von Zehdenick reiche **Tonvorkommen** gefunden. Mit etwa 60 Ringöfen im Haveltal boomte hier bald das größte zusammen hängende Ziegeleirevier Europas, bis zu 5000 Menschen arbeiteten hier zeitweilig. Erst in der Nachwendezeit – 1991 – wurde die Produktion aus wirtschaftlichen Gründen eingestellt.

Die Ziegel gingen per Schiff über den Voßkanal größtenteils nach Berlin. Dort dienten sie zunächst der Stadterweiterung während der Gründerzeit, einige Jahrzehnte später dann dem Wiederaufbau nach dem Zweiten Weltkrieg. Seit 1997 ist das 42 ha große **Freilichtmuseum Ziegeleipark Mildenberg** in die faszinierende Tonstich-Landschaft eingebettet und Teil des Naturparks Uckermärkische Seen. Die ehemaligen Tonstichgruben füllten sich im Laufe der Zeit mit Wasser. So entstanden um die 50 Seen. In der Eingangs-

Die alten Brennkammern sind heute touristische Kulisse des größten Ziegeleimuseums in Europa ausstellung und im **Ziegeleimuseum** erfährt man Interessantes über die Geschichte der Ziegelproduktion und die Arbeits- und Lebensbedingungen der Ziegeleiarbeiter. Zum **Technikmuseum** gehören die historischen Werkstätten, die Ziegeleibahn und die blaue Tonlorenbahn. Früher wurden mit der Ziegeleibahn die gebrannten Ziegel, Ziegelbruch und Kohle transportiert. Heute dient sie auf einem 45-minütigen Rundkurs als Verkehrsmittel für Touristen. Die Besucher haben auch die Möglichkeit, 90 Minuten mit einer Schmalspurbahn durch die faszinierende Tonstichlandschaft zu fahren bis zu einem noch aktiven Tagebau in Burgwall.

Der Ort, an dem über viele Jahrzehnte hart geschuftet wurde, dient heute aber nicht nur der Wissensvermittlung, sondern auch der **aktiven Freizeitgestaltung.** Es gibt u.a. eine große Abenteuerspielwiese, eine Picknickwiese, einen Kleintierzoo sowie eine Badestelle am Herzbergstich. Bei der Marina im Ziegeleipark können Wasserwanderer anlegen und zelten. Hier kann man auch Paddel- und Motorboote ausleihen sowie Yachten chartern

Da der **Radfernweg Berlin – Kopenhagen** direkt durch die Tonstichlandschaft führt, hat man sich auf die wachsende Zahl der Radwanderer eingestellt. In der Gaststätte Zum Alten Hafen kann man am Havelufer ausruhen, sich für weitere Aktivitäten stärken oder auch übernachten.

🌑 *Freilichtmuseum Ziegeleipark Mildenberg, Ziegelei 10, 16792 Zehdenick-Mildenberg. ✆ 03307/ 310410, www.ziegeleipark.de. 12 km nördlich von Zehdenick. Bahn/Bus: ↗ Bhf Zehdenick, dann 10 Min mit Bus 838 (Mo – Fr 2 x am Tag, Sa, So, Fei stündlich Rufbus, ✆ 03307/3636, deshalb Abfahrtszeiten vorab beim Ziegeleipark erfragen) oder Do – So mit Fahrgastschiff Zehdenixe ab Schleusenstraße bis Mildenberg Museumspark. Auto: B109 und bei Neuhof*

L214 über Burgwall. **Rad:** *Radfernweg Berlin – Kopenhagen, Radweg ab Bhf Zehdenick ausgeschildert.* **Zeiten:** *Ende März – Ende Okt täglich 10 – 17 Uhr, Führungen mit der Ziegeleibahn 11.30, 13.30, 15.30 Uhr, Dauer: 45 Min, zu Fuß 11 und 14 Uhr, Naturparktour per Bahn Mo – Fr 13, 15 Uhr, Sa, So, Fei auch 11 Uhr.* **Preise:** *8 €, inkl. Fahrt und Führung mit der Ziegeleibahn; Kinder 4 – 14 Jahre 4 €; Familien 18 €, Themenführung 5 €, Naturparktour 6 €, Mehrtagesticket inkl. Naturparktour 30 €, Kinder jeweils die Hälfte.* **Infos:** *Zahlreiche Sonderveranstaltungen Frühjahr – Herbst.*

Ziegelhof Zehdenick, Vinothek & Kräuterei. Auch Café und Gaststätte, regelmäßig Lesungen, Lädchen mit Nostalgischem, Kunst & Krempel. Ein wunderbarer Ort! Am Kirchplatz 12, 16792 Zehdenick, www.ziegelhofonline.de, Do – So ab 14 Uhr.

Fahrten mit der »Zehdenixe«

Dieses Oldtimerschiff, Baujahr 1925, bringt Sie Mi – So von Zehdenick zum Ziegeleipark Mildenberg und weiter bis Burgwall und natürlich auch wieder zurück nach Zehdenick. Leinen los heißt

DER BESONDERE TIPP Schloss & Gut Liebenberg

Originalgetreu restauriertes historisches Schlossensemble 10 km südlich von Zehdenick, das aus einer spätmittelalterlichen Anlage derer von Bredow hervorging: Feldsteinkirche, Seehaus, Lenné-Park. 1906 wurde das idyllische Anwesen zum Schauplatz des größten Skandals der Kaiserzeit, als angeblich homoerotische Techtelmechtel zwischen dem Schlossherrn Philipp »Phili« zu Eulenburg-Hertefeld und seinem »Liebchen« Wilhelm, seines Zeichens Kaiser von Deutschland, publik wurden. Heute brilliert das Schloss mit zwei Restaurants, feiner brandenburgischer Küche und Hotel, außerdem Gutshofanlage mit Museum, Fitnessscheune und Gutshofladen. Picknicks und Konzerte. Jagen und Reiten. Echt edel!

Schloss & Gut Liebenberg, Parkweg 1, Löwenberger Land-Liebenberg. ☎ 033094/700-500. www.schlossundgutliebenberg.de. Restaurant 11.30 – 22 Uhr. DZ im Schloss 150 €, im Seehaus 170 € inkl. Frühstück.

es um 11 und um 15 Uhr. Die Fahrt bis zum Ziegeleipark Mildenberg dauert rund 45 Minuten. Außerdem werden jeden Di Seenfahrten angeboten, die fünf bzw. sieben Stunden dauern, Erw 14 €, Kinder bis 14 Jahre die Hälfte.

ℹ️ *Havelschloss Zehdenick, Schleusenstraße 15b, 16792 Zehdenick. ℡ 03307/420802, 2877, www.marina-zehdenick.de. Bahn/Bus: RB12 bis Bhf Zehdenick, ausgeschildert. Zeiten: Ganzjährig Do – So. Preise: Einfache Fahrt 8 €, mit Rückfahrt 10 €; Kinder 4 – 12 Jahre 50 % Ermäßigung. Infos: Gruppen ab 10 Pers vorher anmelden.*

BIOSPHÄRENRESERVAT SCHORFHEIDE

Die heutige Oberflächenform der Schorfheide entstand in der jüngsten Eiszeit, der Weichseleiszeit. Das gilt auch für die mit ihr natürlich zusammen hängende Möränenlandschaft der Choriner Gegend. Die abtauenden Gletscher hinterließen vor rund 15.000 Jahren hügelige Endmoränen sowie ebene Flächen. Die Schmelzwasser bildeten die zahlreichen größeren und kleineren Seen, Flüsse und Bachläufe, Tümpel, Teiche und weit flächige Moore. Der westliche Raum entwässert in die Havel, der östliche in die Oder.

Erst im Jahre 1713 taucht der Name Schorfheide aktenkundig auf. Er geht auf den uckermärkischen Ausdruck »Schoofe« zurück, denn damals wurden von Norden her Schafe in die Wälder getrieben. Im Mittelalter dienten die riesigen Wälder dieser Gegend den brandenburgischen Markgrafen als bevorzugtes Jagdrevier. In waidmannslustiger Absicht trafen sich hier später auch Kurfürsten, preußische Könige, deutsche Kaiser, Nazi-Größen wie der Hitler-Intimus Hermann Göring und schließlich die politischen Würdenträger der DDR um den

✴ Eckpunkte dieses Gebiets sind Zehdenick – Angermünde, Gollin – Eberswalde. Unter strengem Schutz stehen in ihrem Bestand gefährdete Pflanzen wie Sonnentau, Trollblume, Fettkraut, Fieberklee, Sumpfporst und mehrere Orchideenarten, Tierarten wie Biber und Fischotter sowie Vögel wie See-, Fisch- und Schreiadler, Schwarzstorch, Großtrappe und Rotmilan.

jagdbegeisterten Erich Honecker. Der ließ 22.000 ha des Waldes als »Sonderjagdgebiet« auszeichnen und für die Öffentlichkeit sperren.

Seit 1990 wird die Schorfheide, eins der größten zusammenhängenden Waldgebiete Mitteleuropas, zusammen mit dem Choriner Endmoränenbogen von der UNESCO als **Biosphärenreservat** geschützt. Insgesamt eine Fläche von 1291 qkm.

ℹ️ *Biosphärenreservat Schorfheide-Chorin, Hoher Steinweg 5 – 6, 16278 Angermünde. ℡ 03331/ 3654-0, www.schorfheide-chorin.de. Bahn/Bus: Aus Süden RE3, OE80, OE63, NE27, aus Norden RE3 nach Angermünde, von Westen RB12 Berlin-Lichtenberg – Templin. Mit dem Werbellinseebus, 917, stündlich ab Bhf Eberswalde Mai – Sep 9 – 20 Uhr rund um den See mit Halt an 48 Orten. Biberbahn, Kleinbus der UVG, Angermünde Bhf – NABU Infozentrum Blumberger Mühle. Auto: A11 ↗ Joachimsthal, B2, B158, B198 Angermünde. Infos: Schorfheide-Info Joachimsthal, Töpferstraße 1, 16247 Joachimsthal, ℡ 033361/63380,*

Groß Schönebeck, das Tor zur Schorfheide

Das schmucke über 700 Jahre alte Städtchen ist der günstigste Ausgangspunkt, um die Schorfheide zu entdecken und zu durchstreifen. Egal, ob zu Fuß, mit dem Rad, hoch zu Ross oder in der Kutsche. Das touristische Infobüro berät Sie gerne.

ℹ️ *Tourist-Information Groß Schönebeck, Schlossstraße 6, 16244 Schorfheide-Groß Schönebeck. ℡ 033393/65777, www.gemeinde-schorfheide.barnim.de. Im Jagdschloss. Bahn/Bus: NE27 Heidekrautbahn ab Berlin-Karow über Basdorf nach Groß Schönebeck, alle 2 Std. Auto: Von Berlin B109 oder A11 bis Ausfahrt Finowfurt, weiter über B167 Richtung Liebenwalde bis Zerpenschleuse, dann B109. Zeiten: Mo – So 10 – 17 Uhr, Okt – April bis 16 Uhr. Infos: Infos über Rad- und Wanderwege, Reitmöglichkeiten, Kremserfahrten, Wasserwandern, Unterkunft.*

➡️ **Naturerlebnis Blumberger Mühle,** Blumberger Mühle 2, Angermünde. ℡ 03331/ 2604-0. www.blumberger-muehle.de. April – Okt täglich 9 – 18 Uhr, Nov – März Mo – Fr nach Anmeldung, Sa, So 10 – 16 Uhr. Führungen täglich 14 Uhr, Erw 3,50 €, Kinder und ermäßigt 2,50 €. Interaktive Umweltbildung im NABU-Informationszentrum, dem Hauptinfozentrum des Biosphärenreservats mit großem Veranstaltungsprogramm.

✳️ *2003 schlossen sich Finowfurt und Groß Schönebeck zur Gemeinde Schorfheide zusammen.*

Schorfheide-Museum Groß Schönebeck

Das Juwel des aufgeräumten Straßendorfes ist das frühbarocke **Jagdschloss.** Das zweistöckige, ockergelb getünchte Gebäude auf quadratischem Grundriss wurde um 1680 vom *Großen Kurfürsten* Friedrich Wilhelm erbaut. Zuvor stand an gleicher Stelle eine Wehranlage, die im frühen 13. Jahrhundert unter den askanischen Markgrafen Otto II. und Albrecht der Bär entstanden war. Von hier aus ließen die brandenburgischen Kurfürsten und später auch preußische Könige zum beliebten Halali in die wildreiche Schorfheide blasen. Mit dem Bau des Jagdschlosses *Hubertusstock* am nahen Werbellinsee 1847 verlor das Haus mit dem markanten Walmdach jedoch an Bedeutung. Es diente fortan nur noch als Forsthaus.

Seit 1991 beherbergt es schließlich das **Schorfheide-Museum.** Die interessante Dauerausstellung »Jagd und Macht« – seit 2012 um die restaurierten Kaiser- und Hubertuszimmer in der oberen Etage erweitert – informiert mit umfangreichem Ton- und Bildmaterial sowie Videoprojektionen über das von den Askaniern über die deutschen Kaiser bis zu den Nazis und der DDR-Führungsriege bevorzugte Jagdrevier im Norden Berlins. Zu sehen sind außerdem Tierpräparate, Rotwildtrophäen einiger Monarchen und Politgrößen vergangener Epochen und eine stattliche Marmorsäule – das einzige Überbleibsel von Hermann Görings Landhaus *Karinhall,* das mitten in der Schorfheide stand und im April 1945 gesprengt wurde. Man entdeckt da aber auch Kurioses wie die Memoiren des Wilddiebes *Georg Schäfke* mit dem beziehungsreichen Titel: »Auf falscher Fährte. Meine Wege kreuzten starke Hirsche und schöne Frauen«.

🅼 *Schlossstraße 6 (im Jagdschloss), 16244 Schorfheide-Groß Schönebeck.* ✆ *033393/65272, www.ge-*

meinde-schorfheide.barnim.de. *Zeiten: Mai – Sep täglich 10 – 17 Uhr, sonst bis 16 Uhr. Preise: 6,50 €; Kinder bis 14 Jahre 1,50 €. Infos: im Jagdschloss befinden sich auch die Touristeninformation sowie ein Trauzimmer. Fahrradverleih. Wechselnde Ausstellungen in der Remise.*

Wildpark Schorfheide

Nahe dem nördlichen Ortsrand von Groß Schönebeck wurde 1997 der mittlerweile rund 100 ha große Wildpark Schorfheide eröffnet. In dieser für die Schorfheide typischen Wiesen- und Waldlandschaft werden einheimische Großsäugetiere artgerecht gehalten: Rotwild, Damwild, Fischotter, Muffelwild, Schafe, Ziegen, Wildschweine, Exmoor-Ponys und Waschbären. Außerdem – und das macht diese ausgedehnte Anlage so besonders – passiert man auf dem 7 km langen Wanderwegesystem auch Gehege mit Tierarten, die in unseren Breiten in freier Wildbahn ausgestorben sind wie Wisente, Elche und Przewalski-Pferde oder nur mühsam wieder angesiedelt werden wie Wölfe und Luchse. Man kann es sich aber auch auf dem Pferdewagen bequem machen und durch den Wildpark kutschieren lassen.

🕐 *Prenzlauer Straße 16, 16244 Schorfheide-Groß Schönebeck. ✆ 033393/658-55, www.wildpark-schorfheide.de. Bahn/Bus: ↗ Groß Schönebeck, dann 3 km Wanderweg. Auto: B109 Richtung Prenzlau. Zeiten: Täglich ab 9 Uhr, im Sommer bis 19 Uhr, sonst bis 17 Uhr. Preise: 5,50 €, Führungen*

🌟 **Tipp:** Sehenswert ist seit 2006 die Ausstellung: *Max Schmeling, Mensch – Jäger – Boxer.* Zu sehen ist auch folgendes Hinweisschild: »In der DDR gehört die Jagd dem Volke. Heute jagen hier die Mitglieder der Jagdgesellschaft Joachimstal: 14 Arbeiter, 10 Bauern, 12 Angestellte und Angehörige der Intelligenz«.

Przewalski-Pferd auf dem weiten Gelände des Wildparks

OBERHAVEL & SCHORFHEIDE

☀ Tipp: Fütterungen:
Fischotter 11 Uhr, Luchse
außer Di 11.30 Uhr.
Vollmond-Wolfsnächte
18 – 22 Uhr: Buffet,
Wolfsfütterung mit Vor-
trag, Lagerfeuer in der
Köhlerhütte, 29 € pro
Pers.
Kremserfahrten durch
den Wildpark, Familien-
ticket (bis 4 Pers) für
30 Min 11 €, 1 Std 16 €,
www.reittouristik-
sander.de.

**➜ Reederei Wieden-
höft,** Seerandstra-
ße 23, Joachimsthal.
✆ 033361/474.
www.reederei-wieden-
hoeft.de. Fahrzeiten
Ostern – Anfang Okt. See-
rundfahrten, Schleusen-
fahrten. Fahrradmitnah-
me. Neben den großen
Stationen in Joachimsthal
und Altenhof gibt es noch
einige kleinere: Hubertusstock, Spring, 🏠 Café Wildau und den ⛺Süßen
Winkel mit Campinganla-
ge.

**🏨 Café Wildau am
Werbellinsee,**
⛺ Hotel und Restaurant
mit herrlicher Seeterras-
se, www.cafe-wildau.de,
✆ 033363/52630.

*15 €; Kinder ab 4 Jahre 4 €; ermäßigt 4 €. **Infos:**
Gasthaus »Kräuterküche« mit guter regionaler Küche
im Eingangsbereich. Großer Kinderspielplatz mit
Streichelgehege. Service: Bollerwagen-Verleih, Wi-
ckelraum, Behinderten-WC. Hunde dürfen angeleint
mit in den Park.*

Joachimsthal am Werbellinsee

Der 13 km lange Rinnenbeckensee ist gewiss eines der schönsten Gewässer Brandenburgs. Eingebettet in ein liebliches Tal liegt er malerisch mitten im *UNESCO Biosphärenreservat Schorfheide-
Chorin.* Aufgrund seiner enormen Tiefe von bis zu
60 m ist der beliebte und glasklare Badesee
meist etwas kühler als die anderen brandenburgischen Seen. Hier ist die seltene und sehr
schmackhafte Kleine Maräne heimisch. Tief unten
auf dem Seegrund liegen zahlreiche Kaffenkähne,
historische Binnenschiffe, die im 18. Jahrhundert
Ziegeln nach Berlin transportierten. Oft waren die
bis zu 30 m langen Boote mit ihren charakteristischen Bodenplanken, die über die Wasserlinie
aufgebogen sind, überladen und kamen nie in der
Spreemetropole an. »Ein Zauber ist um ihn her«,
schwärmte Theodor Fontane vor rund 130 Jahren.
Ein faszinierender Zauber ist dem ringsum nahezu
unverbauten und sagenumwobenen Werbellinsee
bis heute geblieben. Er ist mit dem kreisrunden
Grimnitzsee bei Joachimsthal verbunden.

Ankunft in Joachimsthal. Der hübsch restaurierte
Bahnhof im Fachwerkstil erinnert fast an ein
schmuckes Landhaus. Kaiserbahnhof wird er genannt, weil ihn Kaiser Wilhelm II. 1898 eigens
bauen ließ, um bequem zu seinem Jagdrevier in
der Schorfheide zu gelangen. Das ist lange her.
Heute gibt hier nicht mehr der preußische Monarch den Ton an, sondern die sommerlichen Hör-
spiele. Aus dem *Kaiserbahnhof* ist mittlerweile der

erste deutsche **Hörspielbahnhof** geworden. Er liegt an der Strecke der OE63, die von Berlin Lichtenberg direkt nach Joachimsthal fährt.

Joachimsthal ist eine Gründung des brandenburgischen *Kurfürsten Joachim I.* Das war 1604. Doch schon 1571 ließ der Kurfürst in dieser weltabgeschiedenen Waldeinsamkeit böhmische Glasmacher ansiedeln. So entstand die erste Glashütte in der Mark Brandenburg. Seit dem Jahr 2000 lässt ein Förderverein die alte Handwerkskunst der Glasmacher vor Ort wieder aufleben. Die Überbleibsel der **Askanierburg Grimnitz** aus der Mitte des 13. Jahrhunderts – erhalten sind Reste der Ringmauer und die romanischen Burgkellergewölbe – dienen seit 2003 als eindrucksvolles Ambiente zahlreicher Veranstaltungen und als Forum für Kunst und Kultur. In *Neugrimnitz,* rund 6 km östlich von Joachimsthal, hat die neu gegründete **Grimnitzer Glashütte** ihren Sitz. Ein Museum zeigt kostbare Exponate alter Glaskunst in der Schorfheide, Kunsthandwerker präsentieren ihre Produkte in einer Galerie und in der Glasmanufaktur wird die Herstellung von Bleiverglasungen demonstriert.

Mit zwei Fingern seiner linken Hand begutachtet Joachim penibel eine Probe seiner Grimnitzer Glashütte, seit die Stadt 2006 ihren Gründer als kupfernes Standbild auf den *Kurfürstenbrunnen* stellte. Hier, am **Joachimsplatz,** steht auch die ursprünglich barocke Pfarrkirche aus dem Jahre 1740. Unter Mitwirkung von Karl Friedrich Schinkel wurde das evangelische Gotteshaus 1817 neugotisch umgestaltet. Folgt man von der Burgruine der arg holprigen Hövelstraße, gelangt man nach wenigen Schritten zur Promenade und zum kleinen **Sandstrand** des sehr seichten **Grimnitzsees.** Von dort hat man einen weiten Blick über das von Schilf umsäumte Gewässer, an dem nur

Tipp: Hörspielbahnhof, Veranstaltungen Anfang Juli – Sep, www.hoerspielbahnhof-joachimsthal.de.

Fahrradpension Joachimsthal, Töpferstraße 4, Joachimsthal. ℂ 033367/0170/9337851. www.fahrradpension-joachimsthal.de. DZ 48 €, Fahrradraum, Reparaturservice, Gepäcktransfer zur nächsten Unterkunft, barrierefreie FeWo.

Am Spring, Am Spring 01, Joachimsthal. ℂ 033361/4201. www.amspring.de. April – Okt Mo – Fr 11 – 19 Uhr, Sa und So 11 – 21 Uhr, sonst nur Sa, So 11 – 18 Uhr. Auf einer Anhöhe am südwestlichen Seeufer. Gute Fischgerichte. Sommerterrasse mit herrlichem Seeblick. Barrierefrei.

M Biorama-Projekt in Joachimsthal: Viel besuchter Kulturtreff des englischen Künstlerpaars Sarah Phillips und Richard Hurding mit Veranstaltungen, Workshops, Installationen. Eine Touristenattraktion ist die 21 m hohe Aussichtsplattform auf dem Dach eines alten Wasserturms mit herrlichem, weitem Rundumblick. Ostern – Okt Do – So 11 – 18 Uhr, ✆ 033361/64931, www.biorama-projekt.org.

Jagdschloss Hubertusstock, www.hubertusstock.de, ✆ 033363/500; ⬆ Hotel garni.

eine kleine Ortschaft liegt: *Althüttendorf* mit schöner Feldsteinkirche, einer fotogenen, denkmalgeschützten Mühle am Seeufer und einer Naturbeobachtungsstation mit Aussichtsplattform. Ein Radwanderweg verläuft rund um den See (14 km).

❶ *Tourismusverein Schorfheide-Chorin e.V.,* Brunoldstraße 1, 16247 Joachimsthal. ✆ 033361/65960, www.schorfheide-chorin.info. **Bahn/Bus:** OE63 »Kulturschiene« von Berlin Lichtenberg alle 1 – 2 Std zum Kaiserbahnhof Joachimsthal. **Auto:** A11 Ausfahrt Werbellin, B109 bis Groß Schönebeck und über Sarnow zur B198. **Rad:** Fernradweg Berlin – Usedom. **Zeiten:** Mo – Fr 10 – 16 Uhr.

M *Glashütte:* www.glashuettegrimnitz.de, ✆ 033361/64188. Die Burgruine ist April – Okt Do – So 11 – 17 Uhr zugänglich, die Glashütte zu gleichen Zeiten nur Sa, So und Fei.

Per Rad rund um den Werbellinsee

Ein **Fahrradweg** – Bestandteil des Radwanderweges von Berlin nach Usedom – führt von Joachimsthal stets nahe am Westufer des Werbellinsees entlang, ca. 15 km sind es bis Eichhorst. Unterwegs passieren Sie zwei schöne **Sandstrände** mit Liegewiesen sowie das historische **Jagdschloss Hubertusstock.** Es wurde 1849 unter dem Friedrich Wilhelm IV. im bayrischen Landhausstil errichtet. Der Legende nach soll Eminenz auf einer Wanderung den Jagdstock in die märkische Erde gestoßen und dabei den Befehl gegeben haben: »Hier kommt eine Herberge her!« Die Herberge gedieh zu einem Schlösschen, in dem regelmäßig königliche Jagdgesellschaften weilten. Nach 1950 diente das Gebäude zunächst als Erholungsheim für die DDR-Armee. In den 70er Jahren baute man es großzügig zum Gästehaus der DDR-Regierung um, 1981 trafen sich dort Bundeskanzler *Helmut Schmidt* und SED-Chef *Erich Honecker.* Vor einigen

> *Die beiden kaum 2 km von-einander getrennten Seen weisen große Unterschiede auf: Der*

DAS EISZEIT-ERBE: GRIMNITZ- UND WERBELLINSEE

*Grimnitzsee ist kreisrund und nur 5 bis 6 m tief, der **Werbellinsee** dagegen lang gestreckt und bis zu 60 m tief. Dazu kommt, dass der Wasserspiegel des Grimnitzsees um immerhin 22 m höher liegt als der des Werbellin. Die Erklärung: Nach dem Auftauen der Eismassen aus der Weichseleiszeit vor rund 15.000 Jahren blieben die gewaltigen Mengen an Gesteinstrümmern, Lehm und Sand, die die Gletscher aus Skandinavien mitgeführt hatten, als ein riesiger Wall zurück, den man als Endmoräne bezeichnet. Als die Eismassen schließlich gänzlich abschmolzen, stauten sich die Schmelzwasser an der Moräne. Es bildete sich ein großer, flacher Zungenbeckensee: der Grimnitzsee. Allmählich bahnten sich die Schmelzwasser einen Weg durch die Moräne und wuschen, indem sie als mächtiger Wasserfall herabstürzten, hinter dem Wall eine tiefe Furche aus. So entstand ein Rinnenbeckensee – der Werbellinsee.* ◀

Jahren ist daraus ein Kommunikationszentrum mit Tagungshotel und Konferenzräumen entstanden.

Wenige Kilometer vom Südufer des Werbellinsees entfernt liegt am *Werbellinkanal,* einer Verbindungsstrecke des Oder-Havel-Kanals, die kleine Ortschaft **Eichhorst.** Sie wurde 1766 unter König Friedrich II. angelegt. Damals hieß der Ort noch ganz profan »Holländische Papierkolonie«. Die dicke, etwa 600 Jahre alte Eiche am Straßenrand wurde 1878 zum Namensgeber bei der Umbenennung. Direkt am Kanal steht der **Askanierturm,** den Prinz Carl von Preußen 1879 an der Stelle er-

Fischerei Wolf am Werbellinsee, Seerandstraße 16, 16247 Joachimsthal, ✆ 033361/71045, www.fischerei-werbellin-see.de, täglich ab 9 Uhr: Fangffrischer Werbellin-seefisch, Räucherfisch über Buchenholz, Imbiss-angebot, Seeblick.

richten ließ, wo einst die legendäre *Burg Werbellin* gestanden haben soll. Dorthin führt ein schöner Pfad am von alten Erlen gesäumten Kanal entlang. Den Turm kann man besteigen, den Schlüssel dafür bekommt man bei der Touristeninformation in **Eichhorst** (✆ 03335/330934). Exakt 4,3 km sind es vom Askanierturm auf dem wunderbaren Waldpfad, der am Seeufer entlang nach **Altenhof** führt.

⊙ *Joachimsthal – Jagdschloss Hubertusstock – Eichhorst – Altenhof,* 16247 Joachimsthal. **Länge:** *Umrundung Werbellinsee etwa 30 km: Joachimsthal – Eichhorst 15 km – Altenhof 6 km – Joachimsthal 8 km.* **Bahn/Bus:** ↗ *Info & Verkehr Joachimsthal.* **Rad:** *Fernradweg Berlin – Usedom.*

Altenhof, die Perle des Werbellinsees

Die kleine Ortschaft ging wahrscheinlich aus einem größeren Wirtschaftshof des 13. Jahrhunderts hervor, der teilweise auf Pfählen im Sand stand. Pfahlreste aus dieser Zeit wurden am Ufer gefunden. Im 16. Jahrhundert lautete die Adresse eines benachbarten Jagdhauses kurz »Byn ollen Hoff«. Daraus entstand der heutige Ortsnamen. Anfang des 20. Jahrhunderts entwickelte sich Altenhof zu einem beliebten Ausflugs- und Erholungsziel für die Berliner. An der langen Promenade sind mehrere Gasthäuser mit Terrassen sowie ein **Strand** mit großer Liegewiese und Bootsverleih. Hier befindet sich auch die Hauptanlegestelle der Werbellin-Dampfer.

Vorbei am Gelände der **Europäischen Jugenderholungs- und Begegnungsstätte** (EJB, ehemals Pionierrepublik Wilhelm Pieck), die Sport- und Ferienprogramme anbietet, geht es durch dichten Buchenwald zurück nach Joachimsthal, dessen Ufer man nach rund 8 km erreicht. Nach 30 km endet die Tour am **Kaiserbahnhof.**

BARNIM & MÄRKISCHE SCHWEIZ

VON DER PLATTE INS GEBIRGE

Die sehr wald- und seenreiche, teilweise hügelige Landschaft des Barnim erstreckt sich gleich hinter der nördlichen Berliner Stadtgrenze. Die Hochfläche, auch »Platte« genannt, entstand vor rund 170.000 Jahren, zur Zeit der Saale-Eiszeit. Sie ist eingerahmt von der Havelniederung im Westen, dem Eberswalder Urstromtal im Norden, vom Odertal im Osten und vom Baruther Urstromtal im Süden.

Der 750 qkm große **Naturpark Barnim** umfasst das Gebiet zwischen Oranienburg, Eberswalde und Bernau, aber auch Teile des Berliner Nordens. Nördlich dieses Großschutzgebiets schließt sich das *UNESCO-Biosphärenreservat Schorfheide-Chorin* an.

Der 205 qkm große **Naturpark Märkische Schweiz** beginnt etwa 60 km östlich von Berlin und zählt zu den touristisch meist besuchten Gegenden Brandenburgs. Das Hügelland mit seinen Schluchten, Tälern, Mooren, Feldern, Wäldern und mannigfaltigen Gewässern besitzt zwar keine alpinen Reize

FESTE & FESTE TERMINE BARNIM & MÄRKISCHE SCHWEIZ

März/April:	Strausberg: **Osterfeuer.**
	Rüdersdorf: **Osterfeuer** im Museumspark.
	Rüdersdorf: **Walpurgisnacht** für die ganze Familie am Kesselsee im Museumspark.
	Liepnitzsee: **Liepnitzseelauf** am Campingplatz.
	Bernau: **Kunst- und Handwerkermarkt.**
Mai:	Wandlitz: **Wandlitzer Museumsfest**.
	Klosterfelde: **Internationaler Tag der Artisten in Deutschland** im Artistenmuseum.
	Börnicke: **Storchenfest.**
	Bernau: **Kunst- und Handwerkermarkt.**
	Rüdersdorf: **Steinfest** im Museumspark.
	Buckow: **Literatursommer,** Mai – Sep.
Juni:	Buckow: **Rosenfest.**
	Choriner Musiksommer, Juni – Ende Aug.
	Bernau: **Hussitenfest mit Festumzug,** Theater in mittelalterlichen Kostümen, heidnische Tanzmusik.

wie die richtige Schweiz, das recht steile Auf und Ab dieser herrlichen Landschaft ist aber für märkische Verhältnisse einzigartig. Zentrum dieser Gegend, umkränzt von mehreren Seen, ist der Kneipp-Kurort **Buckow.** Zur obligatorischen Ausflugsausrüstung gehört der Wanderschuh ebenso wie die Badehose.

@ Termine und Veranstaltungstipps finden Sie auch im Internet: www.stadt-strausberg.de, www.amt-maerkische-schweiz.de, www.kurstadt-buckow.de. www.barnim.de.

NATURPARK BARNIM

Nah ans Wasser gebaut: Wandlitz

1242 wird der Ort erstmals urkundlich erwähnt. Er heißt damals noch Vandlice, ein slawisches Wort, das soviel bedeutet wie »Menschen, die am Wasser leben« – schließlich siedelten die slawischen Ureinwohner auf der in den See vorgeschobenen Halbinsel. Rund 650 Jahre später, zu Beginn des

	Brandenburger Landpartie: Offene Bauernhöfe.
	Finowfurt: **Flößerfest.**
	Strausberg: **Strausseeschwimmen.**
Juli:	Rüdersdorf: **Bergmannsfest** im Museumspark.
	Buckow: **Lange Nacht der Kunst und Natur.**
	Waldsieversdorf: **Jägerfest.**
August:	Eberswalde: **Zoonacht.**
	Wukenseefest mit Drachenbootrennen.
	Bernau: **Kunst- und Handwerkermarkt.**
	Bernau: **Sommerfest im Kulturhof.**
	Altfriedland: **Fischerfest.**
September:	Eberswalde: **Altstadtfest.**
	Strausberg: **Straßenfest** in der Altstadt.
	Buckow: **Herbstfest** auf Drei Eichen.
Oktober:	Liepnitzsee: **Liepnitzseelauf** am Campingplatz.
	Strausberg: **Strausseelauf.**
	Rüdersdorf: **Halloween** im Museumspark.
Dezember:	Strausberg: **Weihnachtsmarkt** in der Altstadt.
	Rüdersdorf: **Weihnachtsmarkt** im Museumspark.

20. Jahrhunderts, kommen Menschen, die sich hier am Wasser erholen wollen. Wandlitz entwickelt sich zum Kurort und zum beliebten Ausflugsziel der Berliner, die mit der Niederbarnimer Eisenbahn schnell die kleine Ortschaft am Wasser erreichen. In dieser Zeit entstand der neue Ortsteil **Wandlitzsee** und mit ihm zahlreiche Villen der Berliner Hautevolée. Heute ist Wandlitz das touristische Zentrum des Landschaftsschutzgebiets der Wandlitz-Biesenthal-Prendener Seen. Bekannt wurde der Ort zu DDR-Zeiten durch die nahe Waldsiedlung, in der die Mitglieder des Politbüros der SED wohnten, unter ihnen die Staatsratsvorsitzenden *Walter Ulbricht* (1893 – 1973) und später *Erich Honecker* (1912 – 1994). Aus dem militärisch streng abgeschotteten Gelände, im Volksmund wegen der Staatskarossen des schwedischen Autobauers »Volvograd« genannt, wurde nach der Wende eine Reha-Klinik.

❶ *Tourismusverein Naturpark Barnim e.V. und Tourist-Information Wandlitz, Bahnhofsplatz 2, 16348 Wandlitz.* ✆ *033397/67277, www.tourismusverein-naturpark-barnim.de. Im Bahnhof Wandlitzsee.* **Bahn/Bus:** *Heidekrautbahn RB27 ab Berlin-Karow (S4, 8) bis Wandlitz oder mit Bus vom S-Bhf Bernau.* **Auto:** *Von Berlin 28 km über B109; A114 Ausfahrt 1 Dreieck Pankow auf A10 Richtung Hamburg, Ausfahrt 34 Mühlenbeck Richtung Wensickendorf L21, Zühlsdorfer Allee; von A11 Ausfahrt 14 Wandlitz B273 Basdorf/Oranienburg.* **Rad:** *10 ausgeschilderte Radtouren um 30 km sowie 10 Thementouren im Barnimer Land bis 132 km, Kartensets bei Touristinformation erhältlich.* **Zeiten:** *Mo – Do 9 – 18, Fr 9 – 16 Uhr, Mitte Mai – Mitte Sep Sa 10 – 14, Mitte Juni – Aug So 10 – 14 Uhr.*

Ein Traktor namens »Aktivist«: Besuch im Agrarmuseum Wandlitz

Seit September 2013 bietet das Agrarmuseum Wandlitz zusammen mit dem Naturparkzentrum

☀ **Tipp:** Die **Heidekrautbahn** ist Legende! Die traditionsreiche Eisenbahnstrecke für Wander- und Naturfreunde tuckert seit 1900 durch die herrliche, vielfältige Landschaft des Barnim, vorbei an Seen, Wiesen und Feldrainen, auf denen das Heidekraut wächst. Ausgangspunkt der Heidekrautbahn (NE27) ist **Berlin-Karow,** danach geht's über **Basdorf** und **Wandlitz** bis nach **Groß Schönebeck**. Betreiber ist heute die Niederbarnimer Eisenbahn, ✆ 030/396011-344, www.neb.de.

Barnim eine gemeinsame Dauerausstellung zu Landwirtschaft und Natur in der Region an. Auf 1650 qm Ausstellungsfläche wird über die Vielfalt dieser Kulturlandschaft ausgiebig informiert. Den Grundstock der Ausstellung bildet das Agrarmuseum. Es entstand 1955 aus einer Heimatstube auf Initiative des Heimatforschers *Walter Blankenburg* (1901 – 1984). Das Museum besitzt die größte agrarhistorische Sammlung des Landes Brandenburg. Gezeigt werden landwirtschaftliche Maschinen und Geräte aus den letzten zwei Jahrhunderten. Die Themen der ständigen Ausstellung sind das Dorfhandwerk, Feld- und Viehwirtschaft, Landtechnik, Mechanisierung des Kartoffelanbaus, Hauswirtschaft und Heimatgeschichte. Außerdem erfahren Sie, was zum Beispiel eine Windfege, eine Brockenhexe oder ein Scheffel sind.

ℹ️ Ⓜ️ *Barnim Panorama & Naturparkmuseum und Agrarmuseum Wandlitz,* Breitscheidstraße 8 – 9, 16348 Wandlitz. ✆ 033397/68192-0, www.agrarmuseum-wandlitz.de. *Zeiten:* Sa – Do täglich 10 – 18 Uhr. *Preise:* 6 €; Kinder 6 – 16 Jahre 2,50 €, Kinder unter 16 Jahre frei; 4 €.

Der Wandlitzsee

Der Wandlitzsee ist 2,15 qkm groß und bis zu 24 m tief. Er wird wegen seiner hervorragenden Wasserqualität und den schmackhaften Maränen gerühmt. Um den edlen Speisefisch, der nur in besonders sauberen Gewässern heimisch ist, rankt sich die berühmte Sage »Wie die Maränen in den Wandlitzsee kamen«. Den Text zur Maränensage kann man auf einer in den Boden eingelassenen Bronzeplatte neben dem **Maränenbrunnen** am Strandrestaurant nachlesen.

2003 wurde das einst volkseigene Gewässer an eine westdeutsche Immobilienfirma verkauft, da die Gemeinde Wandlitz die geforderte Mindest-

Zur Dampflok, Breitscheidstraße 23a, Wandlitz. ✆ 033397/22136. http://wandlitz-pension.npage.de. Täglich 9 – 20 Uhr. Gegenüber vom Museum, mit Sommerterrasse, Imbiss und Hausmannskost, Pension.

Landhaus Wandlitzsee, Prenzlauer Chaussee 184, Wandlitz. ✆ 033397/70909. www.restaurant-wandlitz.de. Mo – Fr 12 – 23, Sa, So 11 – 23 Uhr. Empfehlenswerte Brandenburger Küche, Wild- und Fischspezialitäten, Biergarten, Kinderspielplatz.

Strandrestaurant Alla Fontana, Prenzlauer Chaussee 154a, Wandlitz. ✆ 033397/68303. Täglich 11 – 23 Uhr. Am Strandbad. Italienische und deutsche Küche. Wintergarten. Sommerterrasse mit Seeblick. Gehobene Preisklasse, Sonnenuntergang gratis.

Tauch In, Tauchzentrum Wandlitz, Prenzlauer Chaussee 5, 16348 Wandlitz, ✆ 033397/81793, www.tauchin.de.

☀ **Tipp:** Angebote: Bootsverleih, Sprungturm, Sportmöglichkeiten, Steg und Badeplattform, Kinderspielplatz, Kiosk, Restaurant.

Jägerheim Ützdorf, Wandlitzer Straße 6, Lanke-Ützdorf. ✆ 033397/7530. www.jaegerheim-uetzdorf.de. Täglich ab 11 Uhr. Urgemütliche Gaststube, Fisch- und Wildspezialitäten. Sommerterrasse. ⌂ Hotel.

kaufssumme nicht aufbringen konnte. Der öffentliche Badebetrieb ist davon nicht betroffen. Das 1990 grundlegend sanierte **Strandbad Wandlitzsee** entstand wie der gegenüber liegende Bahnhof in den 20er Jahren des letzten Jahrhunderts. Die interessanten roten Klinkergebäude wurden im Bauhausstil errichtet. Die parkähnliche Anlage des Bades schützt die Badegäste gut vor dem Verkehrslärm.

*Prenzlauer Chaussee 154, 16348 Wandlitz. ✆ 033397/66133, www.barnim-tourismus.de. **Bahn/Bus:** Heidekrautbahn RB27 von Berlin-Karow bis Wandlitzsee. **Auto:** Parkplatz vor dem Bad. **Zeiten:** Mai – Sep täglich 9 – 19, Juli, Aug Sa, So 9 – 20 Uhr. **Preise:** Mo – Fr 2 €, Sa, So, Fei 3 €; Kinder ab 5 Jahre 1,50 €; Schüler, Azubis, Studenten 1,25 €, Empfänger ALG II, Schwerbeschädigte 1,50 €.*

Der Liepnitzsee bei Wandlitz

Der lang gestreckte Rinnensee ist von einem herrlichen Laubwald umsäumt und in eine hügelige Landschaft eingebettet. Er ist in den Sommermonaten ein beliebtes Ausflugsziel nördlich Berlins. Der See mit ausgezeichneter Badewasserqualität und Fahrverbot für Motorboote ist ein Paradies für Schwimmer. Nichtschwimmer werden weniger Freude haben, da das Wasser sehr schnell tief wird. Es gibt ein **Waldbad,** zwei offizielle und mehrere wilde Badestellen. Knapp 10 km sitzt man auf dem Rad, wenn man den See vom Bahnhof Wandlitz aus umrundet. Der Höhenweg am nördlichen Ufer besitzt einige Auf und Abs, ansonsten ist der Waldpfad ohne Schwierigkeiten zu befahren. Mitten im See liegt die immerhin 1,5 km lange Insel **Großer Werder,** auf der sich ebenfalls Badestelle und Bootsverleih sowie ein Campingplatz befinden. Am besten zu erreichen ist sie mit der Personenfähre von Ützdorf an der nordöstlichen

Seite des Sees aus. Viele setzen auch mit Schlauch-, Ruderboot oder Luftmatratze zur Insel über.

📍 **Waldbad Liepnitzsee,** *16348 Wandlitz. ℡ 033397/ 81915,*
Bahn/Bus: RB27 bis Bhf Wandlitzsee, dann zu Fuß knapp 2 km. Rad: Radweg um den See: 10 km, Gelber Punkt. Zeiten: Mai – Sep Mo – Fr 9 – 19 Uhr, Sa, So 9 – 20 Uhr. Preise: 2,50 €; Kinder 1 €; ermäßigt 1,50 €.

Zählt zu den schönsten Badeseen Brandenburgs: Der Liepnitzsee

Kloster Chorin, die Märchenruine

Kommt man vom Choriner Bahnhof, überquert man in Richtung Kloster zunächst den von den Mönchen im 13. Jahrhundert angelegten *Nettelgraben,* einen Entwässerungskanal, der bis zu 14 m tief den Endmoränenbogen durchbricht. Schon kurz danach erscheint die monumentale **Kirchenruine.** Sie wirkt – egal aus welcher Richtung man sich ihr nähert – fast wie eine Theaterkulisse, »halb märchenhaft, halb gespenstisch«, wie es Fontane formulierte, als er um 1870 mit dem offenen Wagen über das miserable Pflaster ratterte. »Erst in dem Augenblick, wo wir den letzten Hügel passiert haben, steigt der prächtige Bau aus der Erde auf und liegt nun so frei, so bis zur Sohle sichtbar vor uns, wie eine korkgeschnitzte Kirche auf der Tischplatte.«
Im Jahre 1098 wurde in Burgund das Kloster Citeaux gegründet. Nachdem *Bernhard von Clairvaux*

kurz darauf die Ordensregeln festgelegt hatte, nannten sich die Mönche dieser Abtei **Zisterzienser.** Ihr einfaches Lebensmotto: Ödes Terrain urbar machen, dort siedeln und in Armut gottgefällig leben. Über mehrere Zwischenstationen kamen die frommen Männer auch in die Markgrafschaft Brandenburg, die der Askanier *Albrecht der Bär* 1157 gründete, nachdem er die ansässigen slawischen Wenden unterworfen hatte. Für ihn waren die Zisterzienser die idealen Kolonisatoren. Bereits 1171 entstand in ⌐ *Zinna* das erste Kloster in der Mark, es folgte 1183 ⌐ *Kloster Lehnin.* Letzteres wurde zum Stammkloster für Chorin. Mit dem Bau des neuen Klosters begann der mittlerweile einflussreiche Orden 1273, erst 1334 konnte der gotische Backsteinbau eingeweiht werden. Bald entwickelte sich das **Kloster Chorin** zu einem bedeutenden kulturellen und landwirtschaftlichen Zentrum. Es beherbergte neben den 60 bis 80 Bet- oder Priestermönchen ungefähr 400 Arbeitsmönche (Konversen), die im schlichteren Ostflügel untergebracht waren, das Kloster aber jederzeit verlassen konnten. Der Reichtum, den die zur Armut verpflichteten Mönche in kurzer Zeit angehäuft hatten, konnte sich wahrlich sehen lassen. Ein beträchtlicher Teil des Landes zwischen Eberswalde und Oderberg im Osten sowie Angermünde im Norden gehörte damals dem arbeitsamen Mönchsorden. Mit der Reformation endete die Ordensmacht, 1542 wurde das Kloster säkularisiert. Die gewaltigen Besitztümer erhielt der zum protestantischen Glauben konvertierte brandenburgische *Kurfürst Joachim II.* In der Folgezeit war die Klosteranlage dem Verfall preisgegeben. Erst um 1820 begann man auf Initiative *Karl Friedrich Schinkels* mit Erhaltungs- und Rekonstruktionsarbeiten. Entscheidend für das heutige Aussehen der klösterlichen Anlage waren aber vor allem die

Choriner Musiksommer, Kartenbestellung über www.choriner-musiksommer.de, Mo – Fr 9 – 13 Uhr, ✆ 03334/657310, Karten 7 – 25 €. Bustransfer zwischen Bhf und Kloster an den Konzerttagen.

Renovierungsarbeiten von 1885/86. Umfangreich restauriert wurde außerdem um 1960. Seit 1963 dient das Kloster mit seinem Innenhof und dem Kirchenschiff als pracht- und klangvolle Kulisse für den beliebten **Choriner Musiksommer,** wenn von Anfang Juni bis Ende August an den Wochenenden klassische Musik live ertönt.

Die **architektonische Bedeutung** des Klosters ist unbestritten. Es gilt als das wichtigste frühgotische Werk des norddeutschen Ziegelbaus. Charakteristisch ist der einzigartig harmonische Zusammenklang der großen Giebelflächen mit den steil aufsteigenden Maßwerkfenstern der Westfassade. Die typische Tendenz der Gotik, die verschiedenen Bauteile emporstreben zu lassen, wird durch kleine Seitentürme, die in die Fassade eingegliedert sind, noch verstärkt.

Der eigentliche Mittelpunkt der Anlage ist die **Kirche St. Marien.** Sie liegt nach dem Brauch des Or-

Nach Art der Zisterzienser: Filigrane Türmchen, aber keine Türme – die schmucke Westfassade der Klosterkirche

Alte Klosterschänke, Am Amt 9, Chorin. © 033366/530100. www.alte-klosterschaenke-chorin.de. Jan und Feb Sa, So 12 – 20 Uhr, März – Okt täglich 12 – 20 Uhr, Nov und Dez Mi – So 12 – 18 Uhr. Scheunenrestaurant wenige Schritte neben der Klosteranlage am Amtsee, seit 1753, rustikale Einrichtung, kleine lauschige und schattige Terrasse am Seeufer. Gute regionale Küche, Wildgerichte, die Produkte kommen aus dem ↗ Ökodorf Brodowin. ♠ FeWo ab 60 €.

Klosterladen mit Souvenirs und zahlreichen Druckerzeugnissen.

Klostercafé mit Bioprodukten aus Brodowin. Barrierefreundlich.

dens im Norden. Ihr Grundriss zeigt ein 9 m breites und 49 m langes Mittelschiff. Da das südliche Seitenschiff nicht mehr existiert, öffnet sich das Gotteshaus dem Besucher auf ungewohnte, aber faszinierende Weise. Die bemerkenswerte Länge der Kirche mit knapp 70 m ist charakteristisch für die frühen Zisterzienserbauten. Die einstige Ausstattung der Kirche ist gänzlich verschwunden. Äußeres Glanzstück der Basilika ist die repräsentative **Westfassade.** Sie ist gewiss eine der schönsten Schöpfungen der märkischen Backsteinarchitektur. Über dem Granitsockel erhebt sich der Mittelbau, der sich in drei großen, sehr schlanken und filigran geschmückten Fenstern öffnet. Die pfeilartigen Türmchen ersetzen die allen Zisterzienserbauten fehlenden großen Westtürme. Vom ursprünglichen **Klosterkomplex** sind heute nur noch das *Brauhaus,* das *Pfortenhaus* und der *Fürstensaal,* der ehemalige Tagesraum der Konversen im Westflügel, vorhanden. In diesem befinden sich Reste gotischer Wandmalereien: das Urteil Salomons und die Anbetung der Könige. In den Kellergewölben gibt es eine **ständige Ausstellung** zum Thema »Backstein – als Baumaterial des Klosters«.

Auf dem kleinen, friedvollen **Gottesacker** haben Domänepächter des 18. und 19. Jahrhunderts ihre letzte Ruhe gefunden. Dort liegt auch das Grab des Ruinenwächters *Karl Jordan.* Dem 40-jährig Verstorbenen ließ die Gattin gefühlsecht auf den Grabstein ritzen: »Er liebte seine Ruine«.

❶ ⊙ *Kloster Chorin & Fremdenverkehrsverein Chorin-Oderberg,* Amt Chorin 11, 16230 Melchow. © 033366/70377, www.kloster-chorin.org. *Bahn/Bus:* Ab Berlin-Gesundbrunnen RE3 bis Bhf Chorin, von dort ca. 30 Min Fußweg zum Kloster. *Auto:* ↗ Chorin, 4 km nordwestlich von Amt Chorin. *Rad:* Tour Brandenburg bis Sandkrug, dort Radweg neben der Straße zum Kloster. *Zeiten:* April – Okt täglich 9 –

18 Uhr, Nov – März täglich 9 – 16 Uhr. **Preise: 4 €;** *Kinder ab 7 Jahre 2,50 €; Studenten, Arbeitslose, Schwerbehinderte 2,50 €, Familienkarte (2 Erw, 1 Kind) 10 €; Führungen ab 10 Pers 5 € pro Pers, ermäßigt 3,50 €.*

Spaziergang rund um den Amtssee

Der schöne Weg beginnt am Friedhof hinter dem Kloster und führt weitgehend durch Laubwald und nahe am Seeufer entlang. Nur die letzen 200 m verlaufen neben der B2. Eine Holzbrücke überquert unterwegs den Nettelgraben. Am Hotel **Haus Chorin** können Sie am Wochenende (12 – 18 Uhr) auch in die Solarfährbahn »Gertrude« steigen und sich ans andere Ufer zur Alten Klosterschänke bringen lassen. Eine Badestelle mit Holzsteg befindet sich nahe dem Kloster.

→ *16230 Melchow.* **Länge:** *2 km.* **Bahn/Bus:** ↗ *Chorin.*

Auf dem Zisterzienser Radweg zum Ökodorf Brodowin

Gut für kleinere Fahrradtouren geeignet sind die Radwege und Fahrstraßen in Richtung Parsteiner See sowie in seine nähere Umgebung. Sie führen vom **Bahnhof Chorin** aus in östliche Richtung. Zum Beispiel nach **Brodowin.** Dorthin verläuft ein schöner Waldweg durch das *Biospärenreservat Schorfheide-Chorin:* Wenn Sie vom Bahnhof Chorin auf die B2 stoßen, beginnt dieser ruhige Pfad durch Mischwald genau auf der anderen Straßenseite. Er heißt **Zisterzienser Radweg** (Lilie auf braunem Grund) und ist ausgeschildert.

Im interessanten Straßendorf **Brodowin** sticht, neben den prächtigen Linden, zuerst die neugotische Kirche ins Auge. Ein Werk des Schinkel-Schülers *Friedrich August Stüler* aus dem Jahre 1852. Sie ist das Zentrum des Dorfes und des beliebten

Immenstube (im Hotel Haus Chorin), Neue Klosterallee 10, Chorin. ✆ 033366/500. www.hotel-haus-chorin.de/immenst. April – Mitte Okt 12 – 22 Uhr, sonst Mo – Do 17 – 22, Fr, Sa 12 – 22 und So 12 – 20 Uhr. Prämierter Landgasthof am Hang über dem Amtssee, rund 10 Gehminuten vom Kloster entfernt. Spezialität sind diverse Kreationen mit Honig, die nach überlieferten Rezepten zubereitet werden, z.B. Wildpfeffer nach Imkerart oder Leberblutwurst mit Tannenhonig.

Fahrradverleih am Bhf Chorin, Reservierung sehr ratsam, ✆ 033366/53700, www.fahrradverleih-chorin.de, 2 Std 4,90 €; 8 Std 9,80 €.

Brodowiner Kirchensommer,

Mitte April – Sep, Konzerte, musikalisch-literarisches Programm, Theater, Kartenvorbestellung: ✆ 033362/70808, karten@kirchensommer-brodowin.de.

Landgasthaus Schwarzer Adler,

Dorfstraße 80, Brodowin. ✆ 033362/71240. www.schwarzer-adler-brodowin.de. Täglich 10 – 22 Uhr. Neben der Kirche, Treffpunkt der Radler, Terrasse, kleine Gerichte, ♠ Pension mit 3 Zi (DZ/F ab 47 €).

Brodowiner Kirchensommers. Brodowin wurde nach der Wende als **Ökodorf** bekannt. Aber schon vor der Wende, nämlich 1981, wurden hier auf Veranlassung des märkischen Literaten *Reimar Gilsenbach* die für DDR-Verhältnisse sehr kritischen *Brodowiner Gespräche* ins Leben gerufen. Das **Informationszentrum** des Ökodorfes, dessen Produkte auf fast allen Berliner Wochenmärkten zu kaufen sind, befindet sich im *Haus Pehlitzwerder.* Es gibt Gemüse, Obst, Milchprodukte aus der hofeigenen Meierei, Brot, Fleisch, (dioxinfreie) Eier, Müsli, Honig, Säfte – alles in Demeter-Qualität. Die ganze Gegend ist von dichten Buchen- und Kiefernwäldern sowie von mehreren kleinen buckligen Endmoränenhügeln geprägt, die oft einen weiten Ausblick auf das wasserreiche Umland bieten. Das gilt vor allem für den *Rummelsberg.* Der nahe gelegene **Parsteiner See** zählt zu den größten und klarsten brandenburgischen Seen. Von Brodowin führt ein geteerter **Radweg** bis zum schönen *Campingplatz Pehlitzwerder* am See (3,1 km), danach geht's auf der wenig befahrenen Landstraße weiter bis zur Ortschaft **Parstein** (4,1 km). Dort gibt es einen weiteren *Campingplatz* mit Bootsverleih, außerdem ein öffentliches *Strandbad* mit kleinem Restaurant, http://parsteiner-see-camping.de.

⊙⊙ *Ökodorf Brodowin GmbH & Co. Vertriebs KG, Dorfstraße 89, 16230 Chorin-Brodowin. ✆ 033362/70610, www.brodowin.de. Länge: 7,1 km. Bahn/Bus: RE3 bis Chorin dann 20 – 30 Min weiter mit dem Rad (Fahrradverleih am Bhf Chorin), RE3 bis Eberswalde, dann Mo – Fr mit Bus 912 bis Brodowin. Zeiten: April – Okt Mo – Sa 9 – 18, So 10 – 18 Uhr, Nov – März Di – Fr 10 – 18, Sa – Mo 10 – 16, sowie Online-Shop. Infos: In den Sommerferien finden Sa um 10.30 Uhr einstündige Betriebsführungen statt, sonst nach Voranmeldung, Susanne Poinke unter betriebsfuehrung@brodowin.de, ✆ 0174-2957861.*

Der Fahrstuhl für Schiffe: Schiffshebewerk Niederfinow

Der Weg vom Bahnhof zum Schiffshebewerk ist ausgeschildert, aber die riesige Anlage ist sowieso nicht zu übersehen. Das 1934 eingeweihte Hebewerk ist eine technische Rarität ersten Ranges. Mit dem Bau wurde 1927 begonnen. Der gigantische Stahlkoloss, einst der größte Schiffsfahrstuhl der Welt, ist 94 m lang, 27 m breit und 60 m hoch. Mit Hilfe dieses Bauwerks können die Höhenunterschiede zwischen den Odergewässern und dem Oder-Havel-Kanal mit nur einem Schleusengang überwunden werden. Das Hebewerk ist somit das entscheidende Bindeglied der Wasserstraßen Oder – Havel – Elbe. Bis zu einer Gesamttonnage von 1200 Tonnen werden heute die Frachtschiffe binnen fünf Minuten um 36 m auf Havelniveau gehoben bzw. auf Oderniveau gesenkt. Der etwa 4300 Tonnen schwere Trog wird von 256 Seilen gehalten, 192 Betonklötze dienen als Gegengewichte, die über 128 doppelrillige Seilscheiben mit einem Durchmesser von 3,5 m laufen. Rund 20 Schleusungen in jede Richtung schafft das Hebewerk pro Tag. Heute pilgern bis zu 700.000 Besucher jährlich nach Niederfinow, um mit eigenen Augen diesen Technikriesen zu bewundern und vielleicht auch die vielen Treppenstufen zum Laufgang hinaufzuklettern. Von der Balustrade dieses

Schiffergasthaus, Hebewerkstraße 52, Niederfinow. ✆ 033362/204. http://www.schiffshebewerk-niederfinow.info/schiffer-gasthaus-cafe. März – Okt täglich ab 11 Uhr, sonst nur Sa, So ab 11 Uhr. Mittagstisch, Kuchen, Eis. Kleine Ausstellung zum Bau des Hebewerkes. ⬆ Weiteres Hotel-Restaurant gleiche Straße Nr. 44.

Stahlgigant: Das Schiffshebewerk in Niederfinow

Der Neubau des Schiffshebewerks Niederfinow (Nord) befähigt Schleusengänge für Großmotorgüterschiffe bis 2300 Tonnen. Damit wird die transeuropäische Ost-West-Wasserstraßen-Verbindung zwischen dem polnischen Szczecin (Stettin) und Duisburg über Berlin und Magdeburg gewährleistet.

Superliftes hat man eine großartige Fernsicht über das Oderbruch im Osten und das leicht gewellte Umland der Barnimhochfläche im Süden.

Nachdem der Schiffsverkehr in den vergangenen Jahren auf dem Oder-Havel-Kanal stark angestiegen ist, wurde 1997 ein Neubau in direkter Nachbarschaft des heutigen Hebewerks beschlossen. Er wird 2014 fertiggestellt sein, das alte Hebewerk bleibt aber noch mindestens bis 2025 in Betrieb.

Der Plan, die in die Ostsee mündende Oder mit der in die Elbe fließenden Havel zu verbinden, geht übrigens schon auf das Jahr 1603 zurück. Damals beschloss Kurfürst *Joachim Friedrich,* die Fahrt von einem Fluss zum anderen durch den Bau des (ersten) Finowkanals zu ermöglichen. Elf Schleusen waren dazu nötig. Im Dreißigjährigen Krieg wurde die 1620 fertiggestellte Anlage zerstört. Erst unter *Friedrich II.* kam es 1743 zu ei-

MIT DEM RAD AM MÄRKISCHEN CANALE GRANDE

▶ *Großer Beliebtheit erfreut sich der bestens ausgebaute Radweg entlang dem **Finowkanal:** Von der Eberswalder Stadtschleuse bis zum Schiffshebewerk Niederfinow sind es rund 20 km, Geländeprofil flach. Der Finowkanal ist die älteste künstliche Wasserstraße Deutschlands, der erste Kanalbau war 1620 fertiggestellt. Der Radweg führt weitgehend auf dem ehemaligen Treidelweg entlang, von dem früher die Kähne durch Menschen- oder Pferdekraft geschleppt wurden. Erweiterungen der Radtour sind westlich bis Zehdenick/Oranienburg und östlich bis Hohensaaten an der Oder möglich.* ◀

nem zweiten Kanalbau (zweiter Finowkanal). Dieser war 43 km lang und besaß 17 Schleusen. Eine weitere Anlage entstand 1914 auf Beschluss des preußischen Landtages. Dieser leistungsfähigere **Oder-Havel-Kanal,** der damals »Hohenzollernkanal« hieß, war mit nur fünf Schleusen ein gewaltiger Fortschritt. Dabei musste die künstliche Wasserstraße die Eisenbahnstrecke Berlin – Stralsund und das Ragöser Fließ überwinden! Beide Brücken waren ingenieurtechnische Meisterwerke.

Ⓜ *Schiffshebewerk Niederfinow, 16248 Niederfinow. ℂ 033362/215, 03334/2760, www.schiffshebe-werk-niederfinow.info. Bahn/Bus: OE60 bis Niederfinow. Auto: A11 Ausfahrt 12 Finowfurt, B167 Eberswalde, dann B2 Richtung Angermünde/Oderberg, über Liepe nach Niederfinow. Rad: Oder-Havel-Radweg. Zeiten: Frühling und Sommer 9 – 18, Herbst und Winter 9 – 16 Uhr. Bei Eisglätte und Raureif wegen Unfallgefahr keine Besichtigung. Preise: 2 €; Kinder ab 6 Jahre 1 €; Führung 2 Std 3 € durch Fam. Kluge, Schiffergasthaus.*

ⓘ *Touristinformation am Hebewerk, Ende März – Okt Mo, Do, Fr 10 – 16 und Sa, So 10 – 16.30 Uhr, ℂ 033362/71377.*

➔ **Besichtigungsfahrten** (60 – 90 Min) durch das Schiffshebewerk Niederfinow um 11, 13 und 15 Uhr ab Anlegestelle im Unterhafen Schleuse Eberswalde. Weitere Anlegestellen sind Niederfinow Struwenberg, Oberhafen Schleusentreppenanlage, Unterhafen Schiffshebewerk und Oderberg Grüne Aue. **Fahrgastschifffahrt Neumann,** ℂ 03334/24405, Handy 0172/3026535. www.schiffshebewerk-niederfinow.info. Ende März – Okt. Erw 7 €; Kinder 4 – 12 Jahre 4 €, Karten auf den Schiffen.

Strausberg – Rundgang durchs Mittelalter

Der Ort wurde 1240 als *Struzeberch* erstmals in einer Chronik erwähnt. Struz, ein altslawisches Wort, bedeutet Schote. Die schmale, längliche Frucht sollte die lang gestreckte Form des Sees, an den man die Stadt gebaut hat, versinnbildlichen. Im Mittelhochdeutschen war »struz« aber die Bezeichnung für den afrikanischen Großvogel, und so fand sich plötzlich der Vogel Strauß in älteren Siegeln der Stadt wieder.

Die Stadt am südlichen Rande des Barnim zählt heute rund 26.000 Einwohner. Ein »gottverfluchtes Lumpennest«, wie *Friedrich II.* 1765 schimpfte, weil man ihm auf seiner Durchreise nur ein verräuchertes Zimmer angeboten hatte, ist Strausberg keineswegs. Und war es wohl auch nicht zu Friedrichs Zeiten. Nach der Wende hat sich der Ort am See erfreulich herausgeputzt. Die **mittelalterliche Stadtbefestigung,** mit deren Bau 1254 begonnen wurde, ist zu größeren Teilen noch erhalten. Zwei *Wiekhäuser* – in die Stadtmauer integrierte, turmartige Häuser – stehen hübsch renoviert in der Nähe des Seeufers. Sie stammen aus dem 14. Jahrhundert. Die wuchtige evangelische Pfarrkirche **St. Marien** aus der Mitte des 13. Jahrhunderts besitzt einen mächtigen Turm, drinnen einen mittelalterlichen Schnitzaltar und einen herrlichen Orgelprospekt von 1773. Die Büßerzelle neben der Sakristei sowie figürliche Grabplatten deuten darauf hin, dass Dominikanermönche am Bau der Kirche beteiligt waren. Das klassizistische **Rathaus** am historischen Markt und nahe des Fischerkiezes stammt aus dem Jahre 1819. Einige Wohnhäuser aus dem 18. und 19. Jahrhundert stehen in der **Georg-Kurtze-Straße.** Hier befinden sich auch zahlreiche Geschäfte. Der frühere Wohlstand der ehemaligen Tuchmacherstadt lässt sich zumindest an den schönen, klassizistischen Fassaden noch erahnen.

Geschichte machte Strausberg auch als **Garnisonsstadt:** Eine Kompanie des preußischen Infanterieregiments wurde schon 1714 hierher verlegt. An der Hegermühlenstraße entstanden 1935 mehrere Kasernen, eine Munitionsfabrik und ein Militärflugplatz. Zu DDR-Zeiten wurde die Stadt zum Sitz des Ministeriums für Nationale Verteidigung und nach der Wende zur Außenstelle des Bundesverteidigungsministeriums.

❶ ***Stadt- und Tourist-Information Strausberg,*** *August-Bebel-Straße 1 (Lustgarten), 16344 Strausberg. ✆ 03341/311066, www.stadt-strausberg.de.* ***Bahn/***

☀ **Tipp:** Beliebte Freiluft–Veranstaltungen wie das alljährliche **Osterfeuer** und das **Strausberger Oktoberfest** finden im Kulturpark am nördlichen Rande der Altstadt statt. Hier, direkt am See, lässt es sich auch bestens entspannen.

Ⓜ **Heimatmuseum Strausberg:** Die Ausstellung zeigt in 9 Räumen Exponate von der Frühgeschichte bis zur Zeit um 1970. Regionalgeschichtliche Bibliothek. August-Bebel-Straße 33, 15344 Strausberg. ✆ 03341/23655, www.stadt-strausberg.de. Di, Mi und Do 10 – 12 und 13 – 17 Uhr. Erw 2 €; Kinder bis 12 Jahre, Schüler und Studenten 1 €.

Bus: S5 oder NE26 bis Bhf Strausberg. Nicht zu verwechseln mit Bhf Strausberg Stadt oder Strausberg Nord. **Auto:** B1/5. **Rad:** Bb Bhf Strausberg 4 Rundtouren 9 – 36 km ausgeschildert, »Grenzenlos Natur erFahren« Frankfurt/Oder – Buckow – Strausberg 120 km, Infos und geführte Touren über Touristinformation. **Zeiten:** Mo – Fr 9 – 17, Sa 10 – 16, So, Fei 10 – 16 Uhr; Okt – April Sa nur bis 15 Uhr und So geschlossen.

Strausberg wurde 2011 als familienfreundliche Stadt sowie als sportlichste Stadt des Landes Brandenburg ausgezeichnet.

Mit »Steffi« um den Straussee wandern

Der Straussee, ein eiszeitlicher und sehr fischreicher Rinnensee von knapp 4 km Länge und bis zu 600 m Breite, liegt am westlichen Rande der Stadt **Strausberg.** Sein östliches Ufer schmiegt sich an die Altstadt, sein westliches säumt den Laubwald eines Landschaftsschutzgebiets. Der 8 km lange Uferwanderweg beginnt an der Anlegestelle der **Strausseefähre am Fichteplatz.** Die Personenfähre (plus Rad-Transport) ist die einzige mit elektrischer Oberleitung in Europa. Seit 1915 pendelt sie von der Stadtseite zum 360 m entfernten Ufer an der Waldseite des Straussees. Übergesetzt wird täglich im 30-Minuten-Takt, im Winter nur am Wochenende. Die Seeumrundung führt außer einem kurzen Teilstück durchs Stadtzentrum stets direkt am Ufer entlang. Auf den ersten 4,2 km der Strecke, bis zur Anlegestelle am gegenüberliegenden Ufer, wurde ein behindertenfreundlicher Wanderweg geschaffen. Von dem mindestens 1,80 m

☀ Tipp: Für Heiratswillige: Mittlerweile hat man die altehrwürdige Fähre »Steffi« zur »Eheschließungsstätte« erhoben. Zum Ja-Wort stoppt das 15 m lange Schiff mitten auf dem See. Anfragen unter ℂ 03341/22565.

Verwacklungsfrei: Erinnerungsfotos von der Hochzeit auf »Steffi« dann doch lieber an Land

BARNIM & MÄRKISCHE SCHWEIZ

Restaurant & Hotel Seegasthof, Fichteplatz 1, Strausberg. ✆ 03341/305010. www.seegasthof-strausberg.de. Täglich ab 10 Uhr. Gute deutsche Küche, Fischspezialitäten. Restaurant im Wiener Kaffeehausstil, Leseecke. Zugang zum See. Herrliche Sommerterrasse mit Seeblick.

Strandbar Zur Heimwegbremse, Am Fichteplatz, Strausberg. ✆ 03341/22778. Nur Sommersaison, 11 – 21 Uhr. Neben dem Seebad. Wunderbare Terrasse direkt am Wasser. Gute, kleine Gerichte. Bootsverleih: Tretboote 7 € pro Std, Ruderboote 5 € pro Std.

1A-Tauchcenter Strausberg mit Tauchbasis am Straussee, Wriezener Straße/Kulturpark, www.1a-tauchcenter.de.

Bootsverleih am Straussee, ✆ 0170/3480160. Bei entsprechender Witterung 10 – 17 Uhr.

breiten und mit einer hindernisfreien Oberfläche versehenen Weg profitieren neben Rollstuhlfahrern auch Kinderwagen schiebende Eltern und Radfahrer.

Mehrere kleine Buchten und einige unbewachte Badestellen laden unterwegs zum Verweilen und zum Baden ein.

◗ *Personenfähre Steffi, Strausberger Eisenbahn GmbH, 15344 Strausberg. ✆ 03341/22565 (Fährmann), www.psrb.de/eisenbahn.* **Länge:** *8 km.* **Bahn/Bus:** ↗ *Strausberg. Personenfähre Steffi bzw. Fährlinie 39 VBB.* **Zeiten:** *Nov – Mitte März Abfahrt Stadtseite 9.25 – 16.25 Uhr; Abfahrt Waldseite 9.35 – 16.35 Uhr, im Früh- und Spätsommer letzte Fahrt 17.25 bzw. 17.35 sowie zusätzliche Überfahrten zwischen 15. Juni und Ende August, dann bis 19.25 Uhr.* **Preise:** *1,20 €; Kinder 6 – 14 Jahre 0,90 €; Fahrrad und Hund 0,90 €, Gruppen ab 10 Pers 25 % Rabatt pro Pers. Die Fahrausweise werden direkt auf der Fähre verkauft und müssen entwertet werden.*

Freibad am Straussee

Obwohl das Seebad nahe am Strausberger Zentrum liegt, ist vom Straßenverkehr nicht viel zu merken, der Lärm wird von den hohen Bäumen auf dem Fichteplatz geschluckt. Es gibt einen schönen Sandstrand, eine Liegewiese, eine Wasserrutsche mit Nichtschwimmerbereich und einen 5-m-Turm.

 *Strandpromenade am Fichteplatz, 15344 Strausberg. ✆ 03341/23074, Handy 0170/3480160. www.strausberger-baeder.de. Westlich vom S-Bhf.* **Bahn/Bus:** *S5 bis Strausberg Stadt, dann westwärts laufen und August-Bebel-Straße überqueren, dahinter liegt der Fichteplatz.* **Rad:** *Fahrradständer gegenüber dem Kassenhäuschen.* **Zeiten:** *Mitte Mai – Ende Aug täglich 9 – 19 Uhr, bis 15. Sep 10 – 18 Uhr.* **Preise:** *3 €; Kinder und Jugendliche bis 16 Jahre 2 €; 2,50 € mit Behindertenausweises, Nachweis ALG II oder Strausberg-Pass.* **Infos:** *Liegestuhl-Verleih 3 €.*

Die Galopprennbahn Hoppegarten

17. Mai 1868: Der preußische König *Wilhelm* und der spätere Reichskanzler *Otto von Bismarck* eröffnen die neue Galopprennbahn Hoppegarten östlich von Berlin. Vorbilder für die von Carl Bohm gestaltete Anlage waren die Pariser Rennbahnen Chantilly und Longchamp. Schnell entwickelt sich die Rennbahn im Grünen zu einer der bedeutendsten in Europa. Hoppegarten wird zu einem Zentrum des gesellschaftlichen und politischen Lebens der Reichshauptstadt. Bis zu 40.000 Zuschauer versammeln sich an den Renntagen auf dem weiten Gelände, wettfreudige Profizocker drängeln sich am Totalisator und die Damen der Gesellschaft präsentieren ihre extravaganten Hutkreationen. Bis 1945 war das Rennparadies das unumschränkte Mekka des Galopprennsports in Deutschland. Danach, zu DDR-Zeiten, fanden weiterhin regelmäßig Rennen statt, die Verwaltung übernahm die VEB Vollblutrennbahnen.

Mittlerweile steht die 430 ha große Rennbahn unter Naturschutz, einige historischen Gebäude unter Denkmalschutz. Seit 2008 ist die Rennbahn in privater Hand. Seitdem galoppieren zwischen Ostern und dem 3. Oktober, dem Renntag zur Deutschen Einheit, schnelle Pferde an rund zehn Renntagen im Jahr an der altehrwürdigen Tribüne vorbei. Ein Großteil des wieder mehrere Tausend Menschen zählenden Publikums sind heute Familien beim Wochenendausflug.

🕐 *Goetheallee 1, 15366 Hoppegarten. ✆ 03342/ 3893-0, 3893-13 (Tickets), www.hoppegarten.com. Bahn/Bus: S5 alle 20 Min von Charlottenburg nach Hoppegarten-Markt, Bus 941. Auto: B1/B5 stadtauswärts Richtung Frankfurt/Oder, parken 3 €. Preise: Stehplatz 10 €, Haupttribüne Tischplatz 25 €, Logenplätze 25 – 40 €, 4 Plätze pro Tisch/Loge 25 €; Kinder 14 – 18 Jahre und Studenten, Senioren, Schwerbehinderte 7 €, Familienticket (2 Erw, min. 1 Kind un-*

Restaurant im Schloss Reichenow, Dorfstraße 1, Reichenow. ✆ 033437/ 308-0. www.schlossreichenow.de. Ab März Do – Sa 12 – 21, So 12 – 15 Uhr, im Winter Fr, Sa 12 – 15 und 18 – 21, So 12 – 15 Uhr. 🍴 Das Café ist täglich 12 – 17 Uhr geöffnet, im Winter Mo Ruhetag. Ca. 15 km nordöstlich von Strausberg: Ein Kleinod im Tudorstil mit originaler Innenausstattung. Feine regionale Küche. 🏨 Das Hotel versteht sich als eine Oase der Entspannung mit vielfältigen Wellnessarrangements. Schöner Schlosspark, Garten, Terrasse.

☀️**Tipp:** Jährlich am Pfingstsonntag findet der **Ladies Day** statt. Dann werden die ersten 400 Damen mit Hut zum Proseccoempfang auf der Terrasse vor der Haupttribüne eingeladen.

IN DER MÄRKISCHEN SCHWEIZ

Biermann, Brecht & Kneipp: Buckow

Buckow ist eine slawische Gründung aus der Mitte des 9. Jahrhunderts. Der Name mit der charakteristischen Endung -ow für slawische Siedlungen bedeutet Buchenort. Im Zuge der deutschen Ostkolonisation nahmen die Lebuser Mönche um 1253 die Gegend in Besitz. Im späten Mittelalter war die wichtigste Erwerbsquelle der Buckower der **Anbau von Hopfen,** der vor allem in den zahlreichen Mooren der Umgebung hervorragend gedieh. Ab 1465 hatten die Einwohner die Erlaubnis, Wochenmärkte und im Mai und September einen Jahrmarkt abzuhalten. Die Buckower genossen an diesen feucht-fröhlichen Tagen darüber hinaus das Recht, sich am Marktplatz, wo ein großer Findling lag, über ihre Herrschaft zu belustigen – eine Art »Speaker's Corner« des Mittelalters. Gar nicht lustig fand das im 17. Jahrhundert Graf Flemming, der Buckower Grund- und Schlossherr, der dem kabarettistischen Treiben ein Ende setzte.

Die Hopfenzeit Buckows währte noch bis zur Mitte des 18. Jahrhunderts, dann machte der Mehltau dem Goldenen Zeitalter der Stadt ein jähes Ende. Im heutigen Stadtwappen erinnern noch die Hopfenranken an das allseits geschätzte Buckower Bier. Doch im Wappen dominiert ein zartes Röslein, denn im 19. Jahrhundert verschaffte die **Rosenzucht** einigen Buckower Bürgern einen gediegenen Wohlstand. Man belieferte sogar die kö-

 **Seetours Märkische Schweiz,** Bertolt-Brecht-Straße 11, Buckow. ℡ 033433/232. www.buckow.org/seetoursms. April – Okt Di – So 10 – 18 Uhr. Rundfahrten über den Schermützelsee mit Halt an der ⌁ Fischerkehle. Abfahrt stündlich am Strandbad Buckow, mit MS Seeadler 5 €, Kinder bis 12 Jahre 2,50, mit MS Scherri 7 bzw. 3 €.

niglichen Gärten in Berlin und Potsdam. Als nostalgische Reminiszenz an jene Blüte-Zeit feiert die Stadt alljährlich im Juni das **Rosenfest** mit Kurkonzerten im Stadtpark und Theateraufführungen auf der Felsenbühne des Parkes. Hier stand einst das 1675 erbaute *Buckower Schloss,* das Karl Friedrich Schinkel umgestaltete. Es wurde 1945 stark beschädigt und später vollständig abgetragen.

Um die Mitte des 19. Jahrhunderts wurde die Ortschaft allmählich über ihre Grenzen hinaus bekannt. Nach einem Buckowbesuch 1854 soll der Leibarzt des preußischen Königs Friedrich Wilhelm IV. begeistert ausgerufen haben: »Majestät, in Buckow geht die Lunge auf Samt!« Aber auch hier trugen wenige Jahre später die Beschreibungen Fontanes in seinen »Wanderungen durch die Mark Brandenburg« wesentlich zur touristischen Entdeckung bei. Mit der Einweihung der Eisenbahnstrecke Berlin – Küstrin 1865 begann für Buckow eine neue Epoche. Schnell entwickelte sich das Städtchen am **Schermützelsee** zum beliebten **Bade- und Luftkurort** des Bürgertums aus dem nahen Berlin. Die betuchten Bürger aus der Reichshauptstadt ließen sich Villen in bester Seelage errichten. Viele von diesen Schmuckstücken sind noch heute zu bewundern.

Zu DDR-Zeiten blätterte an zahlreichen vornehmen Fassaden der Putz und das Pflaster erinnerte an die viel zitierten spöttischen Worte Theodor Fontanes: »Allen Respekt vor der Gegend Buckows, aber Vorsorge gegen die Stadt. Seine Häuser kleben wie Nester an Abhängen und Hügelkanten, und sein Straßenpflaster, um das Schlimmste vorwegzunehmen, ist lebensgefährlich. Es weckt in seiner hals- und wagenbrecherischen Passage die Vorstellung, als wohnten nur Schmiede und Chirurgen in der Stadt, die schließlich auch leben wollen.«

➜ Den **Schermützelsee** kann man zu Fuß umrunden, Wegmarkierung Grüner Punkt, 7,5 km. Unterwegs kommt man an der Gaststätte Fischerkehle am südlichen Seeufer vorbei, Terrasse und Schiffsanlegestelle.

✕ **Fischerkehle,** Am Fischerberg 7, Buckow. ✆ 033433/374. www.restaurant-fischerkehle.de. Mo – Fr 11 – 17, Sa, So, Fei 11 – 19 Uhr. Wildgerichte und Fisch aus den umliegenden Gewässern (ab 14 €), hausgemachte Torten. Am Wanderpfad um den Schermützelsee.

Seit einigen Jahren ist das Pflaster endlich geglättet, sodass es sogar mit zierlichem Damenschuhwerk sorglos betreten werden kann. Und mit der Verschönerung des Städtchens hat man sich ebenfalls alle Mühe gegeben. Zentral liegt der dreieckige **Marktplatz.** Die Mitte der märkische Piazza ziert ein hübscher Brunnen mit Kunstschmiedearbeiten und Kupferdach, auf der in den Sandstein eingelassenen Bronzetafel steht zu lesen: »Als Born der neuen Lebenskraft gestiftet von der Bürgerschaft – Bad Buckow 1924.« Hinter dem Platz erhebt sich die imposante evangelische **Backsteinkirche.** Sie war ursprünglich ein Feldsteinbau aus dem frühen 14. Jahrhundert, den man im 17. Jahrhundert barock umgestaltete. Im letzten Krieg brannte sie aus, ihr Wiederaufbau erfolgte einige Jahre darauf. Besonderer Beliebtheit erfreuen sich die regelmäßigen Konzerte auf der Eule-Orgel.

Seit 1995 ist Buckow ein staatlich anerkannter **Kneipp-Kurort** mit einer onkologischen Rehaklinik. Vom Massentourismus blieb Buckow zwar zum Glück verschont, aber an manchen Sommerwochenenden ist es hier proppenvoll. An den Werktagen zieht aber wieder Ruhe und provinzielle Gemächlichkeit ein. Fast treffen dann **Wolf Biermanns** Zeilen aus seinen »Buckower Balladen« zu: »Gehn wir mal hin?/Ja, wir gehen mal hin/Ist hier was los?/Nein, es ist nichts los/Herr Ober, ein Bier!/Leer ist es hier.«

❶ *Kultur- und Tourismusamt Märkische Schweiz, Sebastian-Kneipp-Weg 1, 15377 Buckow. ✆ 033433/ 65982, www.maerkischeschweiz.eu. Im ehemaligen Warmbad am Parkeingang.* **Bahn/Bus:** *Von Berlin Hbf S5 Richtung Strausberg bis Lichtenberg, von dort mit der Oderlandbahn NE26 bis Müncheberg, dann Bus 928 nach Buckow (www.busmol.de). Mai – Okt Sa, So und Fei mit Buckower Kleinbahn Müncheberg – Waldsieversdorf – Buckow. Ebenfalls Mai – Okt*

Café am Markt,
Am Markt 4,
✆ 033433/56695, Di – So 11 – 20 Uhr. Zentrale Lage am Marktplatz, schöne Terrasse, Eis, Imbiss, Pizza, Kaffee und Kuchen, u.a. leckerer hausgemachter Apfelstrudel.

*mit Ausflugsbus A930 von S-Bahnhof Strausberg (-Vorstadt). Der Bus fährt weiter nach Pritzhagen, Müncheberg, Neuhardenberg, Endstation ist Seelow-Gusow. **Auto:** Von Berlin Frankfurter Chaussee (B1/5) stadtauswärts bis links Berliner Straße/L233 Richtung Hennickendorf, rechts K6418, Schildern folgen oder über Müncheberg und Waldsieversdorf. **Rad:** Europaradweg R1 von Erkner und Strausberg nach Kostrzyn nad Odr. **Zeiten:** Mo – Fr 9 – 12.30 und 13 – 17 Uhr, April – Okt Sa, So 10 – 17 Uhr, Nov – März Sa, So 10 – 14 Uhr.*

Brecht-Weigel-Haus

Das »nicht unedel gebaute Häuschen«, das *Bertolt Brecht* 1952 kaufte, nutzte er vor allem als Sommerresidenz, um sich von der aufreibenden Theaterarbeit in Berlin zu erholen und in der Abgeschiedenheit neue Stoffe auszuarbeiten. Hier traf er sich regelmäßig mit seinen Freunden Eisler und Dessau, arbeitete am »Kaukasischen Kreidekreis«, an »Turandot«, schrieb die 22 »Buckower Elegien« und erfreute sich zusammen mit seiner Ehefrau *Helene Weigel* (und manchmal auch mit einigen Berliner Freundinnen) am Blühen seiner Gartenpflanzen.

Die **Dauerausstellung** im Parterre des Hauses zeigt zahlreiche Fotos, Journaltexte und Kommentare zur Biographie des bedeutenden Theatermannes. Besonders schön ist der hohe Gartensaal mit Seeblick und hohen Sprossenfenstern.

⊠ **Gaststätte & Hotel Bergschlösschen,** Königstraße 38, Buckow. ✆ 033433/57312. www.bergschloesschen. com. Täglich 12 – 24 Uhr. Rekonstruierte Villa aus dem 19. Jahrhundert mit bezaubernder Lage am Hang, stilvoll eingerichtete Zimmer, ausgezeichnete Küche mit märkischen und internationalen Gerichten, große Terrasse mit Weitblick.

»Nicht unedel«: Das Brecht-Weigel-Haus in Buckow (Gartenseite)

Hier steht auch noch originales Mobiliar aus der Brechtzeit. Eine Radierung von Arno Mohr zeigt Brecht mit legendärer Schiebermütze, die Hände auf dem Rücken, einen Zigarillo rauchend. Original ist auch der Planwagen der »Mutter Courage« im Bootshaus, den die Weigel 1949 zum ersten Mal über die Bühne zog. Dort hängen auch Fotos und Kostüme sowie ein DDR-Erlaubnisschein zum Sammeln von Pilzen und Waldbeeren – Weigels Pilzgulasch für ihre Gäste war der kulinarische Höhepunkt an den Wochenenden.

Die Arbeitsräume von B.B. lagen im kleineren **Gärtnerhaus,** im heutigen Nachbargrundstück, das Brechts Erben gehört. Auf einigen Kupfertafeln im Garten sind Texte aus den Elegien zu lesen. Und hier »am See, tief zwischen Tann und Silberpappel, beschirmt von Mauer und Gesträuch«, erlebte Brecht den Aufstand vom 17. Juni 1953. Nun starrte er, wie es heißt, nur noch müde, enttäuscht und ziemlich desillusioniert auf den See, der ihm nun »wie eine Lache Abwaschwasser« vorkam. Drei Jahre später, 1956, starb der kommunistische Theaterdichter. Helene Weigel erwarb die ehemalige Fabrikantenvilla 1970, ein Jahr später starb auch sie. Seit 1977 ist das Brecht-Weigel-Haus Gedenkstätte, regelmäßig finden hier Lesungen, musikalisch-literarische Veranstaltungen und Diskussionen statt.

M *Margret Brademann, Bertold-Brecht-Straße 30, 15377 Buckow. ✆ 033433/467, www.brechtweigel-haus.de. Zwischen Schermützel- und Buckowsee. Bahn/Bus: ↗ Buckow. Zeiten: April – Okt Mi – Fr 13 – 17, Sa, So, Fei 13 – 18 Uhr, Nov – März Mi – Fr 10 – 12 und 13 – 16, Sa, So 11 – 16 Uhr. Preise: 3 €; Schüler, Studenten, Schwerbehinderte, Arbeitslose 2 €. Infos: Gruppenführung ab 8 Pers 5, ermäßigt 4 €, Filmvorführung 4 bzw. 2,50 €, einmal im Monat Brecht-Spaziergang inklusive Menü nach Rezepten Helene Weigels 25 €.*

Stobbermühle, Wriezener Straße 2, Buckow. ✆ 033433/66833. www.stobbermuehle.de. Mo – Do 11.30 – 24, Fr – So 11.30 – 24 Uhr. Ausgezeichnete regionale Küche, in der Frank Güldenpfennig, einer der besten deutschen Köche, Regie führt. Schöne Rosenterrasse, an der der Stobber vorüber gurgelt. Umfangreiche Weinkarte. Moderate Preise, 12 behagliche Apartments ab 75 €.

T Gleich gegenüber, Wriezener Straße 56, bietet das Kellertheater **untendrunter** intelligenten Theaterspaß, ✆ 033433/56297, www.untendrunter.de.

Wanderung von Buckow zur Pritzhagener Mühle

Ausgangspunkt ist das **Touristenbüro** neben dem Marktplatz. Von dort geht's zunächst durch den Schlosspark und am *Griepensee* entlang. Danach über die Schönfärberbrücke und gleich links in die Lindenstraße. An der Malzmühlenbrücke mit der **Güntherquelle** führt der ausgeschilderte Weg rechts in den Mischwald und nun stets nahe dem kurvenreichen *Stobber* entlang, ein fischreiches Flüsschen, das über 25 km quer durch die Märkische Schweiz verläuft. Schließlich streifen Sie das Ostufer des **Großen Tornowsees.** Auf dem Rückweg kann man hier auch am Seeufer entlang gehen und dann linker Hand zurück zur Güntherquelle. An der gepflasterten Fahrstraße rechts gehen, nach rund 200 m erreichen Sie die uralte Grenzeiche und die Gaststätte **Pritzhagener Mühle,** die geradezu paradiesisch in einer weiten Lichtung und am Stobber liegt.

✸ *Die **Güntherquelle** am Stobber ist nach dem Sohn der Gräfin Itzenplitz zu Pritzhagen benannt, die 1907 das Wasser der Quelle untersuchen ließ. Es ist sehr eisenhaltig, was auch die braun-rote Färbung des sauberen Flusses erklärt.*

❯ *Länge: etwa 7 km, Markierung Gelber Balken.*

Strandbad am Schermützelsee

Das Bad im Norden der Stadt bietet schönen Sandstrand, Sport- und Spielmöglichkeiten, Tisch-

BARNIM & MÄRKISCHE SCHWEIZ

*Karl August von
Hardenberg*

*(1750 – 1822) entstamm-
te kurhannoverschem
Adel. Als preußischer
Außenminister 1804 –
1806 und Staatskanzler
1810 – 1822 schrieb er
Geschichte, indem er u.a.
die Gewerbefreiheit fest-
schrieb, für die Bauern-
befreiung und Emanzi-
pation der Juden sorgte.
1814 wurde Hardenberg
von Friedrich Wil-
helm III. zum Fürst erho-
ben.*

tennisplatte und ein Sprungbrett. Links neben
dem Bad befindet sich ein großer Ruderbootver-
leih (6 € pro Stunde zuzüglich 5 € Pfand), ein
Kiosk mit Imbissangebot und kleiner Terrasse sowie der Schiffsanleger für die Dampfer »Scherri«,
»Seeperle« und »Seeadler«.

*Wriezener Straße 38, 15377 Buckow. ✆ 033433/
234, Bahn/Bus: ↗ Buckow. Rad: In Buckow ausge-
schildert. Zeiten: Bei schönem Wetter 10 – 19 Uhr.
Preise: 2 €; Kinder bis 16 Jahre 1 €; Senioren,
Schwerbehinderte und Kurkarteninhaber 1,50 €. 10-
Bäder-Karte: Kinder 8 €, Erw 15 €. Gruppen ab 10
Pers 10 % Ermäßigung.*

Neuhardenberg — Das Namens-
babylon

Das ehemalige märkische Straßendorf, das sich
zu DDR-Zeiten mehr und mehr zu einer Kleinstadt
mit einem wichtigen Militärflugplatz der NVA und
nicht gerade reizvoller Wohnarchitektur entwickelte, hieß von 1949 bis 1991 nach dem Begründer
des wissenschaftlichen Sozialismus *Marxwalde*.
Den alten Namen wollte man nach der Gründung
der DDR aus ideologischen Gründen nicht mehr
länger beibehalten: Neu-Hardenberg mit Binde-
strich – benannt nach dem preußischen Staatskanzler **Graf Karl August von Hardenberg** (1750 –
1822). Zuvor hieß das Dorf kurzfristig auch mal
Thälmannshöhe. Um den Namenswirrwarr auf die
Spitze zu treiben: Neu-Hardenberg war der Dorfna-
me nach 1814, als die preußische Krone unter
Friedrich Wilhelm III. dem Grafen den Ort aufgrund
seiner Verdienste für die Monarchie zum Geschenk machte. Der ursprüngliche Name war *Qui-
litz*. Gleich nach der Wende legte man den Rück-
wärtsgang ein: Bei Freibier und unter Absingen der
neuen und alten Brandenburg-Hymne – »Steige
auf, du roter Adler« – wurde die alte Ordnung auch

namentlich wieder her-
gestellt: Aus Marxwalde
wurde Neuhardenberg,
diesmal ohne Binde-
strich.

ℹ️ *Neuhardenberger Land-
Tourismus e.V.,* *Karl-
Marx-Allee 23, 15320
Neuhardenberg.*
☎ 033476/60477,
*www.amt-neuharden-
berg.de.* *Bahn/Bus:* *Bus
884 Bad-Freienwalde –
Neuhardenberg; S5 bis Strausberg-Nord, dann Mo –
Fr Bus 937; NE26 stündlich von Berlin-Lichtenberg
nach Müncheberg, dann während der Sommersaison
mit Ausflugsbus (2-Std-Takt).* *Auto:* *A10 Abfahrt 4
Hellersdorf, über B1/5 Richtung Herzfelde, ab Müncheberg auf der B1 bis Jahnsfelde, dort links.* *Rad:*
*Märkische Landpartie Seelow – Fürstenwalde, Tour
5b, 59 km, www.maerkische-landpartie.de.* *Zeiten:*
*April – Okt Mo – Fr 10.30 – 16, Sa, So und Fei 11 –
16 Uhr, Nov – März Mo – Fr 10.30 – 16 Uhr.*

*Winterstille: Schloss
Hardenberg von Schnee
eingehüllt*

Kultur-Schloss Neuhardenberg

Schloss Neuhardenberg – rund 65 km östlich Berlins und am Rande des Oderbruchs gelegen – gehört zusammen mit Schlosspark und Kirche zu
den wenigen erhaltenen Gesamtkunstwerken des
preußischen Klassizismus. Oberstleutnant *Joachim Bernhard von Prittwitz* hatte das Schloss um
1765 bauen lassen, um mit seiner reichen Gemahlin standesgemäß residieren zu können. Allerdings wurden ihre pompösen Bauvorstellungen
stark beschnitten, als König Friedrich II. des We-
ges kutschierte und seinen treuen Untertanen un-
verhohlen tadelte: »Prittwitz, Er baut ja ein
Schloss. Er will ja hoch hinaus«. Der begnügte
sich daraufhin mit einem Stockwerk und verzich-
tete auf die geplante Beletage. Nach dem Tod

Restaurant Brennerei, Schinkelplatz 1/8, Neuhardenberg. ☏ 033476/6000. www.schlossneuhardenberg.de. Täglich ab 11 Uhr. Im Schloss Hardenberg, eingerichtet im Stil eines Landgasthauses. Regionale Spitzenküche, saisonale Karte, Biergarten. ♠ Angegliedertes 5-Sterne-Hotel.

Am Zollhaus, Karl-Marx-Straße 18, Neuhardenberg. ☏ 033476/608980. www.andree-pade.de. Mai – Sep Mo, Di, Do, Fr 11.30 – 22 Uhr, Sa, So, Fei 11 – 22 Uhr, Okt – April Mo, Do, Fr 11.30 – 15 und 17 – 22 Uhr, Sa, So, Fei 11 – 22 Uhr. Gegenüber Schlossensemble. Deftige, regionale Küche, gemütlicher mittelalterlicher Weinkeller für Gruppen. ♠ Pension, FeWo.

Prittwitz' 1793 wurde das Schloss zum Wohnsitz der Hardenbergs. Ein Jahr nach dem Tod des Reformkanzlers *Karl August Fürst von Hardenberg* 1823 wurde das barocke Schloss unter der Leitung von Karl Friedrich Schinkel umgebaut, nun doch um eine Etage aufgestockt und klassizistisch überformt. Die aus dieser Zeit stammende Innenausstattung ist weitgehend verschollen oder zerstört. Fontane hatte streng buchhalterisch die Kunstsammlungen der Hardenbergs aufgelistet. Darunter befanden sich unter anderem Gemälde von Rubens und Rembrandt. 1921 übernahm *Carl-Hans Graf von Hardenberg* das Anwesen. Er ermöglichte ab 1942 Claus Graf Schenk von Stauffenberg, Henning von Tresckow und anderen Offizieren, im Schloss das Attentat auf Hitler vorzubereiten. Die Familie wurde 1944 enteignet, 1996 erhielt sie den ehemaligen Besitz zurück und verkaufte ihn kurz darauf an den Deutschen Sparkassen- und Giroverband. Seit 2002 ist das Schloss nach grundlegender Sanierung eine der ersten Kunst- und Kulturadressen in Brandenburg, ein trefflicher Ort für **Musik- und Theaterveranstaltungen** auf höchstem Niveau, für kritische Symposien und Debatten, für Lesungen, Ausstellungen und Tagungen. Und manchmal trifft sich hier auch locker-hemdsärmelig die Ministerriege aus Berlin.

Der 17 ha große **Schlosspark** entstand um 1820 nach Plänen der preußischen Gartenkünstler Peter *Joseph Lenné* und *Fürst Pückler-Muskau,* Hardenbergs Schwiegersohn. Nach seiner Rekultivierung ist der englische Garten ein einzigartiges grünes Kleinod, der 2004 zu Deutschlands schönstem Park gekürt wurde. Da muss man einfach hineinspazieren!

🕐 *Stiftung Schloss Neuhardenberg GmbH, Schinkelplatz, 15320 Neuhardenberg. ☏ 033476/6000,*

www.schlossneuhardenberg.de. **Bahn/Bus:** ↗ Neuhardenberg. **Zeiten:** Das Parterre des Schlosses
kann Ende März – Okt So 13 – 18 Uhr besichtigt werden, Führungen um 13, 14.30 und 16 Uhr. **Preise:**
2 €, mit Führung 3 €. **Infos:** Von März bis Dez findet
im Schloss ein hoch anerkanntes Kulturprogramm
statt. Barrierefrei.

Die Kirche in Neuhardenberg

Direkt neben der Schlossanlage steht die klassizistische Dorfkirche. Der erst 20-jährige *Karl Friedrich Schinkel* zeichnete 1801 die Pläne für den
Wiederaufbau der durch Brand zerstörten barocken Vorgängerkirche. Im Jahre 1809 erbaut, ließ
der junge Baumeister das kleine märkische Gotteshaus schon 1816/17 völlig umgestalten. Er
fand es aber auch dann noch zu Recht furchtbar.
Ebenso Fontane, der nannte den seltsamen ova-
len Turmaufsatz kopfschüttelnd »ein Kuriosum«.
Vor dem Altar ist eine Gedenktafel im Fußboden
eingelassen. Hier begegnen wir wieder den Ehe-
leuten **Prittwitz** mit Beruf und Lebensdaten. *Joachim Bernhard von Prittwitz,* Rittmeister bei den
Ziethenschen Husaren, hatte in der Schlacht von
Kunersdorf den Alten Fritz »in heldenhafter Manier«
vor drohender Gefangennahme gerettet. Der Altar
ist von vier großen Wandgemälden mit den Darstellungen der Evangelisten eingerahmt. Solch
schmucke Kunstwerke sind in märkischen Dorfkir-
chen einzigartig. Die Bilder stammen von dem Maler *Bertini,* der trotz seines Namens kein Italiener
(wie oft fälschlicherweise behauptet), sondern ein
waschechter Preuße war, der in Florenz studiert
hatte.

Das **Mausoleum** der Familie **Hardenberg** befindet
sich an der Rückseite der Kirche. Doch die große
Sehenswürdigkeit ist drinnen im Altar verschlossen. Da liegt steinhart das mumifizierte Herz des
preußischen Reformers Karl August von Harden-

*Ein Kuriosum: Die
Schinkelkirche von Neu-
hardenberg*

BARNIM & MÄRKISCHE SCHWEIZ

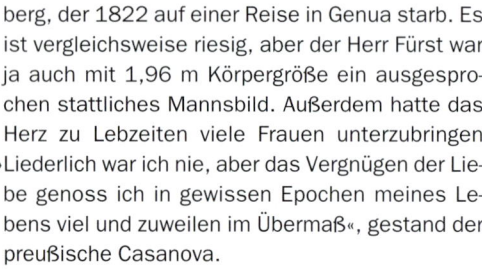

M **Zinnfiguren-museum im Schloss Gusow,** Schloss-straße 7, Gusow. ℂ 03346/8725. www.schloss-gusow.de. April – Sep Di – So 10 – 18 Uhr, sonst 10 – 17 Uhr, Eintritt 4 €, Schüler, Studenten, Azubis 2,50 €, Senioren 3,50 €. Zinnfiguren-Szenen aus der Zeit der Dinosaurier über das Mittelalter bis 1989. Aber auch Bekleidungsaccessoirs von der Ritterrüstung bis zu Modischem aus den 60er-Jahren in der DDR, Stofftiere, eine bemerkenswerte Kollektion alter Fotos und vieles Interessante mehr.

Spielzeugschloss: Schloss Gusow

berg, der 1822 auf einer Reise in Genua starb. Es ist vergleichsweise riesig, aber der Herr Fürst war ja auch mit 1,96 m Körpergröße ein ausgesprochen stattliches Mannsbild. Außerdem hatte das Herz zu Lebzeiten viele Frauen unterzubringen. »Liederlich war ich nie, aber das Vergnügen der Liebe genoss ich in gewissen Epochen meines Lebens viel und zuweilen im Übermaß«, gestand der preußische Casanova.

Seit 2004 ertönt nun wieder die rekonstruierte **Buchholz-Orgel** von 1817. Um die weitere Renovierung des Innenraums finanzieren zu können, vergibt der Förderkreis der Kirche Patenschaften für die Sterne des Kirchenhimmels, den Schinkel nach dem Vorbild seines Bühnenbildes für Mozarts »Zauberflöte« am Berliner Schauspielhaus entwarf.

🕐 *Sa, So 12 – 16 Uhr.*

Schloss Gusow mit Restaurant

Gut 7 km km südöstlich von Neuhardenberg: 1873 neugotisch umgebaut, nach der Wende großartig restauriert. Fontanes erster Roman »Vor dem Sturm« spielt zu Teilen in diesem Schloss, das im 17. Jahrhundert dem legendären preußischen Generalfeldmarschall *Georg Freiherr von Derfflinger* gehörte. Landschaftspark, regelmäßig Konzerte im Gartensaal. **Restaurant** mit regionaler Küche. Sommerterrasse mit Blick auf den Landschaftspark. DZ ab 64 €. Badestelle am kleinen See von Gusow.

DAHME-SEEN & SPREEWALD

VIEL WASSER, VIEL WALD

Das Dahme-Seengebiet erstreckt sich südöstlich von Berlin, rund um die 18.000 Einwohner zählende Stadt Königs Wusterhausen mit ihrem Hohenzollern-Schloss. Mit seinen zahlreichen Badeseen und Wäldern ist es vor allem in der warmen Jahreszeit ein beliebtes Ausflugs- und Urlaubsziel.

Touristisches Zentrum ist der traditionsreiche und wieder fein herausgeputzte Kur- und Badeort Bad Saarow am Scharmützelsee, dem Märkischen Meer. Das Dahmeland wird oft als **Tor zum Spreewald** bezeichnet. Weithin bekannt wurde diese grandiose Landschaft rund 80 km südöstlich von Berlin gegen Ende des 19. Jahrhunderts. Damals waren vor allem Kunstmaler aus den Städten die ersten »Eindringlinge« in die weitgehend unberührte Natur mit ihren zahlreichen Spreearmen, den *Fließen*. Ihnen folgten bald Sommerfrischler aus Berlin, um sich von einheimischen Fährleuten durch die urwaldartigen Spreelabyrinthe staken zu lassen.

FESTE & FESTE TERMINE DAHME-SEEN & SPREEWALD

März/April:	Erkner: **Osterbasar** vor dem Heimatmuseum.
	Schenkendorf: **Walpurgisnacht** und **Hexenmarkt.**
Mai:	Fürstenwalde: **Frühlingswochen.**
	Wendisch Rietz: **Frühlingsfest.**
	Bad Saarow: **Scharmützelseewoche.**
	Königs Wusterhausen: **Frühlingsfest.**
Juni/Juli:	Lübbenau: **Spreewald- und Schützenfest** am 1. Juliwochenende.
	Wendisch Rietz: **Fischerfest.**
	Bad Saarow: **Mittelaltermarkt.**
	Königs Wusterhausen: **Bahnhofsfest.**
August:	Bad Saarow: **Strandfest** und **Segelregatta.**
	Lehde: Traditionelles **Museumsfest** des Freilichtmuseums.
	übbenau: **Hansewoche** mit Hafenfest, Spreewälder Film- und Lichtnächten.

KÖNIGS WUSTERHAUSEN & DAHME-SEEN

Der 377 km lange **66-Seen-Rundweg rund um Berlin** (Kennzeichnung Blauer Kreis auf weißem Grund, allerdings nicht durchgängig) führt in 14 Teilstrecken durch ganz unterschiedliche Landschaften. Durch das Dahme-Seengebiet führen die Touren 10 und 11; sie sind als 2-Tages-Tour »17 aus 66« bei der Touristinfo zu buchen.

@ Termine und Veranstaltungen:
www.tourismus-erkner.de,
www.fuerstenwalde-tourismus.de,
www.scharmuetzel-see.de,
www.bad-saarow.de.

ℹ *Tourismusverband Dahme-Seen e.V., Bahnhofsvorplatz 5, 15711 Königs Wusterhausen. © 03375/ 252019, 252025, www.dahme-seen.de. Bahn/Bus: Ab Berlin S46, RB14, OE36, RE2. Auto: A10 Ausfahrt 10 Königs Wusterhausen/Niederlehme, A12 Ausfahrt Friedersdorf, aus Süden A13 Ausfahrt 2 Richtung Chausseestraße/L40. Rad: Dahme-Radweg von Berlin-Köpenick, Hofjagdweg nach Lübben 68 km, vor Ort ab Bhf ausgeschilderte Rundwege von etwa 30 km Länge, Schenkenland-Rundfahrt 56 km. Zeiten: Mo – Fr 6.30 – 18 Uhr, Sa 9 – 13 Uhr, April – Sep auch So 9 – 13 Uhr.*

Königs Wusterhausen

Der Ort an *Dahme* und *Notte* war ursprünglich eine slawische Siedlung und hieß Wustrow, ein »Ort von Wasser umgeben«. Im Zuge der deutschen

	Erkner: **Lange Nacht der Museen** im Heimatmuseum.
September:	Bad Saarow: Rad-Scharmützel am 1. So, autofreier **Fahrraderlebnistag** rund um den Scharmützelsee und den Storkower See.
	Fürstenwalde: **Tierparkfest.**
	Königs Wusterhausen: **Schlossfest.**
	Eichwalde: **Weinfest.**
	Schenkendorf: **Ritterturnier.**
	Prieros: **Naturschutztag.**
	Motzen: **Kürbisfest.**
November/Dezember:	Erkner: **Weihnachtsmarkt.**
	Königs Wusterhausen: **Weihnachtsmarkt.**

DAHME-SEEN & SPREEWALD

Weinladen am Kanal, Bahnhofstraße 24, Königs Wusterhausen. ✆ 03375/295170. www.weinladen-am-kanal.de. Täglich 18 – 24 Uhr. Vinothek am Nottekanal. Terrasse am Ufer. Drinnen gemütliches Ambiente mit offenem Kamin. Wechselnde Ausstellungen.

Ostkolonisation im 11./12. Jahrhundert wurde der Name durch ein angehängtes »-hausen« germanisiert. Als der preußische König Friedrich Wilhelm I. Anfang des 18. Jahrhunderts ein bevorzugtes Interesse an diesem Flecken märkischer Erde zeigte, entstand sein heutiger Ortsname: Königs Wusterhausen, im Volksmund kurz »KW« genannt. KW liegt an der Mündung des **Nottekanals** in die Dahme. Der Kanal wurde bereits im späten 16. Jahrhundert angelegt. Er diente vor allem zur Versorgung Berlins mit landwirtschaftlichen Produkten und Baustoffen. Gegen Ende des 19. Jahrhunderts begann man mit der Personenbeförderung in Gondeln. Allerdings wurden die Boote nicht durch Gondoliere gestakt, sondern von Pferden nach Mittenwalde gezogen. Heute lockt der alte **Treidelpfad** Wanderer und Radler an, rund 8 km sind es auf dem schönen Kanaluferweg bis nach Mittenwalde (Busverbindung mit KW).

Schloss Königs Wusterhausen – das Tabak-Refugium Friedrich Wilhelms I.

Spektakuläre Sehenswürdigkeiten besitzt KW nicht. Schön ist aber der **Klinkerstein-Bahnhof** von 1893 und die auch innen interessante **Kreuzkirche** von 1697 lugt mit ihrem achteckigen Turm über die Stadt. Nach langer und aufwändiger Restaurierung ist das **Jagdschloss der Hohenzollern** vis-à-vis der Kirche zu einem sehr anmutigen Kleinod geworden. Im Jahre 2000 wurde es als Museumsschloss der *Stiftung Preußische Schlösser und Gärten* wiedereröffnet – schon nach dem Ende der Monarchie im Jahre 1918 diente der zweigeschossige Putzbau im Renaissancestil als Museum. In den nun wiederhergestellten königlichen Wohnräumen sind wertvolle Möbel und zahlreiche Gemälde aus der ersten Hälfte des 18. Jahrhunderts zu sehen. Darunter befinden sich

☀ Tipp: Seit 2009 besitzt die Kreuzkirche eine neue Orgel, im Stil des norddeutschen Barock. Seitdem finden regelmäßig Konzerte statt. Kontakt ✆ 03375/258621.

rund 40 Werke, die der Soldatenkönig zwischen 1735 und 1739 selbst malte. Im Obergeschoss hängen dicht an dicht die Porträts sämtlicher Offiziere seines Kronprinzenregiments. Dass der Monarch nicht nur knauserig die Staatskasse verwaltete, sondern selbst auch höchst genügsam lebte, zeigt unter anderem sein spartanisch eingerichtetes Schlafgemach, das mit seinen knapp 8 qm eher einer Kammer ähnelt.

Wie einst beim Soldatenkönig: Preußische Uniformen vor dem Schloss Königs Wusterhausen
© spsg, Foto: Wolfgang Kling

Das Jagdschloss, ursprünglich eine markgräfliche Burg, zählte zu den Lieblingsorten *Friedrich Wilhelm I.* Schon als junger Kronprinz tüftelte er hier an reformerischen Plänen für seine zukünftige Regentschaft und begann mit dem Aufbau seines geliebten Leibbataillons, den berühmten langen Kerls. In den Jahren 1717/18 ließ er das Gebäude grundlegend umbauen. Von dort kutschierte man den von Gicht geplagten, stets übellaunigen Landesherren zu den Jagden. Sein Sohn, der spätere *Friedrich der Große,* entwirft hier als Kronprinz seine Fluchtpläne. Seine Tochter *Wilhelmine,* Markgräfin von Bayreuth, schreibt in ihren Memoiren von der »Hölle« Wusterhausen und wenig Erbauliches über das Schloss: »Dieses sogenannte Palais bestand aus einem sehr kleinen Hauptgebäude, dessen Schönheit durch einen alten Turm erhöht wurde, zu dem hinauf eine hölzerne Wendeltreppe führte. Der Turm selber war ein ehemaliger Diebswinkel, von einer Bande Räuber er-

Kavalierhäuser Schloss Königs Wusterhausen, Schlossplatz 1, Königs Wusterhausen. ✆ 03375/21209-0. www.schloss-koenigs-wusterhausen.de. April – Okt Di – So 12 – 23 Uhr, sonst nur Sa und So 12 – 23 Uhr. Restaurant in den Gewölberäumen der Kavalierhäuser des Schlosses. Gute regionale Küche. Selbst gebrautes Bier, das obergärige *Wusterhausener Zwölfender.* Terrasse im Innenhof.

Bootsverleih
»Königsboot« am Nottekanal (Schlossnähe), www.koenigsboot.de, mario@koenigsboot.de, im Sommer täglich 10 – 19 Uhr.

baut, denen dies Schloss früher gehört hatte. (…). Einige Stufen führten hinauf zu dem Platz, den sich der König abends zum Tabakrauchen auszuwählen pflegte.« Dieses abendliche Tabakrauchen war wohl neben den langen Kerls seine größte Passion. Regelmäßig lud Majestät zu seinen legendären Tabakskollegien, die einen geradezu rituellen Charakter besaßen. Auf einem Stuhl sitzend, ließ sich Friedrich Wilhelm in das Rauchzimmer tragen. Streng militärisch gab er nun seine Befehle an das mit ihren Pfeifen bewaffnete zwölfköpfige Kollegium: »Das Gewehr laden, das Gewehr anlegen, Feuer frei!«

🕐 *Schlossplatz 1, 15711 Königs Wusterhausen. ✆ 03375/21170-0 (Kasse), www.spsg.de. **Bahn/ Bus:** ↗ Königs Wusterhausen, ab Bhf 10 Min Fußweg durch Bahnhofstraße, an deren Ende rechts. **Zeiten:** April – Okt Di – So 10 – 18 Uhr, Nov – März Di – Fr 10 – 16, Sa, So, Fei 10 – 17 Uhr. **Preise:** 4 €; ermäßigt 3 € **Infos:** Besichtigung nur mit Führung.*

Erkner – Museumshof am Sonnenluch

Das Gebäude des **Heimatmuseums** ist eins der wenigen erhaltenen Fachwerkhäuser in der Mark Brandenburg mit einem Reetdach. Mit dem Baujahr 1760 wurde es genau zu jener Zeit der Binnenkolonisation unter *Friedrich II.* errichtet, von dem das Museum berichtet. Die Geschichte Erkners von der ersten urkundlichen Erwähnung 1579 über die Entwicklung zur Sommerfrische um 1850 bis hin zur Zerstörung des Ortes im Zweiten Weltkrieg sind weitere Themen. Berühmten Persönlichkeiten, die zeitweise in Erkner gelebt haben, wie *Gerhard Hauptmann* (1862 – 1946), ist ein Teil der Ausstellung gewidmet.

❶ ***Stadt Erkner – Tourismusinformation,*** *Friedrichstraße/Ecke Beustraße, 15537 Erkner. ✆ 03362/*

740318, www.erkner.de. **Bahn/Bus:** Ab Berlin S3, RE1 bis Erkner. **Auto:** A10 Ausfahrt 6 Richtung Fangschleusenstraße/L38 Richtung Berlin-Köpenick/ Erkner. **Rad:** Europaradweg R1, Spreeradweg, Oder-Spree-Tour. **Zeiten:** Mo, Do, Fr 10 – 16, Di 10 – 18, Mi 11 – 16, Sa 9.30 – 15 Uhr.

Heimatmuseum, Heinrich-Heine-Straße 17 – 18, 15537 Erkner. ✆ 03362/22452. **Zeiten:** Mi, Sa, So 13 – 17 Uhr. **Infos:** Führungen nach Voranmeldung.

Das **Gerhart Hauptmann Museum** ist in der Villa Lassen in Erkner, Gerhart-Hauptmann-Straße 1 – 2, ✆ 03362/3663, www.gerhart-hauptmann.org, Di – So 11 – 17 Uhr, Erw 2 €, Führung 10 €.

Paddeltour: Die Märkische Umfahrt

Die »Märkische Umfahrt« ist ein Rundkurs auf Dahme und Spree, mit 180 km Länge gewissermaßen die Königstour unter den brandenburgischen Paddeltouren. An der Strecke liegen Erkner, Königs Wusterhausen, Fürstenwalde und Beeskow als günstige Einstiegspunkte. 11 Tage sollten dafür einkalkuliert werden. Man kann sich natürlich auch mit Teilabschnitten begnügen. Zu den schönsten Tagestouren zählt die Müggelspree zwischen Hangelsberg und dem Dämeritzsee bei Erkner.

Wassertour: Mit Flößen oder Kanus durchs Seenland

© dzt

➋ **KanuSport Erkner,** *Friedrichstraße 1, 15537 Erkner.*
☎ 03362/502316. www.kanusport-erkner.de.
Ostern – Sep täglich 9 – 19, Okt – Ostern Mo – Fr
10 – 18.15, Sa 10 – 15 Uhr. Verkauf und Verleih bei
»Deutschlands größter Kanu- und Kajak-Teststation«.

Wasserwandern ab Woltersdorf

Wasserwanderatlas
*Wasserwandern im
Oder-Spree-Seengebiet
vom Spreewald bis Ber-
lin – die schönsten Tou-
ren*, erhältlich für 3 €
beim Tourismusverband
Oder-Spree-Seengebiet.

Verleih von Kajaks (8 € pro Std), Kanadiern für 3
bzw. 4 Pers (10 € pro Std), Ruderbooten (10 € pro
Std), Tretbooten für 4 Pers (10 € pro Std) und Mo-
torbooten. Bootstouren, Gruppenangebote, Imbiss, Eis- und Grillterrasse, Ferienwohnung.

➊ *Strandpromenade 7, 15569 Woltersdorf. ☎ 03362/
500015, www.spree-safari.de. An der Woltersdorfer
Schleuse. **Bahn/Bus:** Von Berlin RE5. **Zeiten:** Mai –
Sep täglich 10 – 18, Fr, Sa nach Anmeldung happy
end 18 Uhr – Sonnenuntergang, April – Okt an Wochenenden und nach Absprache.*

Rüdersdorf — auf Kalk gebaut

Schon im 14. Jahrhundert hatten geschäftstüchti-
ge Mönche des *Zisterzienserklosters von Zinna* die
riesigen Muschelkalkvorkommen entdeckt, den
Kalkstein im Tagebau brechen lassen und lukrativ
verkauft. Auch heute wird noch kräftig gefördert –
im Terrain des trockengelegten *Heinitzsees.* Noch
bis in die 1970er Jahre war das tiefe Gewässer
ein beliebter Badesee. Er besaß das klarste und
sauberste Wasser der weiteren Umgebung, nachdem sich der ehemalige Kalksteinbruch 1914 mit
Wasser gefüllt hatte. Zu DDR-Zeiten hat man ihn
ausgepumpt, um an die unter dem See gelegenen
Kalkvorkommen heranzukommen. Nach der Wende galt Rüdersdorf, in den 30er Jahren des letzten
Jahrhunderts eins der beliebtesten Ausflugsziele
der Berliner, noch als Inbegriff für Dreck und
Staub. Längst hat die Stadt ihr ehemaliges
Schmuddelimage abgeschüttelt, heute besitzt Rü-

dersdorf eins der modernsten Zementwerke Europas.

ℹ Gemeinde Rüdersdorf bei Berlin, Hans-Striegelski-Straße 5, 15562 Rüdersdorf. ℰ 033638/85-0, www.ruedersdorf.de. **Bahn/Bus:** RE bis Erkner, Bus 950 bis Rüdersdorf Marktplatz. **Auto:** A10 Rüdersdorf, Ausfahrt 5 L302 Rüdersdorf.

Eindrucksvoll: Die Schachtofenbatterie von Rüdersdorf

Museumspark Rüdersdorf

Zweifellos: Der 1994 eröffnete *Museumspark Baustoffindustrie Rüdersdorf* gehört zu den bedeutendsten Industriedenkmälern in Deutschland. Der umtriebige Förderverein hat es sich zur Aufgabe gemacht, die historischen Bauwerke zur Kalkgewinnung und -verarbeitung aus den letzten zwei Jahrhunderten wieder herzurichten und sie als Industriepark der Öffentlichkeit zugänglich zu machen. Der Rundgang durch die faszinierende, 17 ha große **Ûlandschaft** führt den Besucher zu mehreren baulichen Zeugen frühindustrieller Technik: Das älteste erhaltene Bauwerk ist das *Magazingebäude* am Mühlenfließ. Es wurde bereits in der zweiten Hälfte des 17. Jahrhunderts erbaut und diente zur Lagerung und Verpackung des gebrannten Kalks. 1830 bekam das Gebäude seinen klassizistischen Uhrenturm. Besonders interessant sind die beiden *Rumfordöfen,* die nach ihrem amerikanischen Erfinder benannt sind. Mit ihnen konnte ab 1802 kontinuierlich Kalk gebrannt werden. Die zwischen 1871 und 1877 entstandenen 140 m lange *Schachtofenbatterie* am

☀**Tipp:** Der geneigte Spaziergänger kann am Steinbruch **Versteinerungen** von Muscheln, Korallen und Schnecken finden. Schließlich gehören die Rüdersdorfer Kalkvorkommen zur Triasformation, einem 240 Mio Jahre zurückliegenden Erdzeitalter, als große Teile des heutigen Mitteleuropas von einem flachen Meer bedeckt waren.

DAHME-SEEN & SPREEWALD

Ende der Anlage erscheint mit ihren eindrucksvollen Türmen wie eine wahrhaftige Kathedrale des Kalks. Sie war noch bis 1967 in Betrieb. Restauriert hat man auch einige prachtvoll klassizistisch gestaltete Portale, Ein- bzw. Ausgänge des ehemaligen Transportsystems zu Wasser. Von dort transportierten Schlepper den Kalk nach Berlin. Tatsächlich dürfte kaum ein historisches Gebäude in Berlin ohne den Rüdersdorfer Kalk entstanden sein. Verwendung fand das begehrte Material beispielsweise beim Bau des Brandenburger Tors, des Berliner Doms, des Olympiastadions, aber auch beim Bau der Terrassen von Potsdams Sanssouci. Informativ: das **Haus der Steine** nahe Parkeingang. Mehrmals täglich startet eine rund

Rasselbock, Kirchhofen 16, Spreenhagen-Kirchhofen. ✆ 033633/378. www.gasthof-rasselbock.de. Di – So 11 – 22 Uhr.

▶ *Die weitgehend noch unberührte Auenlandschaft der Müggelspree, die zwischen Hangelsberg und Spreeau ungewöhnlich windungsreich durch den Fürstenwalder Stadtforst mäandert, ist ein Dorado für Radler und Wasserwanderer. Unterwegs kann es passieren, dass Sie einem recht wundersamen Lebewesen begegnen, dem* **Rasselbock.** *Das seltsame Tier mit dem wissenschaftlichen Namen Capreolus Orycto Cuniculus ist vor allem im Dickicht des Waldes zu Hause. Sein Vater ist ein Hase, seine Mutter ein Reh. Fangen kann man es nur bei Vollmond um Mitternacht. Dann muss man sich mit einem geöffneten Sack auf die Lauer legen und geduldig warten, bis der Rasselbock angesaust kommt. Der Gasthof im Spreenhagener Ortsteil Kirchhofen hat ein ausgestopftes Exemplar dieser seltenen Spezies als Jagdtrophäe in der Stube hängen. Die am Waldesrand gelegene Gaststätte mit herrlicher Sommerterrasse, ein beliebter Treff der Radler, heißt natürlich »Rasselbock«. Serviert werden aber nur die üblichen märkischen Spezialitäten.* ◀

DER RASSELBOCK AN DER MÜGGELSPREE

einstündige **Landrovertour** entlang dem 4 km langen Steinbruch und zu den Abbaustätten im Tagebau. Das ganze Jahr zahlreiche Veranstaltungen.

 *Heinitzstraße 41, 15562 Rüdersdorf. © 033638/ 7997-97, www.museumspark.de. Bahn/Bus: S3 bis Friedrichshagen, dann Tram 88 bis Rüdersdorf Heinitzstraße. Auto: ↗ Rüdersdorf. Zeiten: April – Okt täglich 10 – 18 Uhr, Nov – März Di – So 10 – 16 Uhr. Preise: 5 €, Landrovertour (1 Std) 15 €, Fossilien sammeln und bestimmen 15 €; bis 16 Jahre 3 €, Landrovertour 8 €, Fossilien sammeln und bestimmen bis 16 Jahre 10 €. Infos: weitgehend behindertengerecht. Geologische und historische Führungen nach Voranmeldung (Erw 12 bzw. 8 €, Kinder bis 16 Jahre 8 bzw 4 €).*

Zum Bergmann, im Magazingebäude, Rüdersdorf. wie Museumspark. Café-Imbiss mit schöner Sommerterrasse.

Domstadt Fürstenwalde

Die Stadt am Oder-Spree-Kanal zählt zu den ältesten deutschen Gründungen in Brandenburg. Sie ist eine der drei märkischen Domstädte – neben Brandenburg und Havelberg. Im ausgehenden Mittelalter, von 1385 bis 1598, war hier der Bistumssitz der Bischöfe von Lebus. Der Zweite Weltkrieg legte fast das gesamte Zentrum in Schutt und Asche. Der **Dom St. Marien** aus dem 15. Jahrhundert ist eines der historischen Gebäude, die wiederhergestellt wurden. Das spätgotische Gotteshaus hat man im Laufe der Jahrhundert mehrfach umgestaltet. Weithin sichtbar ist sein 30 m hoher barocker Turm. Das wertvollste Exponat der Innenausstattung ist das 12 m hohe Sakramentshaus aus der Schule *Tilman Riemenschneiders*. Es stammt aus dem Reformationsjahr 1517. Im Dom finden regelmäßig Orgelkonzerte statt.

Eng beieinander: Dom und Altes Rathaus
© TI Fürstenwalde

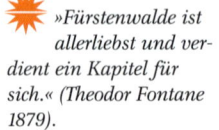

»Fürstenwalde ist allerliebst und verdient ein Kapitel für sich.« (Theodor Fontane 1879).

Restaurant Voltaire im Hotel Kaiserhof, Am Kaiserhof, Fürstenwalde. ✆ 03361/5500. www.kaiserhof.de. Mo – Fr 6.30 – 11 und 17.30 – 23 Uhr, Sa, So 7 – 23 Uhr. Im Zentrum, gute regionale und internationale Küche. Auch Vegetarisches. ☎ DZ/F ab 120 €, Infrarotsauna, Biershop.

Broschüre »Radwanderwege Fürstenwalde und Umgebung« und Adressen von mehreren Fahrradverleihern über Touristinformation.

Die **Kulturfabrik** bietet ein breites kulturelles Programm, integriert sind neben dem Stadtmuseum auch künstlerische Werkstätten, ein Jugendzentrum sowie ein Kinder- und Frauenladen, www.kulturfabrik-fuerstenwalde.de.

Gleich neben dem Dom erhebt sich würdevoll ein zweites Gebäude, das wohltuend aus den stereotypen Wohnblocks der DDR-Zeit herausragt: das **Alte Rathaus.** Es entstand in mehreren Bauphasen im 15./16. Jahrhundert. Besonders schön ist die Westfassade mit ihrem Ziergiebel. Klassizistische Bürgerhäuser und einige Jugendstilvillen stehen in der Eisenbahnstraße.

🕐 *Dom St. Marien* 10 – 15 Uhr.

Rundgänge in Fürstenwalde

Zwei gut ausgeschilderte Rundgänge führen durch die Stadt. Rundweg 1 ist ca. 1,5 km lang und berücksichtigt alle wichtigen historischen Gebäude. Rundweg 2 ist ca. 3,5 km lang und verläuft auch an der Spree entlang.

❶ *Fürstenwalder Tourismusverein e.V., Rathausstraße 7, 15517 Fürstenwalde/Spree. ✆ 03361/760600, www.fuerstenwalde-tourismus.de. Bahn/Bus: Ab Berlin RE1 im 30-Min-Takt. Auto: A12 Abfahrt Fürstenwalde Ost oder West, A10 mit Abfahrt in Freienbrink in Richtung Hangelsberg nach Fürstenwalde. Rad: Tour Brandenburg, Spreeradweg, Oder-Spree-Tour, Radroute Historische Stadtkerne Route 4. Zeiten: Mo – Fr 10 – 18 Uhr, Sa 10 – 14 Uhr.*

Stadtmuseum Fürstenwalde

Das Museum zog 2007 in die ehemalige Domschule von 1845 ein und ist ein Bestandteil der **Fürstenwalder Kulturfabrik.** Erzählfiguren aus der Fürstenwalder Stadtgeschichte führen durch das Haus und erläutern die Entwicklung des Ortes. Das höchst liebevoll eingerichtete Museum besitzt interessante Funde von der Frühgeschiche bis zur Neuzeit. Berühmt ist der wertvolle **Silbertalerschatz** aus dem Dreißigjährigen Krieg, wohl verwahrt hinter dickem Panzerglas. Eigens dem Leben und Werk des Fürstenwalder Malers und Graphikers **Gerhard Goßmann** ist eine Ausstellung im Erdgeschoss gewidmet. Der Künstler wurde auch international bekannt durch seine Illustrationen von Kinder- und Jugendbüchern. Ein anderer Fürstenwalder Bürger machte die Stadt Ende des 19. Jahrhunderts weltweit bekannt: »Mehr Licht« hieß der Slogan der Firma Julius Pintsch, denn überall – ob an der Ost- und Nordsee oder in den Buchten der Weltmeere, ob in Japan oder Feuerland – wiesen die Leuchttürme und -bojen dieses Betriebs den Kapitänen den Weg. Original: Ein **Pintsch-Leuchtturm** von 1910 im Museumshof am Domplatz erinnert seit 2007 an den Mann, der Fürstenwalder Industriegeschichte schrieb. Originell: Daneben hat man ein sehr ansehnliches **Taubenhaus** aus der vorletzten Jahrhundertwende und aus verzierten Kacheln aufgestellt – als Reminiszens an die alte Tradition der Kachelherstellung in der Spreestadt.

Pintsch-Leuchtturm mitten in der Stadt

M **Stadtmuseum,** *Domplatz 7, 15517 Fürstenwalde/ Spree.* ℰ *03361/2130, www.museum-fuerstenwalde.de.* **Zeiten:** *Di – So 13 – 18 Uhr.* **Preise:** *4 €; Kinder bis 6 Jahre frei; 2 €, Familienkarte (2 Erw und schulpflichtige Kinder) 10 €.*

Kauz, Luchs & Co hautnah erleben: Heimattiergarten

Im 1975 eröffneten Tiergarten leben gegenwärtig um die 300 Tiere aus 58 Arten, unter anderem Luchse, Waschbären und Wisente. Der Garten verfügt über Brandenburgs größte Greifvogelsammlung, darunter sind Stein- und Steppenadler. Begehbar ist das Berberaffengehege. Streichelgehege, Kinderbauernhof, Parkcafé. Behindertengerecht gestaltet.

◷ **Heimattiergarten Fürstenwalde e.V.,** *Dr. Wilhelm-Külz-Straße 10b, 15517 Fürstenwalde/Spree.* ℰ *03361/4541, www.heimattiergarten-fuerstenwalde.de. Im Stadtpark.* **Bahn/Bus:** ⤢ *Fürstenwalde,*

✕ **Restaurant Seeblick,** Parkstraße 10, Fürstenwalde-Trebus. ℰ 03361/347650. www.restaurantseeblick.com. Di – So 11.30 – 22 Uhr. Am Trebuser See ca. 5 km nördlich der Stadt. Radweg von/nach Fürstenwalde. Gute Wild- und Fischgerichte. Seeterrasse, Biergarten.

*dann 5 Min zu Fuß durch den Stadtpark, ausgeschildert. **Auto:** A12 bis Ausfahrt Fürstenwalde, Parkplatz am Ende des Stadtparks. **Zeiten:** April – Sep 9 – 18, Okt – März 9 – 16 Uhr. **Preise:** 4 €; Kinder 4 – 14 Jahre 2 €. **Infos:** Führung für Gruppen nach Voranmeldung. Tierparkcafé.*

Picknick bei den Markgrafensteinen

Von der **Chausseestraße,** Rauens Hauptstraße, geht die Bad Saarower Chaussee ab. Sie führt unter der Autobahn hindurch direkt ins Waldgebiet der Rauenschen Berge und zu den beiden berühmten Markgrafensteinen. Der Weg durch schönen Mischwald ist gut ausgeschildert. Die **Rauenschen Berge** entstanden während der letzten Eiszeit als lang gezogene Endmoräne, sie erreichen eine Höhe von 150 m. Im 19. Jahrhundert wurde hier unter Tage Braunkohle gefördert.

Die beiden **Markgrafensteine** liegen auf einer kleinen Lichtung. Fontane, der 1881 zu den größten märkischen Findlingen pilgerte, zeigte sich wieder mal enttäuscht, hatte er »wenigstens ein paar von der Natur gebildete Riesen-Obelisken« erwartet. Aber die beiden Granitblöcke, Mitbringsel der Eiszeitgletscher aus Südwestschweden, haben doch sehr beachtliche Ausmaße: Der ehemals kleinere hat einen Umfang von 21,6 m, der andere erreicht immerhin noch 17 m Umfang, obwohl man ihn 1827 mühsam teilte. Zuvor betrug sein Umfang 29,5 m. Aus dem damals heraus gesprengten Mittelstück formte man die riesige **Granitschale** vor dem Berliner Alten Museum, im Volksmund »größte Suppenschüssel der Welt« genannt. Mehr als sechs Wochen schweißtreibender Arbeit waren nötig, um den an Ort und Stelle ausgemeißelten 1500 Zentner schweren Schalen-Rohling auf Holzwalzen zur 5 km entfernten Spree zu rollen. Auf ei-

 **Restaurant Park-Café mit Theater am See,** Seestraße 22, Bad Saarow. ℂ 033631/868323. www.restaurant-park-cafe.de. Täglich 11 – 23 Uhr. Am Scharmützelsee mit Terrasse, regionale und internationale Küche. ☎ Im Sommer Theater- und Musikveranstaltungen.

nem eigens dafür gebauten Kahn kam die extravagante »Suppenschüssel« Ende 1822 schließlich wohlbehalten in Berlin an. Aber erst zwölf Jahre später war das »Biedermeierweltwunder« künstlerisch vollendet.

Im größeren der beiden **Findlinge** soll eine verzauberte und natürlich bildhübsche Grafentochter schlafen. Nur ein nicht minder schöner Jüngling kann das arme Fräulein aus der steinernen Gefangenschaft erlösen, wenn er in der Frühe des Johannistages dreimal und ohne Atem zu holen um den großen Stein läuft. Das müsste doch eigentlich zu schaffen sein. Aber vielleicht sollte man zunächst mal ein Picknick einlegen. Da bietet sich der **Steinerne Tisch** an, ein schönes Plätzchen 200 m hinter der Lagerstelle der beiden Steine. Früher »Schöne Aussicht« genannt, soll man einst von dort oben einen Fernblick bis zum Scharmützelsee und sogar bis zum mehr als 50 km entfernten Berlin gehabt haben. Mittlerweile ist dieses grandiose Panorama durch den 100-jährigen Waldbestand völlig verdeckt. *Theodor Fontane,* der die Kirchtürme Berlins angeblich aus einem Nebelschleier hervortreten sah, schrieb damals folgende Zeilen in sein Notizbuch: »Wer auf der Schönen Aussicht ist, hat die Pflicht, sich auf den Steintisch zu stellen und von ihm aus die Landschaft zu mustern.« Wer's heute tut, hat nicht viel davon. Doch seit 2011 steht ganz in der Nähe ein neuer Kiek-ins-Land. Von diesem 36 m hohen Turm blickt man bei guten Sichtverhältnissen tatsächlich bis zur Hauptstadt.

⊘ *15518 Rauen bei Fürstenwalde.* **Wanderung:** *2 km, geteerter Waldweg, müheloser Aufstieg. Gehzeit rund 45 Min einfach. Alternativer Ausgangspunkt ist Petersdorf nördlich von Bad Saarow.* **Markierung:** *Grüner Strich auf weißem Grund.* **Länge:** *7,5 km hin und zurück.* **Bahn/Bus:** *↗ Fürstenwalde Bhf Bus 435 Richtung Storkow bis Rauen.*

Sehr nützlich ist der Ortsplan Bad Saarow mit Karte 1:20.000 zum Scharmützelsee, den Sie für 1 € bei der Gästeinformation im historischen Bahnhof bekommen. Dann kann man unterwegs auch mal den Radweg verlassen und sich Straßen direkt am See aussuchen.

Wo Burn Outs mit Sole gelöscht werden: Bad Saarow

Bad Saarow ist mit rund 4700 Einwohnern die größte Ortschaft am Scharmützelsee. Sie erstreckt sich mit ihren Vororten **Dorf Saarow** und **Bad Saarow Strand** von der Nordspitze des Scharmützelsees mehrere Kilometer am West- und Ostufer (Pieskow) entlang. 1907 wurden sie zur Doppelstadt Bad Saarow-Pieskow zusammengeschlossen, seit 2002 nennt sich die Gemeinde kurz Bad Saarow.

Theodor Fontane verunglimpfte bei seinem Besuch 1881 Saarow und Pieskow noch als »die verlorensten Nester der Mark«. Regelrecht froh war der mäkelnde Dichter offenbar, als er mit seinem Kutscher Moll – »Is' das 'ne Jejend! In Saarow is nischt, und in Pieskow is jar nischt!« – die beiden Nester wieder verlassen hatte. Er selbst fand hier auch nichts von all dem, was er so oft und gern suchte: »Gräber und Türkenglocken, Denkmäler und Inschriften. Und vielleicht auch einen Pfeiler mit ein paar eingemauerten Nonnen, oder 'ne Sakristei mit 'nem vergrabenen Schatz.« Den würde Fontane sehr wahrscheinlich zwar heute auch nicht finden. Aber aus den »verlorensten Nestern« von einst wurde schon kurz darauf, am Anfang des letzten Jahrhunderts, ein viel besuchter Badeort mit einem Heilbad.

Ausgerechnet der Nachkomme eines Fontane-Freundes, ein Mann namens *Willi von Lepel,* soll 1927 die heilbringende **Chlor-Calzium-Solequelle** entdeckt haben. Sie brachte den Fremdenverkehr endgültig in Schwung, nachdem schon 1911/12 Raseneisensteinmoore erschlossen worden waren. Noch vor dieser lukrativen Entdeckung, im Jahre 1905, kaufte eine Berliner Aktiengesellschaft für geringes Entgelt die beiden alten Gutsdörfer am Nordwestufer des Sees und baute eine elegante Landhaussiedlung auf, die *Villenkolonie Scharmützelsee-Nord,* das heutige Bad Saarow

Heute mal Luxus gefällig? Bad Saarow bietet allerlei schöne Herbergen

Die Bühne im Bahnhofshotel, Bahnhofsplatz 3, Bad Saarow. ☏ 033631/59992. www.bahnhofshotel-die-buehne.de. Täglich ab 11 Uhr. Exzellente Küche, geschmackvolle Einrichtung, kleine Terrasse. ⌂ Hotel mit DZ im Stil der 20er Jahre für 65 € mit Frühstück.

Strand. Die High Society nahm das luxuriöse Freizeitangebot gerne an, schließlich war Saarow bereits ab 1911 an das Eisenbahnnetz mit Berlin angeschlossen. Prunkvolle Villen versperrten bald dem Normalbürger den Zugang zum See. Der mondäne Bade- und Kurort avancierte in den 20er und 30er Jahren zum geschätzten Tummelplatz betuchter Unternehmer, berühmter Schauspieler und sonstiger Prominenz. Es weilten hier regelmäßig unter anderem der Boxchampion *Max Schmeling* und seine Frau Anny Ondra, Ufa-Stars wie *Victor de Kowa, Harry Liedke* und *Käthe Dorsch.* Die beiden Letzteren sind im Ortsteil Pieskow auch begraben. Wenige Jahre später kamen die Nazibonzen hinzu. Nach dem Kriege wurde die kleine Stadt am Scharmützelsee zum Erholungsort für die Werktätigen der DDR. 1972 mussten die Seeanwohner zehn Meter von ihrem Privatstrand räumen. So entstand die Seepromenade, die nach der Wende schließlich mit einem gepflegten Kurpark verbunden wurde. Drei kleinere **Parkanlagen** säumen das nördliche Seeufer: der *Cecilien-,* der *Kleist-* und der *Fontanepark.*

Längst hat der Kurort wieder an seine glanzvolle Ära der Vorkriegsjahrzehnete angeknüpft. Einige bauliche Reminiszensen aus der Pionierzeit des Heilbades wurden aufwändig und sehr ansehnlich restauriert. So etwa mehrere Villen in Seenähe, auch das alte Moorbadehaus von 1914 und die Dreiflügelanlage des **Bahnhofs** im Heimatstil (1912) mit seinem großzügigen Vorplatz. Ins ehemalige Moorbad zog jetzt das **Haus des Gastes** als kurstädtisches Servicezentrum mit Bibliothek ein, im Kurpark mit Brunnenpavillon kann man bestens flanieren und die ⟋ **SaarowTherme** wurde zum modernen Therapiezentrum. Dieses »Herz des Kurorts« bezieht das heilkräftige, 33 Grad warme Wasser der Solequelle aus einer Tiefe von

☀ **Tipp: Sommerrodelbahn** täglich 10 – 18 Uhr, Dez – Feb jeden Sa, So und Fei von 11 – 16 Uhr. Die Strecke ist 1000 m lang und überwindet immerhin 52 m Höhenunterschied. www.scharmuetzelbob.de

455 Metern, das Moor kommt aus ortsnahen La-
gerstätten der *Wierichwiesen.* Heilanzeigen der
Catharinen-Quelle sind Herz- und Gefäßerkrankun-
gen, Atemwegs-, Stress- und Berufserkrankungen.

ℹ️ *Gästeinformation, Bahnhofsplatz 4, 15526 Bad Saa-*
row. © 033631/438380, www.bad-saarow.de.
Bahn/Bus: RE1 bis Fürstenwalde, dann RB35 bis
Bad Saarow. Auto: Ab Berlin A113, Ausfahrt 11 Schö-
nefelder Kreuz Richtung Frankfurt/O. auf A10 bis
Ausfahrt 1 Dreieck Spreeau, A12 Richtung War-
schau, Ausfahrt 4 Fürstenwalde-West, L35 Richtung
Bad Saarow. Rad: Spreeradweg, Oder-Spree-Tour.
Zeiten: April – Ende Okt Mo – Fr 9 – 18 Uhr, Sa, So,
Fei 9 – 16 Uhr; Nov – März Mo – Fr 9 – 16 Uhr, Sa,
So, Fei 10 – 15 Uhr.

SaarowTherme

Großes und beliebtes Thermalbad mit Strömungskanal, Massagedüsen, Unterwasser-Geysiren,
Musik-Licht-Bad, Saunalandschaft. Außerdem Ha-
mam (türkisches Körperpeeling), Rhasul (Ganzkör-
perpeeling) und Lomi Lomi Nui, eine hawaiiani-
sche Tempelmassage, Durchatmen in der neuen
SalzOase mit feinem Mikroklima. Und Vieles mehr.

🏊 *Am Kurpark 1, 15526 Bad Saarow. © 033631/*
8680, www.bad-saarow.de. Bahn/Bus: ↗ Bad Saa-
row. Zeiten: So – Do 9 – 21, Fr, Sa 9 – 23 Uhr. Prei-
se: 15 € für 3 Std, 20 € pro Tag; Kinder bis 15 Jahre
10 € für 3 Std, Tageskarte 15 €;
Ermäßigung für Gruppen (10 €/
Pers), ab 20 Pers hat eine Begleit-
person freien Eintritt, Geburts-
tagskinder haben freien Eintritt.
Besucher, die ein Ticket der
Scharmützelsee-Schifffahrt vom
gleichen Tag vorweisen, bekom-
men einen Rabatt von 2 € pro
Pers (gilt auch umgekehrt). Infos:
an den Wochenenden oft sehr
voll, günstiger ist ein Besuch an
den Werktagen.

Plietschvergnügt in der
Saarow Therme

© Bad Saarow Kur- und Fremdenverkehrs GmbH

Rund um den Scharmützelsee

Radtour mit Badepause um den See

FahrRad Scheffler, Golmer Straße 6b, 15526 Bad Saarow. ✆ 033631/58800, www.home-of-bike.de. Bahnhofsnähe. Mo – Fr 9 – 18, Sa 10 – 13 Uhr, in der Saison auch So, Fei 10 – 13 Uhr. Die Öffnungszeiten sind wetterabhängig! Rückgabe der Räder unabhängig der Öffnungszeiten möglich. Um die 70 Räder für Damen, Herren und Kinder (8,50 € pro Tag), Kindersitze, Helme, Tandems, Radtransporte im Umkreis von 50 km, auch Reparatur und Wartung.

Das Landhaus im Grünen, Schwarzhorner Weg 12a, Wendisch-Rietz. ✆ 033679/71528. www.das-landhaus.eu. Di – So ab 12 Uhr, Okt – April Fr – Di ab 12 Uhr. Bauernstube mit Terrasse. Deftige Speisen, Fisch- und Knoblauchspezialitäten.

Ausgangspunkt der Rundfahrt ist der **Bahnhof Bad Saarow.** Von dort führt die Pieskower Straße in Richtung Diensdorf-Radlow. Der Radweg verläuft meist parallel dazu. Interessanter als der Radweg ist zu Beginn der Tour aber der lange **Karl-Marx-Damm,** der nach rund 300 m von der Hauptstraße abbiegt, am See entlang und am Cecilienpark vorbeiführt und dann wieder in die Landstraße mündet. In **Diensdorf-Radlow** liegen die zwei vielleicht schönsten **Badestellen** am Scharmützelsee. Die erste hat zudem eine große Liegewiese, eine ganz gute Imbissbude mit Terrasse steht am Rande. Nördlich davon ist die Dampferanlegestelle. Das Dorf Radlow bildet seit 1962 mit Diensdorf eine Gemeinde. Der Ortsname stammt vom slawischen Wort *radlo* ab und bedeutet Haken. Der Hakenpflug bildete nämlich einst die Grundlage für das slawische Landmaß. Ein Haken umfasste so viel Land, wie man mit einem Paar Ochsen am Tag beackern konnte.

Kurz danach biegt man in das Sträßchen **Waldfrieden** ein und radelt dann, wieder in Ufernähe, durch ein Waldgebiet. Hier und am Westufer des Sees dominieren Kiefern, es gibt aber auch herrliche alte Buchen und fast mannshohe Farne. An den Bahnschienen hält man sich rechts, die nahe Seestraße führt an einer weiteren Badestelle vorbei und in die Ortschaft **Wendisch-Rietz** an der Südspitze des Sees. Im staatlich anerkannten Erholungsort befindet sich an der Kanalverbindung mit dem *Großen Storkower See* eine Schleuse, die im Sommer von den Ausflugsdampfern und Sportbooten stark frequentiert wird. Auch in Wendisch-Rietz ist ein Dampferanleger, es gibt mehrere Gasthäuser sowie ein herrlich an einem **Bade-**

strand und dem unter Kiefern gelegenen **Campingplatz Schwarzhorn,** www.eurocampings.de, ✆ 033679/401.

Der Radweg zur Weiterfahrt nach Bad Saarow ist mit einem Fahrradlogo ausgeschildert. Bei **Bad Saarow Strand** lohnt es sich, in die kerzengerade Strandstraße reinzufahren: Bootsverleih und kleines Strandbad. Am Ortseingang **Bad Saarow Mitte** verläuft die Seestraße zur großen **Dampferanlegestelle Schwanenufer,** zum Kurpark und zurück zum Ausgangspunkt, **Bad Saarow Bahnhof.**

🡒 *Bad Saarow – Diensdorf-Radlow – Wendisch-Rietz – Bad Saarow Strand – Bad Saarow,* 15526 Bad Saarow. **Länge:** 24 km, überwiegend einfach, geteerter Radweg fast auf der gesamten Strecke. Start und Ziel ist Bad Saarow Bhf.

ℹ *FVV Scharmützelsee,* Kleine Promenade 1, 15864 Wendisch Rietz. ✆ 033679/64840, www.scharmuet-zelsee.de. **Bahn/Bus:** Ab ↗ Königs Wusterhausen mit der OE. **Auto:** A12 in Richtung Frankfurt (Oder), Ausfahrt 3 Storkow L23, von dort B246. **Rad:** Oder-Spree-Tour. **Zeiten:** April – Okt Mo – Fr 9 – 12.30 und 13 – 17, Sa, So, Fei 9 – 16, Nov – März Mo – Fr 10 – 12.30 und 13 – 16 Uhr.

Baden und Wassersport

Das »Märkische Meer« (Fontane) ist mit seinen 13,8 qkm der größte, aber auch einer der klarsten Seen Brandenburgs. Das rund 12 km lange Gewässer ist fast konstant 1,5 km breit und bis zu 28 m tief. Der »Bodensee der Mark«, wie der lang gestreckte Scharmützelsee in typisch märkischer Übertreibung auch noch genannt wird, ist in eine teilweise dicht besiedelte Hügellandschaft eingebettet, herrliche Gebiete für kleinere und ausgedehnte Wanderungen. Er ist sehr fischreich, neben Plötzen und Bleien kommen auch Barsche, Karpfen und Aale vor, die in einigen Lokalen fangfrisch serviert werden.

Satama Sauna Park, Strandstraße 12, Wendisch Rietz. ✆ 033679/7589900. www.satama-sauna-park.de. Täglich 9 – 23 Uhr. Wunderbare Saunalandschaft: mehrere Innensaunen, draußen im Garten eine Erdsauna, Kiefernholzsauna und eine sibirische Banja-Sauna. Pool, Ruheräume, ansprechende Küche. Erw ab 22,90 €, Kinder bis 14 Jahre 9,90 €.

🡒 **Rad-Scharmützel:** Autofreies Radelfest am 1. So im Sep rund um den Scharmützelsee, 10 – 16 Uhr. Storkow – Wendisch Rietz – Bad Saarow – Fürstenwalde – Rauen; www.scharmuetzelsee.de.

- **Strandbad Neptun,** Saarow Strand, 9 – 20 Uhr. Imbiss, Volleyball, Tischtennis.
- **Seebad Mitte,** Seestraße 36, kleiner Sandstrand mit Liegewiese, Café und Restaurant, Terrasse, Kinderspielplatz.
- **Badestelle Regattaplatz,** Dorf Saarow. Gut für ein Picknick geeignet.
- **Badestelle Am Trift in Pieskow,** Ostufer.
- **Zwei Badestellen** in Diensdorf-Radlow am Ostufer des Sees. Anfahrt mit dem Rad oder Dampfer.
- **Badestelle in Wendisch Rietz.** Relativ steiler Zugang zum See, überdachte Picknicktische und Grillstellen.

Ausflugsdampfer Scharmützelsee

Der Scharmützelsee ist über die Storkower Gewässer direkt mit den Berliner Wasserstraßen verbunden. Die Ausflugsdampfer starten vom Hafen Seestraße in Bad Saarow zu zweistündigen Rundfahrten auf dem See, aber auch zu Schleusenfahrten, Tagesfahrten nach Prieros und zu Erlebnisfahrten mit Tanz.

❶ Scharmützelsee Schifffahrts GmbH, Seestraße 40, 15526 Bad Saarow. ✆ 033631/ 59930, www.bad-saarow-schiff.de. **Bahn/Bus:** ↗ Bad Saarow. **Zeiten:** Tägliche Fahrzeiten Mai – Anfang Okt und an den Osterfeiertagen, in der Vor- und Nachsaison auf Anfrage; das Büro ist in der HS 9 – 18 Uhr, in VS und NS 10 – 15 Uhr geöffnet. **Preise:** 2 Std Rundfahrt 12 €;

Das mittelalterliche Storkow und seine lebendige Burg

Die ursprünglich slawische Siedlung wurde erstmals 1209 als deutsches *Burgward Sturkuowe*
dokumentarisch erwähnt. Storkow ist damit eine
der ältesten Städte der Mark Brandenburg. Durch
den Ort verlief ab dem 13. Jahrhundert die Poststraße von Cottbus über Beeskow zu den damals
neu gegründeten Spreestädten Berlin und Cölln.
Der Ortsname leitet sich vom altslawischen Wort
»strucku« ab, was Storch bedeutet. Meister Adebar
dominiert denn auch das Stadtwappen.

Den denkmalgeschützten, rechteckigen **Marktplatz** säumen 100-jährige Linden und einige Traufenhäuser aus dem 18. Jahrhundert. Mittendrauf
thront die mächtige Friedenseiche, die 1814 zum
Gedenken an die Befreiungskriege gegen Napoleon gepflanzt wurde.
Die evangelische
Pfarrkirche gleich
um die Ecke stammt
aus dem 14. Jahr-
hundert, nach dem
großen Stadtbrand
von 1570 musste
das gotische Gottes-
haus weitgehend
neu aufgebaut wer-
den. Ein paar Schrit-
te entfernt liegt die

*Gracht, Klappbrücke …
Storkow gibt alles, um
holländisch zu wirken*

Wirkt eher wie ein großer Gutshof: Die Burg von Storkow

⚔ **Restaurant & Hotel Karlslust,** Karlsluster Straße 25, Storkow. ☎ 033678/6420. www.seehotel-karlslust.de. Täglich ab 10 Uhr. Tolle Lage direkt am Storkower See. Schöne Sommerterrasse. Regionale Gerichte. ♠ Hotel mit DZ ab 70 €. ➲ Fahrrad- und Bootsverleih: Kanus, Tretboote, Motorboote (auch führerscheinfrei), Partyboote.

Schleusen- und Klappbrückenanlage am **Storkower Kanal** – ein wahrhaft idyllischer Winkel. Rund 30 Gewässer liegen in der näheren Umgebung des 7000-Einwohner-Städtchens. Südöstlich der Ortschaft breitet sich der **Große Storkower See** aus – mit Freibad und großer Badewiese. Daneben befindet sich der Schiffsanleger: Die Dampfer fahren im Sommer zum Scharmützelsee und zum Wolziger See.

Am Rande der Altstadt steht die mittelalterliche **Storkower Burg,** deren Baubeginn bereits um das Jahr 1200 datiert wird. Damals herrschten die Ritter von Strele über das umliegende Land. Im 16. Jahrhundert wurde die Burganlage unter dem brandenburgischen Kurfürst *Johann von Küstrin* vergrößert. Die gesamte Herrlichkeit dieser Schlossburg brannte 1978 nieder. Nach langjährigem Wiederaufbau erstrahlt die Burg seit 2009 als kulturelles Zentrum der Region. Veranstaltungen finden auf der **Freilichtbühne im Burghof** und im großen Saal des Palas (Wohntrakt) statt. Es gibt ein sehr nettes **Burgcafé,** im Fachwerkhaus ist die Stadtbibliothek eingezogen und gegenüber die **Tourist-Information.** Der Rittersaal sowie das Ober- und Dachgeschoss beherbergen die sehenswerte, multimediale **Dauerausstellung** *Mensch und Natur – eine Zeitreise.*

Abschließend noch ein **Storkower Histörchen:** Im vorrevolutionären Jahr 1844 ging der Storkower

Bürgermeister *Tschech* als tragische Figur in die Geschichte ein. Der gute Mann wollte nämlich den preußischen König Friedrich Wilhelm IV. erschießen, weil der ihm die Wiedereinstellung in den Staatsdienst verweigerte. Die beiden Pistolenkugeln verfehlten aber knapp das wohlbeleibte Ziel. Daraufhin dichtete der Volksmund mitfühlend das Lied vom glücklosen Tschech: »Hat wohl je ein Mann so'n Pech/Wie der Bürgermeister Tschech/Dass er diesen dicken Mann/Auf zwei Schritt nicht treffen kann.«

❶ **Tourist-Information,** *Schlossstraße 6 (in der Burg), 15859 Storkow (Mark).* ✆ *033678/73108, www.storkow.de.* **Bahn/Bus:** *Ab Berlin-Schöneweide mit ODEG 36 (Ostdeutsche Eisenbahn) direkt bis zum historischen Bhf Storkow oder mit der RE1 bis Fürstenwalde/Spree, dann Bus 435.* **Auto:** *A12 in Richtung Frankfurt (Oder), Ausfahrt 3 Storkow L23.* **Rad:** *Oder-Spree-Tour.* **Zeiten:** *täglich 10 – 17 Uhr.*

❷ **Burg Storkow** *Mo – So 10 – 17 Uhr.* **Preise:** *Burgausstellung 4,50 €; Kinder ab 6 Jahre und Schüler 2 €.* **Burgcafé** *mit Sommerterrasse im Burghof, Mo – Sa 10 – 18, So 9 – 18 Uhr.*

➡ **Mittelalter-Tour mit dem Nachtwächter:** Gespielte Geschichte rund um die mittelalterliche Burg und den Marktplatz, 5 € pro Pers, Gruppenführung 70 €. Kontakt: ✆ 033678/72513.

Die Umgebung von Storkow: Viel Wasser, frischer Fisch und amerikanische Dörfer

Drei Kilometer südwestlich von Storkow liegt **Groß Schauen** auf einer Landzunge zwischen dem *Schaplowsee* und dem *Großen Schauener See.* Weitere Seen schließen sich südlich an. Diese **Groß Schauener Seenkette** erscheint wie ein einziger See mit einer riesigen Wasserfläche von 960 ha. Es handelt sich um Flachseen mit einer durchschnittlichen Wassertiefe von nur 2 m, die allmählich verlanden. Die seit 2002 von der *Heinz-Sielmann-Stiftung* geschützte Naturlandschaft ist die Heimat mehrerer vom Aussterben bedrohter Tier-

 *Heinz Sielmann*
(1917 – 2006), deutscher Tierfilmer, Ökologe und Verhaltensforscher. Die 1994 gegründete Heinz-Sielmann-Stiftung kümmert sich durch Ankauf und Pflege von Biotopen um Lebensräume für bedrohte Arten.

Sielmann-Info-zentrum, Hauptstraße 19, Groß Schauen, ℰ 03544/556327, www.sielmann-stiftung.de, tgl. 9 – 17 Uhr.

Fischereimuseum Köllnitz, tgl. 9 – 17 Uhr, Eintritt frei.

Zu Hause in der großen, weiten Welt …

arten wie Fisch- und Seeadler, Fischotter und Rohrdommel sowie von seltenen Pflanzen wie einigen Orchideenarten. Ein 32 km langer **Radweg** führt rund um die Seenkette. In den **Köllnitzer Fischerstuben** bei Groß Schauen kann man nicht nur bestens zu allerlei Fischspezialitäten einkehren. Hier ist zudem eine hochinteressante »Erlebniswelt Fischerhof« entstanden, mit einem **Fischereimuseum** in einer Kate von 1782, mit Adler-TV (Live-Einblicke in ein nahe gelegenes Adlerhorst) und einem Naturlehrpfad, der zu einem Aussichtsturm mit Panoramablick führt. Ein Dorado für Naturliebhaber!

Ebenfalls ganz nahe bei Storkow liegen zwei märkische Nester, die aufgrund ihrer für brandenburgische Gefilde höchst seltsamen Ortsnamen erstaunen lassen. So trauten wir unseren Augen nicht, als wir bei einem DDR-Ausflug Anfang der 80er Jahre auf dem Ortsschild eines winzigen Weilers lasen: **Philadelphia, Kreis Beeskow, Bezirk Frankfurt/Oder.** Natürlich erinnert dieses Dorf am Storkower Kanal nicht im mindesten an die Metropole in Pennsylvania, USA. Das märkische Philadelphia ist ein verschlafenes Straßendorf mit ein paar herausgeputzten Fachwerkhäusern, das ursprünglich gut deutsch *Hammerstall* hieß. Doch wie kam diese einstige Meierei zu ihrem klangvollen Namen? Die Antwort ist historischer Natur: Die neue Siedlung entstand 1797, zu einer Zeit, als viele brandenburgische Familien in das gelobte Land der unbegrenzten Möglichkeiten auswandern wollten. Die unmittelbaren Nachfolger Friedrich II. auf dem preußischen Thron gewährten ihren Untertanen jedoch keine Reisefreiheit, die abgelegenen Landstriche sollten besiedelt und urbar gemacht werden. Beseelt von ihrem amerikanischen Traum bauten sie sich ihr Philadelphia notgedrungen auf märkischem Sand. Aus dem

gleichen Grund heißt ein Ortsteil Storkows *Neu Boston.*

Rund 20 km westlich von Storkow und mitten im wasserreichen **Naturpark Dahme-Heideseen** verzweigt sich eine kleine Ortschaft, deren Name wie eine griechische Insel klingt: **Prieros.** Der Ort ist tatsächlich rundum von Wasser umgeben. Hier fließen die *Dahme* und die *Schmölde* zusammen und 6 Seen befinden sich in seiner unmittelbaren Umgebung. Für **Wasserwanderer** bieten sich daher zahlreiche Möglichkeiten: Die Verbindungen reichen in die Teupitz-Köriser-Seenkette, in die Storkower und Berliner Gewässer und bis in den Spreewald. Am Dorfanger des brandenburgischen Venedigs stehen das reetgedeckte Fachwerkhaus des **Heimatmuseums** mit einem Bauerngarten und gegenüber die neugotische Dorfkirche von 1875. Lehrreich ist der **Botanische Garten** am Mühlendamm 12a (Kontakt ✆ 033768/50779).

❷ *Groß Schauen – Philadelphia – Neu Boston – Prieros, 15859 Storkow (Mark).* **Bahn/Bus:** ↗ *Info & Verkehr Storkow.*

M **Heimatmuseum Prieros,** 15752 Heidesee. ✆ 033768/50144, Mai – Sep Di – Fr 11 – 16, Sa, So, Fei 13 – 17 Uhr. Erw 1,20 €, Kinder 0,80 €. Zahlreiche Exponate der Alltagskultur aus der Region: Bäuerliche Gegenstände, Fischer- und Schmiedeutensilien sowie prähistorische Fundstücke.

Zur Linde, Prieroser Dorfaue 11, Prieros. ✆ 033768/50797. www.linde-prieros.de. Di – So 12 – 22 Uhr. Reizvolle Lage an der Dampferanlegestelle für Fahrten nach Teupitz und zum Dolgensee. Deutsche Küche. Sommerterrasse. ⌂Pension.

DAHME-SEEN & SPREEWALD

Karpfen Spreewälder Art

Für 4 Personen

Ofen auf 175 Grad vorheizen.

1 küchenfertigen Karpfen,	1,5 – 2 kg, innen mit
Salz	und
Zitronensaft	beträufeln,
1 Bd. Petersilie	hacken, in den Bauch stecken und in einen gut gefetteten Bräter legen.
1 Petersilienwurzel	in Stifte schneiden
2 Möhren	in fingergroße Streifen schneiden
250 g Knollensellerie	in Stifte schneiden
2 Lauchstangen	in 1 cm dicke Ringe schneiden, im Bräter rund um den Fisch verteilen. Gemüse mit
⅛ l Schlagsahne	und
⅛ l Buttermilch	übergießen.
4 EL Butter	zerlassen und den Karpfen damit bestreichen. 70 Min im Ofen garen. Die Soße dann durch ein Sieb streichen,
1 Eigelb	mit
1 TL Senf	verquirlen und die Soße damit binden, mit
geriebener Muskatnuss	und
1 Prise Salz	sowie
frischem Pfeffer	abschmecken. Mit Salzkartoffeln servieren.

DAS VENEDIG DER SORBEN: SPREEWALD

Die Flussinsellandschaft des Spreewalds, rund 75 km lang und 15 km breit, ist ein in Europa einzigartiges Naturphänomen. Die Region gliedert sich in den *Unterspreewald* und den touristisch weit stärker besuchten *Oberspreewald*. Der erstreckt sich südlich der Stadt Lübben bis zu den interessanten Ortschaften *Vetschau* und *Burg*. Die Einmaligkeit und der besondere Reiz dieser Niederungslandschaft beruhen auf den unzähligen Verästelungen der Spree und ihrer Nebenflüsse *Malxe* und *Berste* – ein Ergebnis der Urgewalten der letzten Eiszeit. Über die Straßen dieser Landschaft wird nicht gefahren, sondern gestakt. Denn das Hauptverkehrsmittel im Spreewald ist der Kahn. Lautlos gleiten, im grün schimmernden Wasser leicht auf- und abwippend die breiten, kiellosen Spreewaldkähne über die Fließe und Kanäle. Sie sind beladen mit Gemüse, Heu, Fischergerät oder eng an eng sitzenden Touristen und werden gelenkt von einem Fährmann oder einer Fährfrau, die wie venezianische Gondoliere am Ende des Kahns aufrecht stehen und das Boot mit einer 4 m langen Schubstange, *Rudel* genannt, voran staken. Auch die Post und die Müllabfuhr, zuweilen auch noch der Arzt und die Amme kommen auf dem Wasserwege, um ihre Dienste zu leisten.

Spreewald-Gondoliere

Die Fahrt im traditionellen Spreewaldkahn, ausgestattet mit Tischen und Bänken, ist von vielen Orten aus möglich. Rund 270 km des insgesamt über 1500 km langen Flussnetzes, das das Biosphärenreservat durchzieht, werden heute touristisch genutzt. Die größten Spreewaldhäfen befinden sich in *Lübbenau* und *Lübben*. Über eine Million Touristen besuchen jährlich den Spreewald. Nur die

»Man kann sich nichts Lieblicheres vorstellen als dieses Lehde, das aus ebenso vielen Inseln besteht, als es Häuser hat. Es ist die Lagunenstadt im Taschenformat, ein Venedig, wie es vor 1500 Jahren gewesen sein mag, als die ersten Fischerfamilien auf seinen Sumpfeilanden Schutz suchten«.
Theodor Fontane

 Spreewald Therme in Burg, Ringchaussee 152, 03096 Burg, ✆ 035603/1885-0, www.spreewald-therme.de Bade-, Wellness-, Sauna- und Fitnessangebote, Strömungskanal im Außenbereich, 9 – 22 Uhr, 2 Std 14 €, Kinder bis 12 Jahre 7 €. Verbindung durch einen »Bademantelgang« mit dem ⬆ 4-Sterne-Thermenhotel.

Gasthaus Dubkow-Mühle, Lübbenau-Leipe. ℂ 03542/2297. www.dubkow-muehle.de. Anfang April – Ende Okt täglich 8 – 22 Uhr. In einer Spreewaldmühle von 1737. Regionale Spezialitäten. Gemütliche Gaststube, großer Biergarten in Spreenähe, kleiner Kahnhafen. Pension. Boots- und Fahrradverleih.

Spreewälder Weisheiten: »Was klart den Kopf bei Mann und Frau – saure Gurken aus Lübbenau!« »Was macht den Spreewälder stark? Pellkartoffeln, Leinöl und Quark!«

Hafenrestaurant Flaggschiff, Dammstraße 77a, Lübbenau. ℂ 03542/83145. www.flaggschiff-amhafen.de. Während der Kahnsaison ab 11 Uhr. Direkt am großen Kahnfährhafen. Feine Spreewälder Küche. Spezielle Gurkenkarte. Terrasse mit Hafenblick. Eventbowlingbahn im Piratenschiff.

allerwenigsten von ihnen werden sich nicht aufs Wasser begeben. Klassisch ist die Kahnfahrt, bei der unterwegs ein Schnäpschen kredenzt und das ⬈ **Museumsdorf Lehde** angesteuert wird. Es gibt aber auch speziell ausgerichtete und geführte Touren, beispielsweise ökologische Kahnfahrten zu Fauna und Flora. Aber längst gehen viele Besucher selbstständig auf Tour ins Labyrinth der Fließe, mit Kanu oder Kajak – gleiten unter den seltsam hohen Brücken vorüber, die *Bänke* genannt werden, vorbei an Wiesen mit knorrigen Obstbäumen, an Holzblockhäusern mit Strohdächern, an Heuschobern, Weiden und Erlen, vorbei an Blumengärten und kleinen Bauernhöfen mit gackerndem Federvieh und watschelnden Enten, der Stille oder den Singvögeln lauschend.

Biosphäre mit Gurken

Der gesamte Spreewald, mit gut 400 qkm Fläche Mitteleuropas ausgedehntestes Erlen-Auwaldgebiet, ist seit 1991 von der UNESCO als **Biosphärenreservat** geschützt. Kleinere Teile des Spreewalds mussten für Besucher gesperrt werden, um Brut- und Aufzuchtplätze von Seeadlern, Schwarzstörchen und Kranichen zu sichern. Ursprünglich war der Spreewald eine geschlossene Waldlandschaft. Aufgrund des stets wachsenden Holzbedarfs waren die ehemals dichten Wälder im 19. Jahrhundert schließlich fast vollständig abgeholzt. Heute sind die breit gefächerten Wasserläufe des Binnendeltas fast durchgängig von Pappeln, Birken, Eschen und Erlen gesäumt. Die mit Sand und Ton durchsetzten Moorböden eignen sich bestens für den Gemüseanbau, der spätestens seit dem 18. Jahrhundert eine dominierende Rolle spielt. Das gilt vor allem für den scharfen Meerrettich, für Zwiebeln und natürlich für die weithin berühmten **Spreewälder Gurken,** die in allen möglichen Variationen angeboten

werden – als Essig-
gurken, als Senf-,
Schmor- und Dillgur-
ken, Essigsticks oder
auch süß-sauer. Die
Gurke brachten übri-
gens Ende des 17.
Jahrhunderts hollän-
dische Einwanderer
nach Lübbenau!

➔ **Gurkenradweg:** *Von
Golßen über Lübben,
Lübbenau bis Cott-
bus und auf einer
Nordroute zurück
zum Start, insgesamt
250 km.* **Markierung:**
*Radelnde Gurke. An-
sprechpartner für ge-
führte Radtouren mit
Tagesetappen von
ca. 50 km ist die
↗ Touristeninforma-
tion Lübbenau.*

Fließt die Spree bald rückwärts …

In früheren Jahrhunderten herrschte regelmäßig
Hochwasser im Spreewald, fast jährlich war die
Gemüse- und Heuernte gefährdet. Seit den Wen-
dejahren herrscht jedoch Wassermangel im Spreewälder Wasserlabyrinth. Zunächst wurden mit dem
intensiven Lausitzer Braunkohletagebau riesige
Mengen Grundwasser abgepumpt und über die
Spree abgeleitet. Dann, nach 1990, schlossen die
Tagebaue und der Wasserzulauf zum Spreewald
reduzierte sich schlagartig. Mittlerweile werden
die Riesenlöcher der Tagebaue wieder mit Wasser
aufgefüllt und zu Seen verwandelt. Das rüttelt
enorm am Wasserhaushalt des Spreewalds, sodass
manch Umweltschützer die Spree schon rückwärts

*Obligatorisch: Die Kahn-
fahrt auf den Spreewald-
Fließen*

➔ **Großer Kahnfähr-
hafen Lübbenau,**
Dammstraße 77a,
✆ 03542/2225,
www.grosser-spreewald-
hafen.de, mit Überblick
über die angebotenen
Kahnfahrten. Die Rund-
fahrten dauern in der
Regel 3 – 9 Stunden.

fließen sieht … Ein System aus Stauen und Umflutern soll helfen, das Wasser länger im Spreewald zu halten.

Lübbenau, »unbestrittene Spreewaldresidenz«

Die »unbestrittene Spreewaldresidenz« (Fontane) ist mit ihren liebenswerten Fachwerkhäusern vielleicht auch die schönste Ortschaft dieser Region. Niedersorbisch heißt das etwa 17.000 Einwohner zählende Städtchen *Lubnjow.* Der seit 1998 staatlich anerkannte Erholungsort wurde urkundlich erstmals 1315 erwähnt, die ursprünglich sorbische Siedlung entstand aber schon im 8./9. Jahrhundert. Um 1190 errichteten deutsche Kolonisten hier eine Wasserburg, die im Laufe der Jahrhunderte mehrmals ihr Äußeres änderte. Im Jahre 1817 schließlich ließ der Besitzer, ein *Graf zu Lynar,* das **Renaissanceschloss** klassizistisch umbauen. Die Adelsfamilie, die Anfang des 17. Jahrhunderts aus der Toskana in den Spreewald kam, residierte hier bis zum Ende des Zweiten Weltkriegs. Danach wurde sie enteignet. Nach der Wende bekamen die Lynars ihren Besitz zurück und verwandelten das heruntergekommene Gebäude in ein stilvolles Schlosshotel mit einem gepflegten englischen Landschaftsgarten.

Nur wenige Schritte vom Schlossbezirk entfernt liegt der **Lübbenauer Marktplatz** mit zweigeschossigen Bürgerhäusern aus dem 18. Jahrhundert, einer sächsischen Postmeilensäule von 1740 und der evangelischen Stadtkirche **St. Nikolai.** Das den Markt beherrschende barocke, einschiffige Gotteshaus stammt aus dem frühen 18. Jahrhundert, der Innenraum besitzt noch die ursprüngliche Ausstattung mit zweigeschossigen Emporen und dreitürmigem Orgelprospekt, die beiden barocken

Restaurant Linari im Schloss Lübbenau, Schlossbezirk 6, Lübbenau. ✆ 03542/8730. www.schloss-luebbenau.de. Täglich 12 – 14.30 und 18 – 23 Uhr. Ausgezeichnete, frisch zubereitete Spreewaldspezialitäten, Hauptspeisen ab 15 €. Schöne Sommerterrasse mit Blick auf den Schlosspark. Im Sommer Brasserieküche in der Orangerie. ⬆ Stilvolles, barrierefreies 4-Sterne-Hotel im Schloss und Marstall (DZ ab 150 €). Regelmäßig Kulturveranstaltungen und Klassikkonzerte.

Spreewald-Naturcamping am Schlosspark, Schlossbezirk 20, ✆ 03542/3533. www.spreewaldcamping.de. Ganzjährig. Erw 6 €, Kinder 4 – 14 Jahre 3 €, Zelt 6 €, WoMo 7,50 €. 50 Stellplätze, am Hauptfließ, Bungalows und Campinghütten, Paddelboot- (2er Kajak 16 € pro Tag) und Fahrradverleih (8 € pro Tag).

Sandsteinsarkophage des Grafen Moritz Carl zu Lynar und seiner Gattin stehen unter den Emporen an der Nordseite.

❶ ***Touristeninformation Lübbenau,*** *Ehm-Welk-Straße 15, 3222 Lübbenau. ℰ 03542/3668, www.luebbenau-spreewald.de. Ab Berlin A 13 Richtung Dresden, am Autobahndreieck Spreewald auf die A 15 Richtung Cottbus wechseln.* ***Bahn/Bus:*** *Ab Berlin Hbf RE 2 und RB 14 Richtung Cottbus.* ***Auto:*** *A13 Lübbenau, B115.* ***Rad:*** *Gurkenradweg, Spreeradweg von Quelle bis Berlin 410 km.* ***Zeiten:*** *Mai – Sep Mo – Fr 10 – 18 Uhr, Sa 10 – 16 Uhr, So 10 – 16 Uhr, April und Okt Mo – Fr 10 – 18 Uhr, Sa 10 – 16 Uhr, Nov – März Mo – Fr 10 – 16 Uhr.* ***Infos:*** *Zimmervermittlung, Organisation von Kahntouren, Stadtführungen, geführte Radwanderungen, Verkauf typischer Spreewaldprodukte.*

☀ **Tipp:** Verleih von **Spreewälder Stoßschlitten,** Schlossbezirk 3, ℰ 03542/83085 (Joachim Müller). Besucher können sich im Zweisitzer – in warme Decken eingehüllt und einen heißen Glühwein in der Hand – auch über die vereisten Spreewälder Fließe schieben lassen. Selbstschieber 2,50 €/Std.

Das Spreewaldmuseum im Torhaus

Nordwestlich vom Marktplatz befindet sich der **Topfmarkt** mit einem auffälligen Torhaus von 1784. In diesem roten Backsteingebäude war früher das Rathaus, heute beherbergt es das **Spree-**

DAHME-SEEN & SPREEWALD

➔ Ein Besuch der rekonstruierten Sla-wenburg im Spreewaldort **Raddusch** – ein beeindru-ckender Gigant aus Holz, Erde und Weide sowie mit Museum im Ringwall.

waldmuseum. Es informiert über die Entstehung der Landschaft und über die Geschichte der Regi-on, ausgestellt sind u.a. typische Gerätschaften der Leineweberei, eine schöne Puppenstube von 1930 und – im Torbogen – ein Unterkieferknochen eines Grönlandwals, beachtliche 5,65 m lang und 238 kg schwer. Ein düsteres Kapitel des Gebäu-

▶ *Vor rund 1400 Jahren siedelten sich um die 20 sorbische Stämme aus dem slawischen Osten Europas in der heutigen Lausitz an. Im 10. Jahr-*

DAS KLEINSTE VOLK EUROPAS: DIE SORBEN

hundert verloren sie ihre Selbststän-digkeit und ihr Siedlungsgebiet schrumpfte durch Assimilation oder Germanisierung. Nur die Nachkom-men zweier sorbischer Stämme, der Milzener in der Oberlausitz und der Lusizer in der Niederlausitz, gelang es, ihre eigenständige Kultur mit Sprache, Bräuchen und Trachten bis in die Gegenwart zu retten. Im ab-geschiedenen Dickicht, umgeben von Sümpfen und Fließen, bauten sie in ihrer traditionellen Blockbauweise die ersten Häuser im von ihnen urbar gemachten Spreewald. Daraus gingen schließlich die bekannten Ortschaften hervor: Lübbenau/Lubnjow, Lübben/Lubin, Burg/ Borkowy und Schlepzig/Slopisca. Orts- und Straßenschilder sind in großen Teilen der Lausitz zweisprachig. Heute leben ungefähr 20.000 Sorben in der brandenburgischen Nie-derlausitz und 40.000 Sorben in der sächsi-schen Oberlausitz. Sich selbst nennen die Sor-ben »Luzyske Serby«, also Lausitzer Serben. In der Nazizeit verboten, sind die Sorben seit 1948 als nationale Minderheit anerkannt. Seitdem finden auch ihre traditionellen Volks-feste wieder regelmäßig statt, an denen vor allem Mädchen und Frauen ihre sorbischen Trachten anlegen: steif gestärkte Unterröcke, bunt bestickte Faltenröcke und die Lapa, die kunstvolle Kopfhaube. ◀

© dzt

des offenbart sich dem Besucher im Keller: Noch bis zum Ende der DDR saßen in einigen dieser düsteren und feuchten Kellerlöcher, kaum 3 qm groß, Häftlinge ein!

M *Spreewaldmuseum Lübbenau,* Am Topfmarkt, 3222 Lübbenau. © 03542/ 2472, www.museums-entdecker.de.
Zeiten: April – Okt Di – So 10 – 17 Uhr, Nov – März Di – So 12 – 16 Uhr. *Preise:* 4 €; Kinder bis 16 Jahre 1 €; Studenten, Schüler, Azubis 3 €, Familienkarte (2 Erw mit Kindern bis 16 Jahre) 8 €.

Mit Giebelzierde und Wasseranschluss: Typisches Spreewaldgehöft

Haus für Mensch und Natur
Dauerausstellung zur Entstehung der Kulturlandschaft Spreewald. Umfangreiches Infomaterial.

M *Verwaltung des Biosphärenreservats Spreewald,* Schulstraße 9, 3222 Lübbenau. © 03542/21130, www.biosphaerenreservat-spreewald.brandenburg.de. *Zeiten:* April – Okt Di – So 10 – 17 Uhr.

Wie die Sorben einst lebten: Freilichtmuseum Lehde
Lehde, das älteste Freilandmuseum Brandenburgs, ist vom Lübbenauer Schlossbezirk über einen interessanten Naturlehrpfad am Lehder Fließ entlang in ca. 30 Minuten zu erreichen. Man kann sich natürlich auch mit dem Spreewaldkahn dorthin staken lassen oder mit dem Boot hinpaddeln. Lehde (sorbisch: Ledy = Brachland) gehört zweifellos zu den Hauptsehenswürdigkeiten eines Spreewaldausflugs. Es wird sehr anschaulich über die Lebensweise der sorbischen und deutschen

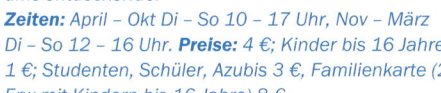

»Man kann sich nichts Lieblicheres vorstellen als dieses Lehde, das aus ebenso vielen Inseln besteht, als es Häuser hat. Es ist die Lagunenstadt im Taschenformat, ein Venedig, wie es vor 1500 Jahren gewesen sein mag, als die ersten Fischerfamilien auf seinen Sumpfeilanden Schutz suchten«.

➜ Bootsverleih Richter/Kajaksports

Lübbenau, Dammstraße 76a, 3222 Lübbenau. ✆ 03542/3764, www.bootsverleih-richter.de. März – Okt ab 9 Uhr. Verleih von 1er, 2er und 3er Kajaks und Kanadiern. Tourenberatung. Schwimmwesten, Wasserwanderkarte.

✖ Am Mühlenwehr, Färbergasse 1, Lübbenau. ✆ 03542/47766. 11.30 – 22 Uhr. Spreewälder Spezialitäten und deutsche Küche, schöne Sommerterrasse neben einem kleinen Spreewehr, nahe Schloss. Moderate Preise.

M Bauern- und Gurkenmuseum Lehde, An der Dolzke 6, Hotelanlage Starick, Lehde. ✆ 03542/8999-0. www.gurken-museum.de. April – Okt 10 – 17 Uhr. Historische Produktionsmittel der Gurkenlegerei, Informationen zur Schilfdachdeckerei, Bildergalerie. Vielleicht etwas kommerziell geraten. ♠ Je nach Saison EZ 48 – 105 €, DZ 35 – 85 €, Arrangements ab 155 €.

Spreewaldbauern im 19. Jahrhundert informiert. Die drei vollständig erhaltenen Hofanlagen wurden aus verschiedenen Regionen des Spreewalds nach Lehde umgesetzt. Bei diesen reetgedeckten Blockhäusern werden die Grundschwellen auf große Feldsteine gelegt. Die Steine selbst liegen auf Pfählen, die im Boden verankert sind. Dadurch kann das Wohn-Stall-Gebäude nicht in den feuchten Untergrund einsinken. Die typischen Giebelkrönungen ziert der Schlangenkönig, eine sorbische Sagengestalt. Das Symbol soll das Haus vor Schlangen schützen und den Bewohnern Glück bescheren. Hexen – so erfahren wir – tanzen hier übrigens nur in der Nacht und böse Geister sitzen versteckt hinter den Büschen. Zu sehen sind dafür eine Werkstatt für den Kahnbau, eine Töpferei und eine Meerrettichreiberei.

Original sind die Inneneinrichtungen der Stuben. Man sieht Borde mit Reihen alter handbemalter Teller, Spinnräder, Kinderwiegen, Öfen, traditionelle Küchengeräte und ein Schrank mit Spreewälder Trachten. Besondere Aufmerksamkeit zieht das außerordentlich geräumige Bett auf sich. Darin ging's aber arg beengt zu, denn es handelt sich um ein Dreigenerationenbett, in dem die gesamte Großfamilie schlief. Privilegien genossen nur die Jungvermählten, die durften sich für kurze Zeit separieren und in einem Heulager auf dem Boden nächtigen.

M *3222 Lübbenau-Lehde.* ✆ *03542/2472, www.museums-entdecker.de. 2 km von Lübbenau entfernt, erreichbar über einen Wanderweg oder auf dem Wasserwege mit Kahn oder Boot. **Bahn/Bus:** ↗ Info & Verkehr Lübbenau. **Zeiten:** April – Sep täglich 10 – 18 Uhr, Okt 10 – 17 Uhr. **Preise:** 3 €; Kinder bis 14 Jahre 1 €; Familienticket (2 Erw und ein Kind) 5 €. **Infos:** 2 Museumsläden mit Spreewald typischen Produkten. Im August traditionelles Museumsfest des Freilichtmuseums.*

TELTOW-FLÄMING

WEITE WIESEN, STEINREICHE WÄLDER

Die Region südlich bis südwestlich von Berlin heißt Teltow-Fläming. Die Bezeichnung Teltow ist einerseits auf die gleichnamige Stadt vor den Toren Berlins, andererseits auf den 1906 fertiggestellten Teltow-Kanal zurückzuführen, der der Schifffahrt den Umweg durch die damalige Reichshauptstadt ersparte. Charakteristisch für den Teltow sind Felder, Wiesen und kleine Wälder.

Der **Fläming** südlich des Teltow dagegen ist ein sandiger Endmoränenhöhenzug, der nach dem Abschmelzen der Eismassen aus der Weichseleiszeit vor rund 15.000 Jahren geformt wurde. Das Nuthetal bei Jüterbog teilt den Fläming in den *Hohen* und den *Niederen Fäming*, das *Baruther Urstromtal* begrenzt das sanft gewellte Hügelland im Norden.

FESTE & FESTE TERMINE TELTOW-FLÄMING

Januar:	Jeden 1. So, Baruth: **Glashütter Kinderfest**, außerdem mehrmals pro Monat Glasblasen und Museums-Rallye, Museum in der Neuen Hütte.
Februar:	Wildpark Johannismühle: **Hundeschlittenfahrt.**
März/April:	Ostern, Sa und So, Görzke: **Töpfermarkt** mit rund 70 Töpfern und Keramikproduzenten aus ganz Deutschland.
	Raben: **Ritterfestspiele** auf Burg Rabenstein.
Mai:	1. Mai, Wildpark Johannismühle: **Widparkfest.**
	Verlorenwasser bei Weitzgrund: **Mittelpunktfest.**
	Blankensee: **Handwerker- und Gewerbefest** im Bauernmuseum.
	Mai – Sep **Blankenseer Musiksommer.**
Juni:	Beelitz: **Spargelfest.**
	Luckenwalde: **Turmfest** mit Turmfestlauf.
	Treuenbrietzen: **Sabinchenfest.**
	Wünsdorf: **Lange Nacht der Antiquare** in der Bücherstadt.
	Juni – Aug: **Kloster Zinna Sommermusiken,** Konzertreihe in der Klosterkirche.

Charakteristisch für den wasserarmen Hohen Fläming sind uralte Trockentäler aus der Saaleeiszeit, die *Rummeln* genannt werden, herrliche Kiefernwälder, lange Alleen und nicht selten grob gepflasterte Hoppelsträßchen durch die Dörfer. Steinreich sind die weiten Felder, die Mulden, die Kuppen, die Wiesen und Wälder und hier und da haben die Eiszeit-Findlinge enorme Ausmaße. Größere Teile dieses landschaftlich sehr reizvollen Höhenzuges kultivierten bereits ab dem 12. Jahrhundert flämische Kolonisten, die *Markgraf Albrecht der Bär* vor allem auch wegen ihrer Fertigkeiten beim Brunnenbau hier ansiedeln ließ. Von ihnen leitet sich der Name »Fläming« ab.

Eine gute Orientierungshilfe bei (Rad)touren im Hohen Fläming ist die *ADFC-Radkarte Potsdam und Umgebung*, 1:75.000. Fürs Baruther Urstromtal bietet die *ADFC-Radkarte Berlin und Umgebung* Orientierung, 1:75.000.

Termine und Veranstaltungen im Internet: www.flaeming-tourismus.de, www.reiseregionflaeming.de.

Juli:	Raben: **Burgfest.**
	Mellensee: **Fischerfest.**
August:	2. Wochenende, Wiesenburg: **Parkfest.**
	Letztes Wochenende: **Bad Belziger Altstadtsommer** mit Mittelaltermarkt auf Burg Eisenhardt.
September:	Landkreis Teltow-Fläming **Lange Nacht der Museen.**
	Mitte Sep: **Museumsfest** im Bauernmuseum Blankensee.
	Baruth: **Weinfest.**
	Letztes Wochenende, **Rabensteiner Herbst,** Mittelaltermarkt mit Gauklern, Rittern, Handwerkern.
Oktober:	2. Wochenende: **Burgenlauf** in Bad Belzig.
	Mitte: Wildpark Johannismühle: **Herbstfest.**
Dezember:	1. – 4 Advent, Sa, So, 12 – 18 Uhr: **Waldweihnachtsmarkt** in Möllensdorf und Klein Briesen mit Handwerk und Kirmes.
	1. – 3. Advent, Sa, So 12 – 18 Uhr: **Weihnachtsmarkt** auf Burg Rabenstein.
	1. Advent, Sa, So 12 – 18 Uhr: **Der etwas andere Weihnachtsmarkt** im Naturparkzentrum Raben, Eintritt frei. Mit Fackelzug zur Burg Rabenstein.

TELTOW-FLÄMING

➜ Fläming Walk Zentrum, Parkstraße 6, Gottsdorf. ℂ 033732/50825. www.flaemingwalk.de. Täglich 9 – 18 Uhr. Geführte Nording Walking Touren, Kurse und Veranstaltungen zu Gesundheitsthemen im Naturpark Nuthe-Nieplitz auf dem ersten und längsten Parcours Brandenburgs, dem Fläming Walk.

Info & Verkehr Teltow-Fläming

Der **Verband** bündelt die Interessen der Orte und touristischen Vereine der Region und bietet auf seiner Internetseite Links zu allen relevanten Stellen für Freizeit, Sport und Tourismus.

Die **Märkische Regiobahn** verkehrt auf den Regionalbahnstrecken Berlin-Wannsee – Jüterborg (MR33) und Brandenburg an der Havel – Rathenow (MR51). An Bord der blauen Züge können Fahrkarten ohne Aufpreis gekauft werden; Fahrradmitnahme möglich. Es gelten die Tarife des Verkehrsverbundes Berlin-Brandenburg.

❶ *Tourismusverband Fläming e.V., Traugott Heinemann-Grüder, Küstergasse 4, 14547 Beelitz. ℂ 033204/628762, 628763, www.reiseregion-flaeming.de. Bahn/Bus: ↗ Info & Verkehr Beelitz. Zeiten: Mo – Fr 8.30 – 18 Uhr.*

KULTURMEILE BEELITZ – BLANKENSEE – WÜNSDORF

Wo der Spargel wächst: Die Spargelstadt Beelitz

Karl-Friedrich Wilhelm Herrmann brachte 1861 das Edelgemüse *Asparagus officinalis* wahrscheinlich aus den Braunschweiger Anbaugebieten nach Beelitz. Der Glasermeister und »Ackerbürger« wurde ob seines Pioniergeistes belächelt. Doch schon wenige Jahre später war die Pflanze für viele Beelitzer Bauernfamilien zur Existenzgrundlage geworden. Das schmackhafte Liliengewächs ging dann vorwiegend auf die Märkte in Berlin. Zu DDR-Zeiten wurde die Produktion planmäßig dezimiert und der Versand nach Westberlin verboten. Erst seit 1992 wird das Königsgemüse wieder großflächig im Beelitzer Umland angebaut: Die charakteristischen sandigen Erdhügel durchziehen heute

⊠ Landgasthof Rieben, Riebener Dorfstraße 9, Beelitz-Rieben. ℂ 033204/63915. www.landgasthof-rieben.de. Sa, So, Fei 12 – 20 Uhr, zur Spargelzeit im Mai Mi – So 12 – 20 Uhr. Im Naturpark Nuthe-Nieplitz am Radwanderweg F5 gelegener großer, schöner Gasthof mit ♠ Hotel.

M **Spargelmuseum,** Kietz 36, Beelitz-Schlunkendorf. ℰ 033204/42112. www.beelitz.de. 1. April – 30. Juni täglich 10 – 16 Uhr, ansonsten nach Vereinbarung, Eintritt 1,50 €, Kinder, Schüler, Gruppen ab 11 Pers 1,20 €. Das Spargelmuseum im Beelitzer Stadtteil Schlunkendorf informiert seit 1998 über die Geschichte, den Anbau und die Ernte des beliebten Gemüses.

auf 940 ha den Beelitzer Sander – das größte geschlossene Spargelanbaugebiet Deutschlands. Da kann man die delikaten weißen Stangen direkt vom Bauern kaufen.

ℹ **Stadtinformation Beelitz,** *Manfred Fließ, Poststraße 16 (Alte Posthalterei, Museum Beelitz), 14547 Beelitz. ℰ 033204/39154, www.beelitz.de.* **Bahn/Bus:** *Ab Berlin Hbf stündlich RE bis Wannsee und weiter mit der Märkischen Regionalbahn MR bis Beelitz-Stadt, www.maerkische-regiobahn.de.* **Auto:** *A115 oder B101 zur A10, Ausfahrt 4, B2 Richtung Wittenberg/Beelitz.* **Rad:** *F5 Beelitz – Rieben – Beelitz, Havelland-Radweg.*

✴ *Die Spargelsaison beginnt Anfang/Mitte April und endet traditionell an Johanni, dem 24. Juni, damit die Pflanze Zeit hat, auszuwachsen und neue Triebe zu bilden.*

Blankensee: Das Dichter-Schloss

Das märkische Dorf **Blankensee,** Ortsteil von *Trebbin* mit rund 400 Einwohnern, ist eines der beschaulichsten Ortschaften in Brandenburg. Einen Zugang zum gleichnamigen, stark schilfum-

TELTOW-FLÄMING

säumten See hat man nur über einen sehr schönen, 200 m langen Bohlensteg.

Die touristische Hauptsehenswürdigkeit ist das **Barockschloss** der Familie *von Thümen* von 1739. Der ostpreußische Dramatiker und Erzähler **Hermann Sudermann** (1857 – 1928) – als Sohn eines Bauern und Bierbrauers zunächst selbst mittellos, bis ihm 1889 der große Durchbruch als Schriftsteller gelungen war – kaufte das herrschaftliche Anwesen 1902 seinem hochverschuldeten Freund *Victor von Thümen* ab, um in der anregenden Stille fern der Großstadt entspannt dichten zu können. Gleichzeitig schuf er sich in der märkischen Idylle ein südländisch anmutendes Refugium um sein Schloss herum. Steinerne Mitbringsel von seinen Italienreisen säumen seitdem die schmalen Parkwege. In der efeuüberwucherten Anlage mit ihren uralten Eichen, Buchen, Trauerweiden und Linden geben diese Statuen, Büsten, Obeliske und der reizende Rundtempel dem Gesamtkunstwerk einen melancholisch-verträumten Touch. Und mittendurch mäandert – wie von Sudermann eigens geschaffen – die gemächlich dahinfließende *Nieplitz*. So muss man über sieben kleine Holzbrücken gehen, um das gesamte 3,5 ha große Terrain kennen zu lernen.

Nur wenige Schritte entfernt richtete der Dorfpfarrer 1947 im ältesten Wohnhaus des Ortes ein **Bauernmuseum** ein. Das reetgedeckte Fachwerkhaus von 1649 ist ein so genanntes märkisches Mittelflurgebäude. Der Mittelflur verband die Räume des Erdgeschosses mit der rauchschwarzen Küche und den Ställen. Zu besichtigen sind neben hübschen Trachten, alten Hausgeräten und Möbeln auch eine originale Ritterrüstung und eine Reisetaschen-Sonnenuhr mit Kompass und Lot aus dem 17. Jahrhundert. Daneben liegt die **Museumsschänke,** Mi – So ab 13 Uhr, die auf der

---

Hauptwerke Sudermanns: »Die Ehre«, »Frau Sorge«, »Litauische Geschichten«, »Der Sturmgeselle Sokrates«.

Waldfrieden, Waldfrieden 52a, Blankensee-Glau-Friedensstadt. ℂ 033731/ 80652. http://oeko-co.de. Sommer Sa, So 11.30 – 18 Uhr, Winter Fr 18 – 21, Sa 14 – 21 und So 11.30 – 21 Uhr. Regionale Küche, große Bierterrasse neben der denkmalgeschützten Johannischen Kirche von 1929, deren evangelisch orientierte Gemeinde samt Friedensstadt der Maurermeister Joseph Weißenberg gründete, www.johannische-kirche.org.

Bauernmuseum, Mi – Fr 10 – 12, 13 – 17, Sa, So, Fei 13 – 17 Uhr, ℂ 033731/ 80011, 2 €, ermäßigt 1 €. Anmeldung für Schlossbesichtigung mit Sudermann-Gedenkzimmer.

schönen Hofterrasse kleine Gerichte, Kaffee und Kuchen bietet. Die barocke **Dorfkirche** von 1710 besitzt u.a. einen venezianischen Taufbrunnen aus dem 11. Jahrhundert. Die Rarität stand ursprünglich auf dem Marktplatz von Venedig (Ostern – Okt Sa 14 – 16 Uhr).

Romantisch: Der Schlosspark des Dichters

🕐 *Schloss Blankensee*, Dr. Karen Bork (GF Sudermann Stiftung), 14959 Trebbin-Blankensee. www.schloss-blankensee.de. *Bahn/Bus:* RE5 bis Trebbin, dann Bus 751 bis Blankensee. *Auto:* B101 bis Trebbin, dann B246, in Blankensee von der Dorfstraße in die Straße Zum Schloss rechts abbiegen. *Zeiten:* Sudermann-Gedenkzimmer So 14 – 17, bei schönem Wetter kann man es sich dann vor dem Schloss bei Kaffee und Kuchen gemütlich machen. *Infos:* Im Schloss und dem modernen Anbei sind insgesamt 16 Zimmer zu mieten, ab 25 € im Vierbettzimmer.

🔒 **Landlust Körzin,** Biohofladen mit sehr gutem Restaurant, Körzin 19, 14547 Beelitz, nahe des westlichen Seeufers. ℘ 033204/60171, www.landlust-koerzin.de, Do – So 11 – 21 Uhr.

Wünsdorf: Treffpunkt für Leseratten und Historiker

Die Ortschaft rund 40 km südlich von Berlin hat eine lange militärische Tradition: Schon 1910 waren hier Soldaten der kaiserlichen deutschen Armee stationiert, die Nazis hatten von 1937 bis zur Kapitulation hier ihre Militärlager Maybach I und II, inoffizielle Dienstsitze des Generalstabs. In den Nachkriegsjahrzehnten wurde Wünsdorf zum Hauptquartier der Westgruppe der sowjetischen Streitkräfte. Bis zu 70.000 Mann betrug die Truppenstärke, die Soldaten lebten in einer abgeschirmten Welt mit eigener Infrastruktur. So gab

Wünsdorfer »Beton-zigarre« im Kiefernwald

📘 **Antiquariat Guten-berghaus,** täglich
10 – 18 Uhr, ✆ 033093/
600370.

📘 **Antiquariat Hans Oskar,** täglich 10 –
18 Uhr, Nov – März Mo
geschlossen,
✆ 033093/9600.

📘 **Bücherstall,** Mai –
Sep täglich 10 – 17
Uhr, April und Okt Di – So
10 – 17 Uhr, Nov – März
geschlossen,
✆ 033093/9600.

es im märkischen »Klein-Moskau«
neben dem regulären noch einen
zweiten Bahnhof! Von dort machten sich bis 1989 täglich zwei Züge auf die 1926 km lange Fahrt
von Wjunsdorf nach *Moskwa* auf.
Nach dem russischen Abzug wurde aus dem militärischen Gelände eine zivile Waldstadt. Aus Kasernen entstanden Wohnungen
für Familien, aus dem ehemaligen
Badehaus und Pferdeställen der
Garnison wurde die **Bücherstadt.**
Als Vorbild diente die erste Anti-
quariatsstadt der Welt aus den
1960er Jahren, das walisische
Hay-on-Wye. In drei großen Anti-
quariatshäusern und dem *Bücher-
stall* mitten im märkischen Kiefernwald können die
Besucher in rund 350.000 Büchern jeden Genres
schmökern. Es gibt auch Tonträger, Karten und
Grafiken. Regelmäßig finden Konzerte und Lesungen statt.

Das **Garnisonmuseum** im Haupthaus informiert
über die Militärgeschichte in Wünsdorf 1910 –
1945, die Ausstellung *Roter Stern* über die Zeit
1945 – 1994 und den Alltag der russischen Soldaten. Zum Publikumsrenner wurden die Führungen durch die unterirdischen Bunkeranlagen.
Überbleibsel aus der Nazizeit sind die merkwürdi-
gen, spitzen Luftschutztürme, »Betonzigarren« genannt. Sie wurden zwischen 1938 und 1941 gebaut, sind bis zu 23 m hoch und sollten wohl speziell gegen Fliegerbomben gefeit sein. Wenige
Schritte von der *booktown* entfernt – in der Zeh-
rensdorfer Straße – steht noch ein heroisches
Überbleibsel aus sowjetischer Zeit: das Denkmal
für den Kosmonauten *German Stepanowitsch Ti-*

tow, berühmtester sowjetischer Raumfahrer nach Juri Gagarin, dem ersten Menschen im Weltraum.

🕐 *Bücherstadt-Tourismus GmbH, Gutenbergstraße 1 (Haupthaus), 15806 Zossen-Wünsdorf-Waldstadt. ✆ 033702/9600, www.buecherstadt.com. Bahn/ Bus: RE3, RE7 bis Wünsdorf-Waldstadt. Auto: A13 Ausfahrt 3a Mittenwalde, L30 und B246; A10 Ausfahrt 12 Rangsdorf, B96 durch Zossen. Zeiten: täglich 10 – 18 Uhr, Okt – April Mo Ruhetag; Garnisonmuseum, Roter Stern und Spitzbunker täglich 10 – 17 Uhr, Okt – April Mo geschlossen. Infos: Tour 1: Bunkeranlagen Maybach I und Zeppelin, Dauer: 90 Min, Mai – Sep Mo – Fr 14 Uhr, Sa, So, Fei 12, 14 und 16 Uhr. Okt – April Di – Fr 14 Uhr, Sa, So, Fei 13 und 15 Uhr, 10 €, ermäßigt 8 €. Vier weitere spezielle Touren nur mit Voranmeldung.*

Ein Hauch von Mekka

Auf dem ehemaligen Dorffriedhof von **Zehrensdorf** bei Wünsdorf befinden sich hunderte Gräber von Muslimen. Sie kämpften im Ersten Weltkrieg auf Seiten der Alliierten und kamen hier als Kriegsgefangene ins »Halbmondlager« mit der ersten Moschee in Deutschland. Im über viele Jahrzehnte vergessenen und verwilderten Gelände liegen – mitten in Brandenburg – Moslems, Christen, Hindus und Sikhs einträchtig nebeneinander!

Strandbad am Großen Wünsdorfer See, 2 km vom Bhf Wünsdorf-Waldstadt.

Strandbad in Klausdorf am Mellensee, ca. 5 km westlich.

Zum Zapfenstreich, Gutenbergstraße 1, Wünsdorf. ✆ 03372/60672. www.buecherstadt.com/de/kulinarisches. Di – So 11 – 18 Uhr. Regionale, russische und bayerische Gerichte.

Teestübchen in der Bücherstadt, Wünsdorf. ✆ 03372/65938. www.buecherstadt.com/de/kulinarisches. Di – So 11 – 17 Uhr, So ab 13 Uhr. Tee in allen Variationen, russisches Gebäck, Imbiss.

STÄDTEDREIECK IM FLÄMING: LUCKENWALDE – JÜTERBOG – TREUENBRIETZEN

Die Hut-Stadt Luckenwalde

Die alte Tuchmacherstadt Luckenwalde – knapp 22.000 Einwohner – liegt direkt an der *Nuthe* und am westlichen Rand des Baruther Urstromtals. Am großzügig angelegten rechteckigen **Marktplatz** mit seinen hübschen, zum Teil barocken Wohnhäusern stehen die beiden bedeutendsten

M **Kunsthalle im Vierseithof,** Am Herren-
haus 2, Luckenwalde.
✆ 03371/01777908512
www.kunsthalle-vierseit-
hof.de. Do – Mo 14 – 19
Uhr, Eintritt frei. Im ehemaligen Turbinenhaus,
einem Backsteinbau mit
hohen Fenstern, finden
hochrangige Ausstellun-
gen zeitgenössischer bil-
dender Kunst statt, auch
Lesungen, Theater, Kon-
zerte.

*Hof mit vier Seiten: Hin-
ter ihnen verbergen sich
Kunst und Gastronomie*

Sehenswürdigkeiten dieses ruhigen Landstädt-
chens: Die **Johanniskirche** ist ein spätgotischer
Ziegelbau aus der Mitte des 15. Jahrhunderts; sie
wurde auf den Ruinen einer Saalkirche aus dem
13. Jahrhundert errichtet. Da ab 1285 Ort und
Burg Luckenwalde im Besitz des ↗ Zinnaer Klosters waren, bekam das Gotteshaus nach Zister-
ziensertradition einen Dachreiter statt eines Turmes. Die Funktion des Glockenturms übernahm
der trutzige **Marktturm** daneben. So dient dieser
Turm seit 1484 gewissermaßen als Campanile
der Johanniskirche. Der quadratische Feldstein-
turm ist 43 m hoch, die zierliche barocke Haube
setzte man ihm 1730 auf. Nach der Sage soll das
mächtige Ungetüm die neidischen Jüterboger zu
allerlei Kraftmeiereien veranlasst haben. Eines
Nachts wollten sie den Turm mit einem Rollwagen
aus der Stadt karren. Doch die Entführung miss-
lang, der Koloss krachte schon nach wenigen Metern auf das holprige Pflaster, wo er heute noch
ein bisschen wie verloren steht.

Das dreigeschossige **Rathaus** am Markt ist ein
spätklassizistisches Gebäude von 1844. Daneben steht das **Heimatmuseum** in der alten Yorck-
schule von 1829. Am Marktturm beginnt die Breite Straße, die an-
sehnlich restaurierte
Fußgängerzone mit
ihren zwei- und drei-
stöckigen Häusern
im neoklassizisti-
schen und neoba-
rocken Stil. Den na-
hen *Kariedelbrunnen*
hatte man 1928 am
Haag aufgestellt, die
heutige Rekonstruk-
tion ist von 1980.

Das **Kariedeln** ist ein alter Brauch, bei dem die Kinder zur Faschingszeit mit kleinen Spießen von Haus zu Haus ziehen und sich Süßigkeiten aufstecken lassen.

Am Ende der Breiten Straße steht ein kolossales, renoviertes **Jugendstilhaus.** Wie vielgestaltig die Architektur in Luckenwalde ist, fällt an fast jeder zweiten Ecke auf. Am Ende der Theaterstraße, die vom Marktplatz abgeht, steht der Gebäudekomplex der **Friedrich-Ebert-Schule** mit dem restaurierten Stadttheater. Er wurde 1923 von den Architekten *Graf, Backes und Brennecke* im Bauhaus-Stil mit expressionistischen Elementen gebaut. Teilrekonstruiert wurde ein weltberühmtes, expressionistisches Architekturdenkmal von ↗ *Erich Mendelsohn* auf dem Industriegelände der Stadt: Die ehemalige **Hutfabrik Friedrich Steinberg, Herrmann & Co.** mit der Färbereihalle, deren schachtförmige Dachhaube einem Hut ähnelt.

Info & Verkehr Luckenwalde

Auffallend im Ortsbild sind die Luckenwalder Merkzeichen, Metallstelen, die in Berufsgruppen zusammen stehen und an Persönlichkeiten aus Luckenwalde erinnern. Eine der Stelen in der Fußgängerzone erinnert an den wohl bekanntesten Sohn der Stadt: *Rudi Dutschke* (1940 – 1979), führender Kopf der APO und der deutschen 68er Studentenbewegung hat in Luckenwalde seine Schulzeit verbracht. Das Hinweiszeichen »Luckenwalder Hut« verweist auf weitere Lesetafeln.

Original Bauhaus: Schule und Stadttheater in Luckenwalde

✷ *Kariedelspruch:*
Ick bin der kleene Kenig,
gebt mir nicht so wenig,
Ick bin der kleene Mann,
der allet essen kann.
Lasst mich nicht so lange stehn,
will noch ein Häuschen weiter gehn.
Ick bin der kleene Nix,
drum macht'n bisschen fix!

✷ *Die* **Luckenwalder Hutfabrik** *gehörte einst zu den Ausstattern der DDR-Olympiamannschaft. Heute arbeiten nur noch 2 Hutmacherinnen in der Esco-Moden-Fabrik und fertigen rund 5000 Hüte pro Jahr an.*

TELTOW-FLÄMING

Vier im Vierseithof, Haag 20, Luckenwalde. ✆ 03371/6268-0. www.vierseithof.de. Di – Fr 17 – 24, Sa 7 – 1 Uhr. In der denkmalgeschützten Großen Fabrik von 1782, einst Mittelpunkt einer Tuchfabrik. Meisterkoch Dieter Kobusch kredenzt regionale Spezialitäten mit besonderer Kreativität, z.B. Steak vom Uckermarker Ochsen mit Teltower Rübchen. Hauptgerichte ab 11 €. Außerdem: die trendige Weber Lounge, Weinkeller, ein Mordsvergnügen ist das beliebte und aufregende Krimidinner,
♠ 4-Sterne-Hotel.

Für die einen einfach bloß praktisch, für die anderen ökologischer Unsinn: So denkt man heute über **Hermann Henschels** *(1843 – 1918) Wegwerfteller. Der Buchbindemeister war auch sonst sehr findig: Die Idee, Werbung auf Bierdeckel zu drucken, soll ebenfalls auf ihn zurückgehen.*

ℹ️ *Tourist- und Stadtinformation Luckenwalde, Markt 11, 14943 Luckenwalde. ✆ 03371/672500, www.luckenwalde.de. Bahn/Bus: Ab Hbf Berlin stündlich RE4, RE5. Auto: B101. Rad: Tour Brandenburg, Radroute Historische Stadtkerne Route 4, Abstecher vom Flaeming-Skate. Zeiten: Mo – Fr 10 – 17, Do bis 18, Sa bis 14, Nov – April Sa 10 – 12 Uhr.*

Wer hat's erfunden? Von Papptellern und roten Kampfpullis

Das schmucke Gebäude von 1829 beherbergt die ständige Ausstellung »Luckenwalde – zur Geschichte einer Industriestadt«. Es informiert unter anderem über die lange Tuchmachertradition der Stadt, über einen mittelalterlichen Bierstreit mit dem damals sächsischen Jüterbog, über die Geschichte des »Roten Luckenwalde« und über **Hermann Henschel,** den Erfinder des Papptellers. Gewissermaßen zur Begrüßung präsentiert das Museum zwölf Exponate, die Heimatgeschichten erzählen, auch wenn sie eher weit draußen in der großen weiten Welt angesiedelt sind. Da erinnert zum Beispiel ein Paddel aus Papua-Neuguinea an die christlichen Missionare *Carl-Wilhelm* und *Wilhelmine Auguste Ottow* und ein eigentlich unscheinbarer bunter Ringelpullover, längst von vielen Museen und anderen Institutionen heiß begehrt, entpuppt sich als **Rudi Dutschkes** legendärer »Kampfpulli«, ausgestellt in einer Glasvitrine. Weitere Geschenke von Gretchen Dutschke-Klotz – Dutschkes erster Ausweis von West-Berlin und das Original seiner Doktorarbeit – befinden sich noch im Museumsarchiv.

Das Museum organisiert auch Stadt- und Marktturmführungen sowie eine Führung durch den Friedhof des Nazi-Kriegsgefangenenlagers *Stalag III-A.* In diesem größten Lager des Militärdistrikts Berlin fanden 4000 – 5000 Gefangene den Tod.

Baruth/Mark

Das ganze Dorf Glashütte steht unter Denkmalschutz! Die alten, renovierten Fachwerkhäuser im Dorfzentrum wurden gegen 1861 errichtet. Diese ehemaligen Arbeiterwohnhäuser sind Backsteinkaten, in die mittlerweile die Handwerker und Künstler des ↗ **Museumsdorfes Glashütte** gezogen sind.

ℹ️ *FVV Baruther Urstromtal e.V., Ernst-Thälmann-Platz 4, 15837 Baruth/Mark. © 033704/972-37, www.stadt-baruth-mark.de. Bahn/Bus: Von Berlin Hbf RE3 bis Klasdorf oder Baruth; von Klasdorf 3 km Wanderweg nach Glashütte. Auto: A113 und A13 bis Ausfahrt Baruth/Glashütte, A113 und B96 bis Abzweig Klasdorf/Glashütte. Rad: Fläming-Skate 5 Baruth – Glashütte.*

Technisches Denkmal und Museumsdorf Glashütte

Berühmtheit, ja Weltruf, erlangte der Glasbläserort im Jahre 1830, als die Erfindung des damals reinsten Milchglases gelang. Um die 70.000 Lampenschirme und 200.000 Zylinder für Petroleumlampen produzierte das Werk in dieser Blütezeit monatlich! Erst Ende des 19. Jahrhunderts ging die Produktion durch die mächtige Konkurrenz der Lausitzer Glasfabriken zurück. Außerdem wurde im Ort eine weitere Weltsensation erfunden: die Thermoskanne. Erfinder der bis heute nützlichen doppelwandigen Vakuumflasche war *Reinhold Burger.* Seine Kannen erhielten 1904 das Patent. Ihm ist ein eigener Museumsraum gewidmet.

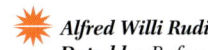

Alfred Willi Rudi Dutschke, Rufname Rudi (1940 in Schönefeld – 1979 in Aarhus, Dänemark), war marxistischer Soziologe und Vordenker der Grünen. Er gilt als bekanntester Wortführer der westdeutschen und West-Berliner Studentenbewegung der 1960er Jahre.

🅟 **Jambo Straußenfarm,** Marzdorf 7, Baruth/Mark-Merzdorf. © 033745/017881746-43. www.jambo-strauss.de. Sommerzeit Mi, Sa, So 10 – 18, Winterzeit 10 – 16 Uhr. Straußenfleisch als Steak oder Salami, Schinken oder Bratwurst – zum Kosten auch im Straußenimbiss. Farmbesichtigung 3 €, Kinder 6 – 16 Jahre 1,50 €.

TELTOW-FLÄMING

Gasthof Reuner, Hüttenweg 18, Glashütte. ✆ 033704/ 67065. www.gasthof-reuner.de. April – Okt Di – So 10 – 18 Uhr. Historischer Gasthof im Museumsdorf, regionale Küche, Biergarten mit Schatten spendenden Linden. Sa, So deftiges Mittagsbuffet.

Tipp: In der ehemaligen **Dorfschule** kann man heute übernachten, www.museumsherberge.de, DZ 55 €, im Mehrbettzimmer 19 € inklusive Bettwäsche und Handtüchern.

2012 wurde Jüterbog als Stätte der Reformation mit dem Europäischen Kulturerbesiegel ausgezeichnet.

Die älteste Glashütte Deutschlands wurde bereits 1716 mitten im waldreichen Baruther Urstromtal gegründet. Schließlich brauchte man viel Holz für die Schmelzöfen. Recht abrupt muss die Stilllegung der Anlage Jahrhunderte später, im Jahre 9 vor der Wende, vonstatten gegangen sein: Bis heute sind noch die 27 Tonnen erstarrten Glases zu sehen, die 1980 im Ofen zurückblieben. Die Hütte verfiel danach zusehends. Erst 1991, mit der Gründung des engagierten Vereins Glashütte e.V., konnte die Anlage wieder zum Leben erweckt werden. Es entstand ein viel besuchtes **Freilicht- und Erlebnismuseum** mit einer Kunsthandwerkersiedlung mit einer Vielzahl von Angeboten und Veranstaltungen. So kann man beispielsweise den Handwerkern in der Glasbläserei und der Schauglasproduktion über die Schulter sehen, Kurse und Vorführungen für Kinder und Erwachsene in der Töpferei oder die Filzerei sowie die Korb- und Kräuterwerkstatt besuchen. Es gibt Försterwanderungen, einen Dorfbackofen, eine Dorfschmiede und einen erfrischenden Biobadeteich sowie zahlreiche Feste.

M *Hüttenweg 20, 15837 Baruth/Mark-Glashütte. ✆ 033704/980914, www.museumsdorf-glashuette.de.* **Bahn/Bus:** *↗ Baruth.* **Zeiten:** *April – Okt Di – So 10 – 18, Nov – März 10 – 16 Uhr, Jan und Feb Mo und Di geschlossen, Gruppen nach Vereinbarung.* **Preise:** *5,50 €; Kinder bzw. Schüler bis 14 Jahre 3 €; Studenten 3,50 €. Familienkarte 13 €, Gruppen ab 10 Pers 5 € pro Pers. Museumsführungen für Gruppen bis 20 Pers 15 €, ab 20 Pers 25 €, Schülergruppen 10 €.*

Jüterbog – Stätte der Reformation

Das Städtchen wurde schon im Jahre 1007 in der Sachsen-Chronik erstmals erwähnt. Die ursprünglich slawische Siedlung hieß »Jutrobog« nach dem von den Wenden verehrten Gott der Morgenröte. Nach der Eroberung des slawischen Burgwalls im Zuge der deutschen Ostkolonisation erhielt der Ort 1174 das Stadtrecht. Jüterbog ist somit die zweitälteste Stadt Brandenburgs. Im Mittelalter wurde der Ort aufgrund seiner günstigen Lage an den Handelsstraßen von Magdeburg nach Schlesien und von Sachsen nach Pommern wirtschaftliches und kirchliches Zentrum des Fläming. In dieser Zeit entstanden die **Stadtmauer,** von der noch große Teile gut erhalten sind, so zwei Wehrtürme und drei

Zum Städtele hinaus: Das Zinnaer Tor von Jüterbog

Stadttore: das *Dammtor* (1480), das *Zinnaer Tor* (1481) und das *Neumarkter Tor* (1487). Wer vor einem dieser Tore steht, wird mit Verwunderung eine Keule an dem alten Gemäuer hängen sehen. Daneben lautet die Inschrift auf Holztafeln: »Wer seinen Kindern giebt das Brot/Und leidet nachmals selber Noth,/Den schlage man mit der Keule todt!« Der martialische Spruch ist mit einer alten Stadtsage verknüpft, wonach drei geldgierige Söhne ihren reichen und todkranken Vater im Stich ließen, um schnell ans Erbe zu kommen.

Das Wahrzeichen Jüterbogs ist die **Nikolaikirche** mit ihren fast 70 m hohen Türmen, die unterschiedliche Helme tragen. Sie sind durch eine Brücke miteinander verbunden. In luftiger Höh' von annähernd 50 m überblickt man von der Aussichtsplattform die gesamte Stadt und ihre Umgebung. Die dreischiffige Hallenkirche wurde in mehreren Bauabschnitten im 14./15. Jahrhundert im spätgotischen Stil errichtet. Im Innern sind mittelalterliche Fresken, der Orgelprospekt von 1728,

☀ **Tipp:** Nikolaikirche, Ostern – Okt täglich 13 – 16.30 Uhr.

TELTOW-FLÄMING

ein Taufstein (um 1400), das sechs Meter hohe Sakramentshaus von *Meister Michel* (1507) und der Flügelaltar aus der Schule Lucas Cranachs d.Ä. (16. Jahrhundert) besonders sehenswert. Auch einige Möbelstücke sind interessant: Etwa der eisenbeschlagene *Tetzelkasten,* eine romanische Einbaumtruhe (um 1300). Sie war ursprünglich ein Behälter für liturgische Gewänder und wurde zu einer der legendären Geldladen, in der der berüchtigte Dominikaner *Johannes Tetzel* die Taler aufbewahrte, die er den Gläubigen für ihr Seelenheil abgepresst hatte. Tetzel kam 1517 von Berlin nach Jüterbog. Jener äußerst profitable Ablasshandel veranlasste schließlich *Martin Luther* im gleichen Jahr, seine 95 Thesen an der Wittenberger Schlosskirche anzuschlagen. Die **Tetzelkapelle** steht gegenüber der Nikolaikirche.

Richtung Marktplatz nimmt man zunächst Kurs durch das **Rothe Meer** – eine Gasse, die ihren seltsamen Namen aufgrund der früher hier ansässigen Färber bekam. Über die Mittelstraße mit Fachwerkhäusern aus dem 16. und 17. Jahrhundert ist man schnell im Zentrum des Flämingstädtchens. Der **Marktplatz** gehört zu den historisch bedeutendsten Orten Brandenburgs. Hier ließ der Ablassverwalter Tetzel Luther zum Ketzer erklären und dessen Thesen öffentlich verbrennen. Hier nahm der christliche Glaubenskampf seinen Lauf in Richtung Kirchenspaltung!

Der weite Platz wird vom gotischen **Rathaus** aus dem 14. Jahrhundert beherrscht. Die offene Vorhalle aus dem späten 15. Jahrhundert diente als Gerichtslaube. Darüber befindet sich seit 1493 das berühmte *Fürstenzimmer,* ein Meisterwerk der spätgotischen Baukunst. An der Nordostecke des roten Rathauses steht das steinerne Standbild des Schutzpatrons des Erzbistums Magdeburg: Der *hl. Mauritius,* ein Mohr, symbolisierte die Blütezeit Jüterbogs am Ende des Mittelalters, als hier vor allem Tuchmacher lohnende Geschäfte und Handel trieben.

Nur einen Katzensprung entfernt steht die drei-schiffige **Mönchskirche** von 1480, die zum ehemaligen Franziskanerkloster gehörte. Seit 2005 beherbergt sie das Kulturquartier Mönchenkloster mit Museum, Stadtbibliothek, Konzertsaal, Archiv und der Touristeninformation. Das älteste Bauwerk der Stadt steht etwas außerhalb des alten Zentrums und hinter dem Dammtor: die **Liebfrauenkirche,** sie wurde zwischen 1161 und 1223 frühgotisch errichtet.

❶ *Stadtinformation Jüterbog,* *Mönchenkirchplatz 4, 14913 Jüterbog. ℂ 03372/463113, www.jueterbog.de. Im Mönchenkloster. **Bahn/Bus:** RE5 stündlich ab Berlin Hbf nach Jüterbog, MR33. **Auto:** B101, B115. **Rad:** Tour Brandenburg, Historische Stadtkerne Route 4. **Zeiten:** Di, Mi 10 – 17, Do 10 – 18, Fr 10 – 13 und Sa 10 – 17 Uhr.*

Museum im Mönchenkloster

Das Museum hat seinen Platz im Ostflügel des ehemaligen Franziskanerklosters, der zwischen 1500 und 1530 erbaut wurde. Im alten Kreuzgang steht die originale Skulptur des hl. Mauritius, die 1507 am Jüterboger Rathaus angebracht wurde. Heute steht dort eine Kopie. Informiert wird über archäologische Funde aus der Umgebung, über die Stadtgeschichte vom 12. bis zum 20. Jahrhundert, über die Garnisonsgeschichte der Stadt und über Trachten aus Jüterbog und dem Fläming. Zu sehen ist auch ein präparierter Wolf, der 1961 in Ihlow geschossen wurde.

Ⓜ *Stadtmuseum Jüterbog,* *Mönchenkirchplatz 4 (im Kulturquartier), 14913 Jüterbog. ℂ 03372/463144, www.jueterbog.eu. **Bahn/Bus:** ↗ Jüterbog. **Zeiten:** Di, Mi, Fr 12 – 17 Uhr, Do 12 – 18 und Sa, So 13 – 17 Uhr. **Preise:** 4 €; Kinder 2,50 €.*

☀ *»Die Schürze ist länger als der Rock, das Mädchen ist aus Jüterbog«, heißt es im Reim.*

TELTOW-FLÄMING

Alte und Neue Abtei: Hinter den Backsteinmauern ist heute ein Museum

Kloster Zinna

Das berühmte Zisterzienserkloster wurde bereits 1170 gegründet. 1307 gehörten 300 qkm zum Klosterbesitz! Doch 1535 wird das Kloster aufgelöst und zur Sommerresidenz weltlicher Herren. Als 1764 durch Friedrich II. die Weberkolonie gegründet wird, dient die Alte Abtei als Steinbruch. Erhalten blieben die Klosterkirche aus behauenen Feldsteinen, die Neue Abtei mit prächtigem Giebel und das ehemalige Gästehaus. Das **Klostermuseum** informiert sowohl über die Historie des Klosters als auch über Weberkolonie Zinna. Außerdem sind spätgotische Wandfresken aus der Zeit um 1400 zu bewundern, gekostet werden darf der »Klosterbruder«, ein wohlschmeckender Likör, der vor Ihren Augen aus einer Kräuteressenz gewonnen wird. Obwohl sich die Weberei nie richtig gelohnt hat, wird noch immer gewebt, so im alten **Zollhaus.** Einige nette Gaststätten liegen in unmittelbarer Nachbarschaft.

🕐Ⓜ *Kloster Zinna, 14913 Jüterbog. ℂ 03372/439505, www.kloster-zinna.com. 4 km nördlich von Jüterbog.* ***Bahn/Bus:*** *↗ Jüterbog oder Luckenwalde, jeweils Bus 753 in umgekehrter Richtung.* ***Auto:*** *B101 zwischen Luckenwalde und Jüterbog.* ***Rad:*** *Fläming-Skate RK3.* ***Zeiten:*** *Di – So, Fei 10 – 17 Uhr.* ***Preise:*** *5 € für Klostermuseum, Kräuteressenzherstellung und Kostprobe sowie Weberei im Zollhaus; Schüler 1,50 €; Ermäßigungsberechtigte 3,50 €. Führung nach Voranmeldung 10 €.*

☕ **Webhaus – Museum & Café,** Berliner Straße 72, Kloster Zinna. ℂ 03372/432739. www.webhaus-kloster-zinna.com. März – Okt Di – So, Fei 10 – 19 Uhr, Nov – Feb bis 17 Uhr. Klemmkuchen, Waffeln, Kartoffelpuffer oder Pellkartoffeln mit Quark und Leinöl im romantischen Biergarten.

Flaeming-Skate — die längste Skaterbahn Europas

Rund 80 km südlich vom Berliner Zentrum entfernt durchzieht ein einzigartiges Asphaltband von mittlerweile weit mehr als 200 km Länge den Landkreis Teltow-Fläming. Der Parcours verläuft zwischen den Städten Luckenwalde und Jüterbog, den kleinen Ortschaften Ließen, Petkus, Heinsdorf und Hohenseefeld im Osten und ↗ Wiepersdorf mit seinem Künstlerschloss im Süden. Die längste und schönste Skaterbahn Europas – das ist ein Mekka für Inline-Skater, Radler und Rollifahrer. Sie führt über momentan **8 Rundkurse** durch das Baruther Urstromtal und den Niederen Fläming. Weitere Strecken sind in Planung. Vor allem die Inline-Skater schwärmen vom »Black Ice«, feinstem Asphaltbelag mit einer 0,5er-Körnung.

Der längste Rundkurs (RK1) ist knapp 100 km lang und wie alle anderen äußerst glatten Teerbahnen 3 m breit. Der RK2 ist nur 12 km lang und für Anfänger bestens geeignet. Er führt von Lu-

➲ **Skate-Verleih,** Service und Kurse: Kuhlmey-Sport 2000, Große Straße 56 (REWE-Parkplatz), 14913 Jüterbog, ✆ 03372/405252, Fax 405304. Mo – Fr 9 – 19, Sa 9 – 13 Uhr.

➲ **Zweiradservice und -verleih Zygar,** Weinberge 150, 14913 Jüterbog, ✆ 03372/402711, Mo – Sa 9 – 19 Uhr, So nach Absprache.

✕ **Zum Eichenkranz,** Unter den Eichen 1, Kolzenburg (Luckenwalde). ✆ 03371/610729. www.eichenkranz.de. Di – So ab 11 Uhr, Herbst und Winter werktags ab 17 Uhr. Nahe Luckenwalde, liegt direkt am RK2. Zwei Gaststuben, deftige Gerichte, große Sommerterrasse unter alten Eichen, ⬆ barrierefreie Hotelzimmer, ➲Radverleih ab 6 €/Tag, Skateverleih mit Protektoren (Schutzausrüstung) ab 8 €/Tag.

Motorlos unterwegs: Auf Rädern und Rollen durch den Fläming

➔ Eine große, variationsreiche **BMX-Anlage** befindet sich bei Luckenwalde nahe der Flaeming-Skatestrecke und dem Freibad Elsthal, ✆ 03371/672286.

✗ **Jagdgaststätte Elsthal,** Elsthal 6, Luckenwalde. ✆ 03371/616808. www.jagdgaststaette.de. Täglich ab 11 Uhr. Schöne Lage im Laubwald und am Fläming-Skate. Wild, Fisch, märkische Hausmannskost, Biergarten. 🎵 Tanzcafé mit Oldies So 15 – 18 Uhr. 🏊 Daneben: **Freibad Elsthal** und Hochseilgarten.

ckenwalde-Kolzenburg durch eine herrliche Landschaft mit Kuh- und Pferdeweiden, durch Misch- und Nadelwald und an Mais- und Rapsfeldern entlang. Der RK3 hat eine Länge von 11 km und kleinere Steigungen. Ausgangspunkt ist Jüterbog, unterwegs passiert man das Kloster Zinna. Der RK4 ist 43 km lang und verlangt einiges an sportlicher Übung aufgrund einiger steilen Abschnitten. Der RK5 ist 50 km lang und halbiert den RK1 im Norden, der RK6 halbiert den RK1 im Süden. Der RK7 ist rund 40 km lang und besitzt größere Wald- und Feldabschnitte. Er passiert die Stadt Dahme (Mark). Der RK8 hat eine Länge von 83,7 km. Angeschlossene Orte sind u.a. Baruth und Glashütte. Alle Rundkurse sind miteinander verbunden! Entlang der sehr gut ausgeschilderten Strecken gibt es Rastplätze, Infotafeln, Badestellen, Museen, Kreativangebote, Übernachtungsmöglichkeiten und Restaurants.

In Jüterbog ist mit der **Skate-Arena** eine moderne Anlage entstanden, die auch für nationale und internationale Wettkämpfe, z.B. die Europameisterschaften im Speed-Skating, genutzt wird. Sie gilt unter Kennern als die beste Sportstätte dieser Art in Deutschland.

➔ *Flaeming-Skate® GmbH,* Markt 15/16, 14913 Jüterbog. ✆ 03372/4403-200, www.flaeming-skate.de. **Bahn/Bus:** ↗ Luckenwalde, Jüterbog. **Infos:** Skate-Arena, am Gewerbegebiet, 14913 Jüterbog, Infos und Termine unter ✆ 03372/4403-210, info@flaeming-skate-gmbh.de.

Künstlerhaus Schloss Wiepersdorf

Der Stadtmensch muss sich erst an die ungewöhnliche Stille in diesem abgeschiedenen Nest gewöhnen. »Hier in Wiepersdorf ist es so still, so abgeschnitten von allem Weltlärm, dass, wenn etwas rumpelt in der Ferne wie ein Wagen, so glaubt man eher, es sei ein Geist, als dass man darauf rechnet, dass Menschen zu einem kommen«. Das schrieb vor mehr als 160 Jahren eine Frau, die damals von vielen Literaturkritikern als »enfant terrible« oder als »exzentrisches Kind der deutschen Romantik« abgestempelt wurde: **Bettina von Arnim,** in Frankfurt am Main geborene *Brentano* (1785 – 1859). In diesem gottverlassenen Winkel lebt die »menschensüchtige« Frau mit ihrem Gatten *Achim,* der zusammen mit Bettinas Bruder *Clemens Brentano* als Hochmeister der deutschen Romantik gilt. Während es Bettina nach nur 3 Jahren wieder in ihr heiß geliebtes, 85 km entferntes Berlin zurückzog, wuchsen ihre sieben gemeinsamen Kinder auf dem vom Dichter verwalteten Gut auf. Das Herrenhaus ist ein Gebäude von 1738, das erst am Ende des 19. Jahrhunderts sein schlossähnliches und barockes Aussehen bekam. Die Arnims bewirten hier so illustre Gäste wie die *Gebrüder Grimm, Wilhelm* und *Alexander von Humboldt, Fürst Pückler-Muskau* und *Carl Friedrich von Savigny.* Achim von Arnim stirbt 1831 an Gehirnschlag, Bettina im Alter von 74 Jahren in Berlin, ihre Gräber befinden sich neben der kleinen Schlosskirche im Wiepersdorfer Schlosspark. Dort liegt die emanzipierte Frau nun zu Füßen ihres Gatten.

Während der Nazizeit bot **Agnes von Arnim,** mit einem Enkel Bettinas verheiratet, »entarteten« Künstlern ein Refugium und versteckte den Juden und Kommunisten *Dr. Iwan Katz* im Schloss. Ab 1947 wird das Barockschloss zu einer Art Villa Massimo Brandenburgs. Berühmtheiten wie *Anna Seghers, Christa Wolf, Peter Hacks, Arnold Zweig* und *Sarah Kirsch* haben hier eine Zeitlang gelebt und gedichtet. Diese Tradition als **Künstlerhaus** setzt die interdisziplinäre Begegnungsstätte seit der Wende fort. Eine Ausstellung dokumentiert an-

Wesentliche Teile ihrer berühmten, schwärmerischen Briefromane schrieb Bettina in Wiepersdorf, so auch »Goethes Briefwechsel mit einem Kinde«, Insel Taschenbuch.

Apels Alte Mühle, Chausseestraße 12, Hohenseefeld. ℰ 033744/60341. www.apels-alte-mühle.de. Mi – So 11.30 – 21 Uhr, Fr und Sa bis 22 Uhr. Im Nachbarort von Wiepersdorf. Fleischerei und Restaurant mit urgemütlicher Bauernstube. Festsaal und Mühlengarten. Gute regionale Gerichte.

**Café in der Orange-
rie,** April – Okt Sa,
So, Fei 14 – 17 Uhr. Im
Schloss können Gäste 5
Suiten und mehrere Zim-
mer im Seitenflügel mie-
ten. www.schloss-wie-
persdorf.de

hand von Fotos, Handschriften und Erstausgaben
Leben und Werk des Dichterpaares. Zu sehen
sind auch zeitgenössische Möbel und Gemälde.
Zahlreiche Bilder stammen von dem Historienma-
ler *Achim von Arnim-Bärwalde,* einem Enkel der
beiden. Ihm ist die Gestaltung des Parks im Jahre
1888 zu verdanken. Ebenso die sandsteinernen
Götter an den Parkwegen, die er von seinen Studi-
enreisen aus Italien mitbrachte, sowie die Callot-
Zwergenfiguren an der Nordseite des Schlosses.
Im Künstlerhaus finden regelmäßig Gespräche,
Lesungen und Konzerte statt.

🕐 *Deutsche Stiftung Denkmalschutz, Bettina-von-
Arnim-Straße 13, 14913 Wiepersdorf. ℭ 033746/
699-0, 699-15 (Führung), www.schloss-wiepers-
dorf.de. **Bahn/Bus:** MR33 (Märkische Regiobahn)
von Berlin-Wannsee nach Jüterbog, dann Bus. **Auto:**
B101, B102 aus Dahme/Luckau in Nonnendorf links,
aus Richtung Jüterbog hinter Werbig rechts abbiegen
nach Reinsdorf, Schönewalde. **Rad:** Direkt am Rundkurs 1 und 6 der Flaeming-Skate.*

Ⓜ *Museum: Feb – Nov Sa, So, Fei 13 – 16 Uhr und
nach Vereinbarung. Führungen für 4 € jeden 1. So im
Monat um 14 Uhr. **Preise:** 2 €; Kinder bis 12 Jahre
frei; Ermäßigungsberechtigte 1 €.*

»Sabinchenstadt« Treuenbrietzen

Die Kleinstadt mit gut 7000 Einwohnern liegt am
Nordrand des Niederen Fläming. Unter den Askaniern entstand hier im 13. Jahrhundert die *Burg
Brizene,* eine Grenzfestung gegen die Magdebur-
ger und die Sachsen. Bereits im gleichen Jahrhundert wurden die beiden Kirchen der Stadt errichtet: die frühgotische *St. Nikolaikirche* und die noch
im spätromanischen Stil begonnene **St. Marienkirche.** Letztere ist eine kreuzförmige Gewölbe-
basilika, deren quadratischer und massiger West-
turm aus dem späten 15. Jahrhundert stammt.
Der Ziegelbau – einer der ersten mit dem roten

Backstein in der Mark – stand unter dem Einfluss der Zisterzienser und wurde um 1220 begonnen. Bemerkenswert ist im Innern die 1742 eingebaute Orgel von *Joachim Wagner*. Das Gotteshaus ist das Wahrzeichen der Stadt. Das kleine **Heimatmuseum** ist seit 1939 in der ehemaligen *Heilig-Geist-Kapelle* untergebracht, nachdem man deren Ruine mit einem Fachwerkgeschoss und einem Kegeldach ausgebaut hatte. Gleich daneben stehen eine preußische Postmeilensäule und das sogenannte **Weihnachtsmannhaus,** das größte Fachwerkgebäude Brandenburgs. Ein paar Schritte entfernt sind am *Schanzgraben,* einem Nebenarm der Nieplitz, noch größere Reste der mittelalterlichen Stadtmauer zu sehen. Zu ihr gehörte auch der Pulverturm, ein Munitionsmagazin, das bis 1877 für die Treuenbrietzer Garnison diente.

In der auffallend breiten und von Linden gesäumten **Großstraße,** die in ihrer gesamten Anlage mit Trottoir, Parkplatz und Rasenfläche nur drei Meter

M **Heimatmuseum,** Großstraße 1 A, Treuenbrietzen. ✆ 033748/70506. So 10 – 12 und 13 – 17 Uhr. Ausstellung zur Stadtgeschichte.

SABINCHEN-MORITAT

»Sabinchen war ein Frauenzimmer/Gar hold und tugendhaft/Sie lebte treu und redlich immer/Bei ihrer Dienstherrschaft/Da kam aus Treuenbrietzen/Ein junger Mann daher/Der wollte Sabinchen so gerne besitzen/Und war ein Schuhmacher/Sein Geld hat er stets versoffen/In Schnaps und och in Bier/Da kam er zu Sabinchen geloffen/Und wollte welch's von ihr/Die konnte ihm keines geben/Da stahl er auf der Stell/Von ihrer guten Dienstherrschaft/Sechs silberne Löffel (…)«
Gar grausig endet die kurze Lovestory:
»Da nahm er sein Rasiermesser/Und schnitt ihr ab den Schlund/Das Blut zum Himmel spritzte/Sabinchen fiel gleich um.«

So ein Frauenzimmer: Sabinchen vor dem Rathaus, zu ihren Füßen dieser Tunichgut von einem Mann

schmäler als der Berliner Kurfürstendamm sein soll, stehen mehrere schöne Fachwerk- und Bürgerhäuser aus vergangenen Jahrhunderten. Durch die Geschäftsstraße von Treuenbrietzen verlief einst die wichtige Handelsstrecke von Berlin nach Leipzig. Mittenmang steht auf einer Straßeninsel das **Rathaus,** das schon 1290 erwähnt wird. Zu dieser Zeit mussten die durchreisenden Kaufleute hier ihre Waren zum Verkauf anbieten. Der Rathausturm entstand 1606, 1783 wurde das Gebäude barock umgestaltet. Das heutige Aussehen geht aber auf den Umbau von 1937 zurück. Den Brunnen am Rathausvorplatz ließ die Gemeinde 1913 erbauen. Damals stand auf dem Sockel noch eine imposante Bronzefigur des Kurfürsten Friedrich I., der 1412 als erster Hohenzoller in der Mark herrschte. Seit dem Zweiten Weltkrieg ist die Statue verschollen. Erst 1984 kam eine neue Figur auf das verwaiste Podest: das **Sabinchen,** das den Ort in ganz Deutschland bekannt gemacht hatte. Die etwa um 1840 in Berlin entstandene Moritat erzählt die traurige Geschichte des tugendhaften Dienstmädchens, das der böse Schuster aus Treuenbrietzen entehrt und schließlich meuchelmordet. Die Ortschaft erhielt daher den Beinamen »Sabinchenstadt«.

Info & Verkehr Treuenbrietzen

Schon im späten Mittelalter bekam das einstige Brietzen seine Vorsilbe **»Treu«.** Und das kam so: Als 1319 mit dem brandenburgischen Markgraf Waldemar der letzte Askanier ohne Nachkommen stirbt, fällt Brandenburg an die bayerischen Wittelsbacher. Das gefiel vielen nicht. Wie vom Himmel geschickt, taucht plötzlich ein Pilger auf, der sich als der doch nicht tote Waldemar ausgibt. Der Erzbischof von Magdeburg glaubt ihm gern und belehnt ihn mit der Mark. Zwei Jahre später fällt der ganze Schwindel auf. Die Wittelsbacher ließen daraufhin alle Tore jener Städte, die dem »Falschen Waldemar« gehuldigt hatten, zumauern. Noch heute stehen solche *Waldemartore* etwa in Gransee oder Mittenwalde. Brietzen jedoch hatte den Bayern die Treue gehalten.

❶ *Stadtinformation Treuenbrietzen, Großstraße 105, 14929 Treuenbrietzen. ✆ 033748/74777, www.treuenbrietzen.de. Bahn/Bus: MR33 von Berlin-Wannsee im 2-Stunden-Takt, Fahrzeit 1 Std. Auto: Von Berlin B2 und B102. Rad: Tour Brandenburg, Radroute Historische Stadtkerne Route 4. Zeiten: Mo 9 – 12, Di 9 – 12 und 12.30 – 18, Mi bis 16, Do bis 17 Uhr, Fr 9 – 14 Uhr.*

BURGENDREIECK IM FLÄMING

Burg Eisenhardt mit Burgmuseum in Bad Belzig

»Tor zum Hohen Fläming« nennt sich die 2009 als Thermalsoleheilbad zu *Bad Belzig* gekürte und schön herausgeputzte Ortschaft heute, als »Burgwardium Belizi« wurde sie schon im Jahre 997 urkundlich erwähnt. Noch früher, im 6. Jahrhundert, siedelten hier slawische Stämme, die auf dem Briccius-Berg eine wehrhafte Anlage errichteten. Aus ihr ging später die **Burg Eisenhardt** hervor. Der 33 m hohe **Bergfried** aus Feldsteinen stammt noch aus der frühen deutschen Epoche, aus dem 12. Jahrhundert. Aufgrund seiner Ähnlichkeit mit einem Butterfass wird er im Volksmund »Butterturm« genannt. Von der Aussichtsplattform hat man einen tollen Rundblick auf die Hügellandschaft des Hohen Fläming. Dort oben stand 1530 auch seine Hochwürden Martin Luther, blickte ins weite Land und dichtete ein wenig holprig: »Ländeken, was bist du für ein Sändeken.«

→ Mehr als eine Woche kann man auf dem rund 150 km langen **Burgenwanderweg** durch den Hohen Fläming und von Burg zu Burg unterwegs sein. Eckpunkte sind Burg Eisenhardt in Belzig, Burg Rabenstein, die Wiesenburg und die Bischofsresidenz Ziesar. Infos über die Besucherinformation in Raben, ✆ 033848/60004.

Spektakel: Belziger Ritter beim Lanzenspiel
Foto: Maciek Grzywinski

Zwischen 1990 und 2008 wurde die gesamte Anlage grundlegend restauriert. Jetzt ist die mittelalterliche Ringmauer mit ihren Wehrtürmen begehbar. Vielleicht hat man dabei die alte Ritterburg ein bisschen zu stark touristisch »geglättet«. Die Geschichte der Festung Belzig geht bis in das Jahr 1465 zurück. Damals erhielt die Burg vom sächsischen *Kurfürsten Ernst* den Namen Eisenhardt, denn »hart wie Eisen« sollte sie ihren Feinden widerstehen. Die strategisch bedeutsame Lage der Belziger Burg im nördlichen Zipfel des Kurfürstentum Sachsen, unmittelbar an den Grenzen zum Kurfürstentum Brandenburg und zum Erzbistum Magdeburg, machte die Eisenhardt im Spätmittelalter zum ständigen Zankapfel der rivalisierenden Territorialstaaten. Im Dreißigjährigen Krieg wurden Belzig und seine Burg schließlich fast vollständig von schwedischen Söldnern zerstört. Danach hat man die Burg schlossähnlich umgebaut »mit herrlichen Zimmern, Gemächern und Tafelstuben«, wie es in einer Chronik heißt. Nach den Befreiungskriegen gegen Napoleon kam das sächsische Belzig 1815 zu Preußen, die Burg diente fortan als Amtsgefängnis.

Das **Burgmuseum** besitzt zahlreiche Exponate aus der Burggeschichte und informiert über Volksbrauchtum und Alltag der Flämingbewohner. In einem Diorama ist mit Zinnsoldaten die Schlacht am benachbarten Hagelberg von 1813 gegen napoleonische Truppen nachgestellt. Ein paar Schritte von der Burg entfernt – vor dem Burgbräuhaus

Salon Wittgenstein im Burghotel, Wittenberger Straße 14, Bad Belzig. ℰ 033841/4509-0. www.burghotel-bad-belzig.de. Täglich ab 8 Uhr. IRegionale Gerichte, gute Weinkarte, elegante Einrichtung, Sommerterrasse im Burghof. Außerdem: Selbstbedienungstheke »Zum Stallknecht« täglich 12 – 17.30 Uhr. ♠ DZ ab 94 €.

in der Bahnhofstraße – steht eine mit dem sächsischen Wappen (gekreuzte Schwerter und Rautenkranz) versehene Postmeilensäule von 1725. Wie darauf ersichtlich, dauerte damals die Kutschfahrt nach Dresden 36 lange Stunden!

Jüngster Besuchermagnet der Kurstadt ist die ↗ **SteinThermeBelzig.** Die städtischen Sehenswürdigkeiten stehen am **Marktplatz** oder nicht weit weg davon: das barocke Rathaus, zweigeschossige Bürgerhäuser aus dem 18. Jahrhundert, das Reißigerhaus von 1728 (das ehemalige Schulhaus) sowie die Stadtkirche **St. Marien.** In diesem spätromanischen Gotteshaus aus dem 13. Jahrhundert predigte am 14. Januar 1530 *Martin Luther,* um den erneuerten Glauben im Fläming und im evangelischen Belzig zu festigen. Das hinderte wenige Jahre später den Stadtrat aber nicht, Aufrührer in der Gefolgschaft des berühmt-berüchtigten Kaufmanns *Kohlhase* öffentlich auf dem Marktplatz verbrennen zu lassen.

🕐 Ⓜ *Burg Eisenhardt, Wittenberger Straße 14, 14806 Bad Belzig. ✆ 033841/42461, www.bad-belzig.de. **Zeiten:** Mi – Fr 13 – 17, Sa, So, Fei 10 – 17 Uhr, Gruppenführungen Mo – Fr bis 17 Uhr nach Voranmeldung. **Preise:** Museum und Turm 2,50 €, Gruppenführung 20 € (max 25 Pers) und 30 € (max. 50 Pers); Kinder 5 – 17 Jahre 1,50 €; Familienkarte (2 Erw, max. 3 Kinder) 6,50 €, Gruppen ab 10 Pers 1,50 €/Pers, ermäßigt 1 €.*

ⓘ *Tourist-Information Bad Belzig, Marktplatz 1, 14806 Bad Belzig. ✆ 033841/3879910, www.bad-belzig.de. **Bahn/Bus:** Ab Berlin Hbf stündlich RE7, RE ab Dessau fast stündlich. **Auto:** A2 Berlin – Hannover Ausfahrt 78 Brandenburg/Belzig, A9 Berlin – Leipzig) Ausfahrt 5 Niemegk/Belzig und jeweils auf B102 bis Bad Belzig. **Rad:** Am Europaradweg R1 Berlin – Dessau, Tour Brandenburg, Radroute Historische Stadtkerne Route 4. **Zeiten:** April – Sep Mo – Fr 9 – 18, Sa, So und Fei 10 – 15 Uhr, Okt – März Mo – Fr 10 – 17 Uhr, Sa, So, Fei 10 – 15 Uhr.*

☀ **Tipp:** Historisches Freilufttheater auf der Burg, Theaterbüro ✆ 033841/94250.

➡ **Burg- und Stadtführungen** jeden So um 11 Uhr, Treff an der Touristen-Information, Dauer ca. 1,5 Stunden, 4 €/Person.

TELTOW-FLÄMING

☀ Tipp: Ende August findet alljährlich im Rahmen des **Belziger Altstadtsommers** das mittelalterliche Burgspektakel statt. Dann ist die Anlage 2 Tage lang fest in der Hand von Rittern, Gauklern, Fakiren, Spielleuten mit historischen Instrumenten, Komödianten und buntem fahrenden Volk.

✕ Agra Haus, Wiesenburger Straße 16, Bad Belzig. ✆ 033841/44821. Täglich 11 – 23 Uhr. Indien im Fläming? Das passt, jedenfalls in dieser freundlich eingerichteten Gaststätte. Gerichte aus dem Lehmofen, dem Tandoori. Gut, frisch, exotisch, auch vegetarisch.

SteinTherme Bad Belzig

Die gesamte Therme wurde 2009 vollkommen neu gestaltet, die Stadt bekam danach die staatliche Anerkennung zum Thermalsole-Heilbad. Das 30 Grad warme und jodhaltige Solewasser aus 774 m Tiefe stärkt u.a. Herz und Kreislauf, entlastet Muskeln, Gelenke und die Wirbelsäule, befreit die Atemwege, verbessert die Hautregeneration und besitzt Heilanzeigen bei Osteoporose und Erschöpfungszuständen. In der SaunaWelt gibt es u.a. eine 42°-Gradiersauna und eine 85° heiße, russische Banja, deren Zeremonie mit einem kleinen, eisgekühlten Wodka startet.

🔲 *Am Kurpark 15, 14806 Bad Belzig. ✆ 033841/38800, www.steintherme.de. **Bahn/Bus:** ↗ Bad Belzig. **Zeiten:** So – Do 10 – 22, Fr und Sa bis 23 Uhr. **Preise:** 12 € für Tageskarte BadeWelt, 3 Std Bade- und SaunaWelt 17 €; Familienkarte (2 Erw und 1 Kind) 42 € für 3 Std BadeWelt, Tageskarte 54 €.*

✕ *Villa Medici in der Therme, aber auch solo zu besuchen. So – Do 12 – 22.30, Fr, Sa bis 23 Uhr, ✆ 033841/388077. Rollstuhl geeignet: barrierefrei.*

Naturparkzentrum Hoher Fläming

Erlebnisausstellung in der **Alten Brennerei,** bei der Sie mit der Taschenlampe nachtaktive Tiere besuchen oder mit dem Schwarzstorch telefonieren können. Außerdem Fahrradverleih und geführte Rad- und Wandertouren.

ℹ *Brennereiweg 45, 14823 Rabenstein-Raben. ✆ 033848/60004, www.flaeming.net. **Bahn/Bus:** Von ↗ Bad Belzig Bus 591 bis Kiepzig, weiter mit Bus 592. Der Naturpark Hoher Fläming ist auch am Wochenende ohne Auto erreichbar: Naturparkbus 592 Bad Belzig – Raben (Naturparkzentrum Hoher Fläming) – Rädigke (Taubenhaus) April – Mitte Dez Sa, So, Fei 10.15 Uhr ab Bhf Bad Belzig, zurück 16.25 Uhr ab Rädigke, 16.30 Uhr ab Raben. Der 7-Sitzer kann nach Voranmeldung gegen einen größeren Bus ausgewechselt werden; Omnibus Glaser, ✆ 033848/60255. **Auto:** A9 Berlin – Nürnberg, Ausfahrt 6 Klein*

Marzehns, L84 Richtung Rabenstein/Wiesenburg.
Rad: *R1,Tour Brandenburg.* **Zeiten:** *Täglich 9 – 17 Uhr.*

Naturerlebnispfad: Rundweg mit 8 Stationen von der Ortschaft Raben zur Burg Rabenstein, ca. 2 km mit einigen steileren Steigungen.

Burg Rabenstein

Die mittelalterliche Burg liegt auf einer 153 m hohen Bergnase, genannt der *Steile Hagen.* Umgeben von einem herrlichen Waldgebiet mit Eichen und mächtigen Buchen mutet Rabenstein noch heute wie ein verwunschenes Ritternest an. Wahrscheinlich – Urkunden fehlen – bereits in der Mitte des 12. Jahrhunderts als Straßenwarte erbaut, war sie für den Grafen von Belzig von höchst strategischer Bedeutung. Sie lag nämlich direkt an der alten Heerstraße, die über Belzig nach Wittenberg führte. Der Burgname leitet sich übrigens nicht von der Vogelart ab, sondern bezieht sich auf den früheren Burgherrn *Konrad von Rauenstein,* im 13. Jahrhundert ein Vasall des Grafen von Belzig.

Aus mittelalterlicher Zeit stammen noch der fast 30 m hohe Bergfried, das Torhaus, die Folterkammer, der Brunnen sowie der Feldsteinbau mit dem schönen Mansarddach im Burghof, Rittersaal genannt. Der Wohnflügel, in dem sich

Rabenstein: Der Burghof vom Bergfried aus gesehen

TELTOW-FLÄMING

Ausschank Burg Rabenstein, Zur Burg 49, Raben-Rabenstein. ✆ 033848/60221. www.burgrabenstein.de. Täglich und ganzjährig ab 11 Uhr. Im Burghof. Zünftiges Ambiente. Sommerterrasse. Fisch, Wild, Ritterplatte. Herberge.

Historisches Backhaus, Mo – Fr 9 – 16 und Sa, So 10 – 18 Uhr: Frische Holzofenbrote und leckerer Kuchen, Kaffee.

Hemmerling, Herberge & Ausschank, Dorfstraße 27, Rabenstein/Fläming-Raben. ✆ 033848/60218. www.gasthaus-hemmerling.de. Di – So ab 9 Uhr. Biergarten, Fleisch aus eigener Tierhaltung und Kartoffeln aus eigener Ernte, Bungalow-Vermietung.

seit 1956 eine preisgünstige **Herberge** befindet, stammt aus dem 19. Jahrhundert. Die Kapelle im Turm ist aus dem Jahre 1717. Auf dem Gelände der ehemaligen Vorburg steht eine riesige Vorratsscheune, die ursprünglich im 17./18. Jahrhundert ein Wirtschaftsgebäude war. Sie besitzt ein seltenes Bohlensparrendach in Tonnenform aus dem 19. Jahrhundert. Gleich daneben kann man das historische **Backhaus** von 1860 betreten, das mittlerweile herzhafte Holzofenbrote zum Verkauf anbietet. In der nahen **Falknerei** finden Flugvorführungen statt.

Mit dem Burgturm ist eine traurige **Sage** verbunden. Sie handelt von Rosemarie, der jungen Tochter des ritterlichen Paares. Die schlich sich nämlich eines Abends verbotenerweise und verkleidet zur vergnügten Rabener Dorfjugend hinunter, um mit ihnen zu tanzen. Das erfuhren aber die gestrengen Eltern und verbannten das Mädchen im Turm. Dort sollte sie zwölf Hemden nähen – aber sie durfte nur alle 50 Jahre einen Nadelstich machen! Danach sei das Vergehen gesühnt. Die Freiheit geschenkt bekommt sie aber auch, wenn es einem kühnen Burschen gelänge, an der Außenmauer des Turmes ohne Hilfsmittel hinaufzuklettern. Doch bevor nun manch männlicher Besucher voller Übermut die glatt gehauenen Feldsteine des dicken Turmes zu erklimmen versucht, steige er besser gemächlicher die Stufen im Innern hoch, um den Panoramablick zu genießen.

🕐 *Dr. Marie-Luise Vetter, Zur Burg 49, 14823 Rabenstein-Raben. ✆ 033848/60221, www.burgrabenstein.de. **Bahn/Bus:** ↗ Raben. **Preise:** Turmbesteigung 1,50 €; Kinder bis 14 Jahre 0,50 €; Burgführung 45 – 60 Min 4 €, Naturführungen mit Waldschule 3 € pro Person. **Infos:** Flugvorführungen von Falkner Dirk Grabow April – Mitte Okt Di – So 14.30 Uhr, Erw 5 €, Kinder 4 – 13 Jahre 3 €, ✆ 0160/2261573, flaemingfalknerei@live.de.*

Schloss und Park Wiesenburg

Die Wiesenburg war ursprünglich ein so genanntes Burgwardium, eine Befestigung mit 10 bis 20
Dörfern, die 1161 erstmals urkundlich erwähnt
wird. Zahlreiche Fehden im Grenzland zwischen
Brandenburg und Magdeburg, dazu die Pest, ließen die Burg, den Ort und das ganze umliegende
Land bis zur Mitte des 15. Jahrhunderts veröden.
Diese Jahrhunderte der Verwüstungen überlebte
nur der massive Bergfried, den man später auf
48 m erhöhte und zum **Schlossturm** machte.
Denn im frühen 17. Jahrhundert entstand hier eine großzügige Anlage im Renaissancestil. Der
Turm ist aus allen Richtungen weithin sichtbar.
Von dort oben hat man einen fantastischen Blick
auf die Hügellandschaft des Hohen Fläming. Unten ist eine kleine Heimatstube eingerichtet.

Im 19. Jahrhundert wurde die Front von **Schloss
Wiesenburg** im heutigen Neo-Renaissancestil gestaltet. Von den spätmittelalterlichen Renais-

 **Schlossschänke
Zur Remise,**
Schlossstraße 2, Wiesen-
burg. ℗ 033849/50095.
www.schlossschaenke-
wiesenburg.de. Mo 11 –
17, Di – So 11 – 21 Uhr.
Nahe Schlosseingang,
gute Hausmannskost,
Kaffee, Kuchen.

*Herrschaftliche Idylle:
Schloss Wiesenburg*

TELTOW-FLÄMING

➜ Internationaler Kunstwanderweg Hoher Fläming von Wiesenburg über Schmerwitz nach Belzig, 16 km, Orientierung: gelbes Quadrat. Über Stock und Stein, sandige Waldwege, an Streuobstwiesen und Feldern und natürlich an allerlei Kunstwerken vorbei.

sancebauten sind noch der Nordflügel mit dem Treppenturm, das schöne Torhaus, das Inspektorhaus im Vorschloss, der Schlossbrunnen und das Männekentor des holländischen Bildhauers *Alexander Colins* vor der Schlossbrücke erhalten. Das *Männeken* mit Helm, Lanze und Schild soll angeblich den damaligen Schlosshauptmann Mende darstellen, der im ständigen Zwist mit dem holländischen Künstler lag. Entsprechend ähnelt die Figur auch ein wenig dem »Ritter von der traurigen Gestalt«. Das Schloss ist in Privatbesitz.

Der Öffentlichkeit zugänglich ist der herrliche und weitläufige **Schlosspark.** Ihn schuf zwischen 1868 und 1880 *Curt Friedrich Ernst von Watzdorf.* Die insgesamt 110 ha große Anlage – 13 ha davon sind intensiv gestalteter Kernbereich – gehört mit seinen rund 50 verschiedenen Baumarten gewiss zu den attraktivsten Parkanlagen in Brandenburg. Das Herzstück des schlossnahen Parks ist das Parterre mit seinen Teppichbeeten und den kugelförmig geschnittenen Fichten vor dem großen Teich, aus dem eine hohe Fontäne bläst. Im sich anschließenden Waldpark beeindrucken die bis zu 300 Jahre alten Buchen und Eichen sowie die großen Rhododendren.

ℹ **FVV Hoher Fläming e.V.,** Infozentrum und Heimatstube im Schloss Wiesenburg, Schlossstraße 1b, 14827 Wiesenburg. ✆ 033849/ 30980, www.flaemingburgen.de. Mo – Fr 10 – 17 und Sa, So, Fei 10 – 18 Uhr.

🕐 *Schloss Wiesenburg, Schlossstraße 1, 14827 Wiesenburg. ✆ 033849/ 50445, www.schloss-wiesenburg.de. Bahn/Bus: Ab Berlin RE7 über Bad Belzig nach Wiesenburg; Regionalbus www.vgbelzig.de. Auto: A2 Berlin – Magdeburg bis Ausfahrt Ziesar, A9 Berlin – Leipzig bis Ausfahrt Niemegk. Rad: ↗ Bad Belzig. Zeiten: Turm Mo – Fr 10 – 17, Sa, So, Fei 10 – 18 Uhr, im Winter bis 16 Uhr. Führungen nach Voranmeldung durch den Park und das Alte Dorf, ✆ 033849/30980. Preise: 1,50 €; Kinder 0,50 €. Zeiten: Mo – Fr 10 – 17 und Sa, So, Fei 10 – 18 Uhr.*

GLOSSAR & REGISTER

Glossar

Preußische Herrscher (mit Lebenszeit)

Friedrich Wilhelm, gen. Großer Kurfürst (1620 – 1688)

Louise Henriette von Oranien-Nassau (1627 – 1646), Gemahlin des Großen Kurfürsten

Friedrich III., später König Friedrich I. (1657 – 1713)

Sophie Charlotte von Braunschweig und Lüneburg (1668 – 1705), Gemahlin Friedrichs I.

Friedrich Wilhelm I. (1688 -1740), gen. der Soldatenkönig

Friedrich II. gen. Friedrich der Große (1712 – 1786), der »Alte Fritz«

Friedrich Wilhelm II. (1744 – 1797)

Friedrich Wilhelm III. (1770 – 1840)

Luise von Mecklenburg-Strelitz (1776 – 1810), Gemahlin Friedrich Wilhelms III. (Königin Luise von Preußen)

Friedrich Wilhelm IV. (1795 – 1861), der »Romantiker auf dem Thron«

Wilhelm I. (1797 – 1888), erster deutscher Kaiser

Friedrich III. (1831 – 1888), »99-Tage-Kaiser«

Wilhelm II. (1859 – 1941), letzter deutscher Kaiser

Wichtige Persönlichkeiten

Albrecht I. von Brandenburg, gen. Albrecht der Bär (um 1100 – 1170), Askanier, gründete 1157 die Mark Brandenburg

Brecht, Bertolt (1898 – 1956) Dichter, Theaterregisseur

Dutschke, Rudi (1940 – 1979) Sozialist

Eiermann, Egon (1904 – 1970) Architekt

Gontard, Carl Friedrich von (1764 – 1839) Architekt

Honecker, Erich (1912 – 1994) Generalsekretär der DDR

Humboldt, Wilhelm (1767 – 1835) und Alexander (1769 – 1859) Wissenschaftler

Knobelsdorff, Georg Wenzeslaus von (1699 – 1753) Architekt

Lenné, Peter Joseph (1789 – 1866) Gartenbauarchitekt

Liebermann, Max (1947 – 1935) Maler

Schinkel, Karl Friedrich (1781 – 1841) Architekt, Altes Museum, Neue Wache, Friedrichwerdersche Kirche, Kreuzbergdenkmal

Schlüter, Andreas (1659 – 1714) Architekt

Stüler, Friedrich August (1800 – 1865) Architekt

Ulbricht, Walter (1893 – 1973) Staatsratsvorsitzender der DDR

Weigel, Helene (1900 – 1971) Schauspielerin, Theaterintendantin

Register

Personen, Orte und Sehenswürdigkeiten, Natur und Gastronomie. 77 Orte ☀

IMPRESSUM

Unsere Inhalte werden ständig gepflegt, aktualisiert und erweitert. Für die Richtigkeit der Angaben übernimmt der Verlag jedoch keine Haftung. | © 2. Auflage 2014

Umschlag- und Reihenkonzept, insbesondere die Kombination von Griffmarken und Schlagwort-System auf dem Umschlag, sowie Text, Gliederung und Layout, Karten, Tabellen, Piktogramme und Illustrationen sind urheberrechtlich geschützt. | Abdruck und Einspeisung in elektronische Medien, auch auszugsweise, nur mit Genehmigung des Verlags. | **Inhalt:** Die Aufnahme und Beurteilung in diesem Reise- und Freizeitführer unterliegt der Auswahl durch Verlag und Autor. Der Abdruck der Texte und Daten erfolgt nach journalistischen Prinzipien und kann nicht erkauft werden. | **Druck & Bindung:** Druckerei Hassmüller Graphische Betriebe GmbH & Co. KG, Frankfurt am Main, www.hassmueller.de | **Umschlaggestaltung:** pmv, Agentur 42, Mainz, www.agentur42.de, Annette Sievers unter Verwendung eines Fotos vom Schloss Sanssouci (Wolfgang Kling) mit freundlicher Genehmigung der SPSG | **Fotos:** Wolfgang Kling. Wenn nicht anders angegeben, alle Rechte beim Verlag, siehe Nachweis beim jeweiligen Bild. Wir danken allen Unterstützern, insbesondere der Stiftung Preußische Schlösser und Gärten Berlin-Brandenburg, SPSG. | **Karten:** pmv | **Lektorat & Layout:** Annette Sievers | **Bezug:** über Prolit, Fernwald-Annerod, oder über den Verlag, vertrieb@PeterMeyerVerlag.de, ✆ 069/40 56 25 7-0.
ISBN 978-3-89859-202-4

Zeichenerklärung

Therme	🏠	Kirche, Kloster	✝ ✝	Wassermühle	☼
Badestelle, Strandbad	🏖	Schloss, Burg	🏰	Aussichtsturm	🗼
Paddeln, Segeln	⛵	Museum	M	Höhle	Ω
Ausflugsboot	🚢	Theater, Kino	T K	Gipfel mit Höhe in m	1000 ▲
Radtour	🚲	Musik	♫	Autobahn	7
Wanderung	🚶	Restaurant, Café	✕ ☕	Ausfahrt	22
Reiten, Kutschfahrten	🐎	Hoteltipp	⛪	Bundesstraße	333
Natur, Park	✹	Einkauf	◐	Internat. Flughafen	✈
77 Orte rund um Berlin	Ort	Industriedenkmal	🏭	ICE-, Bahnhof	●●

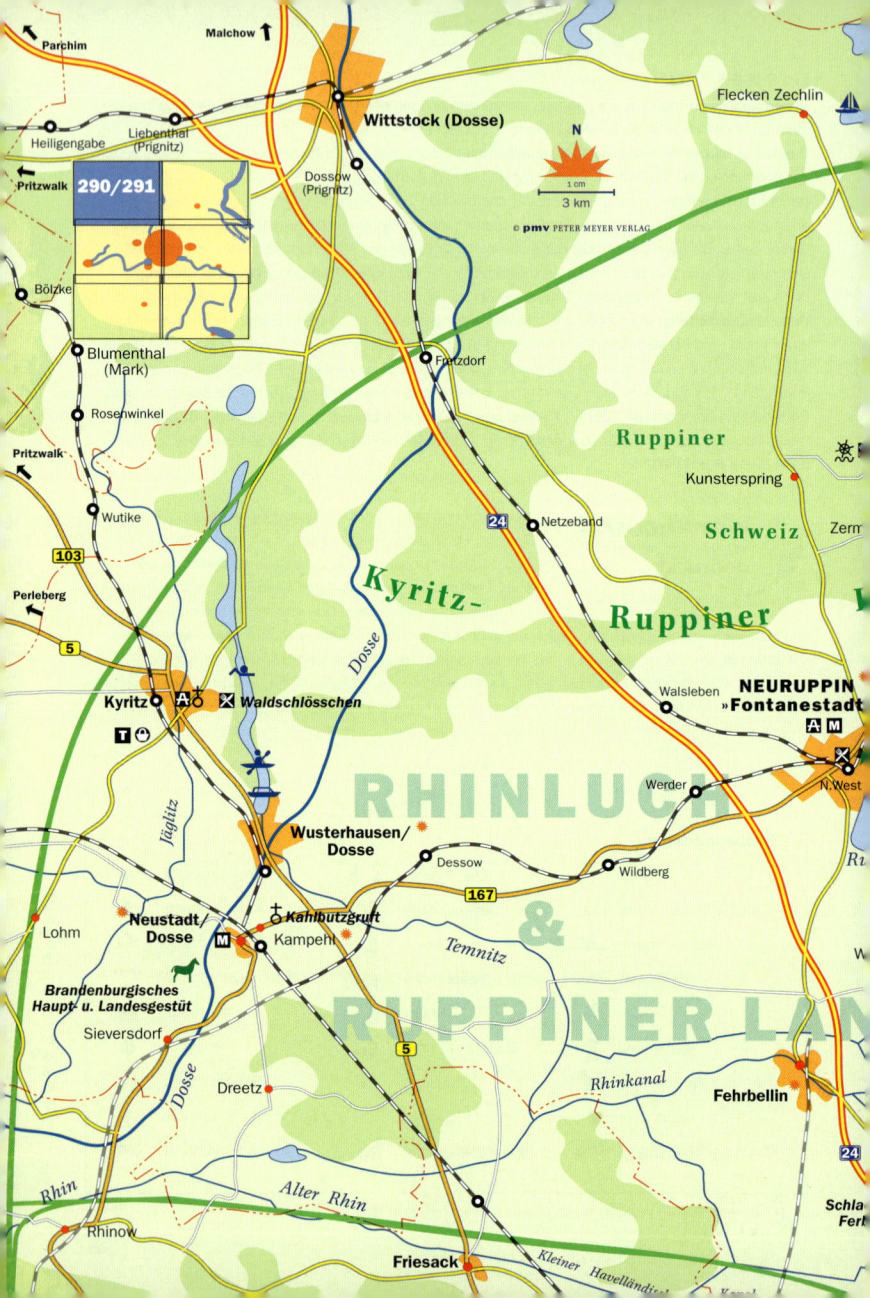

Parchim

Malchow ↑

Flecken Zechlin

Heiligengabe

Liebenthal (Prignitz)

Wittstock (Dosse)

Pritzwalk

Dossow (Prignitz)

N

1 cm

3 km

© **pmv** PETER MEYER VERLAG

Bölzke

Blumenthal (Mark)

Fratzdorf

Ruppiner

Kunsterspring

Rosenwinkel

Pritzwalk

24

Netzeband

Schweiz   Zerm

Wutike

Kyritz-

103

Ruppiner

Perleberg

Dosse

5

Walsleben

NEURUPPIN »**Fontanestadt**

Kyritz A ✕ *Waldschlösschen*

T ⌂

Werder

N.West

Ri

Jäglitz

Wusterhausen/ Dosse

Dessow

Wildberg

Lohm

† *Kahlbutzgruft*

167

Neustadt/ Dosse M Kampehl

Temnitz

Brandenburgisches Haupt- u. Landesgestüt

Sieversdorf

5

Rhinkanal

Fehrbellin

Dosse

Dreetz

RHINLUCH

&

RUPPINER LAN

Rhin

Alter Rhin

24

Schla Ferl

Rhinow

Friesack

Kleiner Havelländi

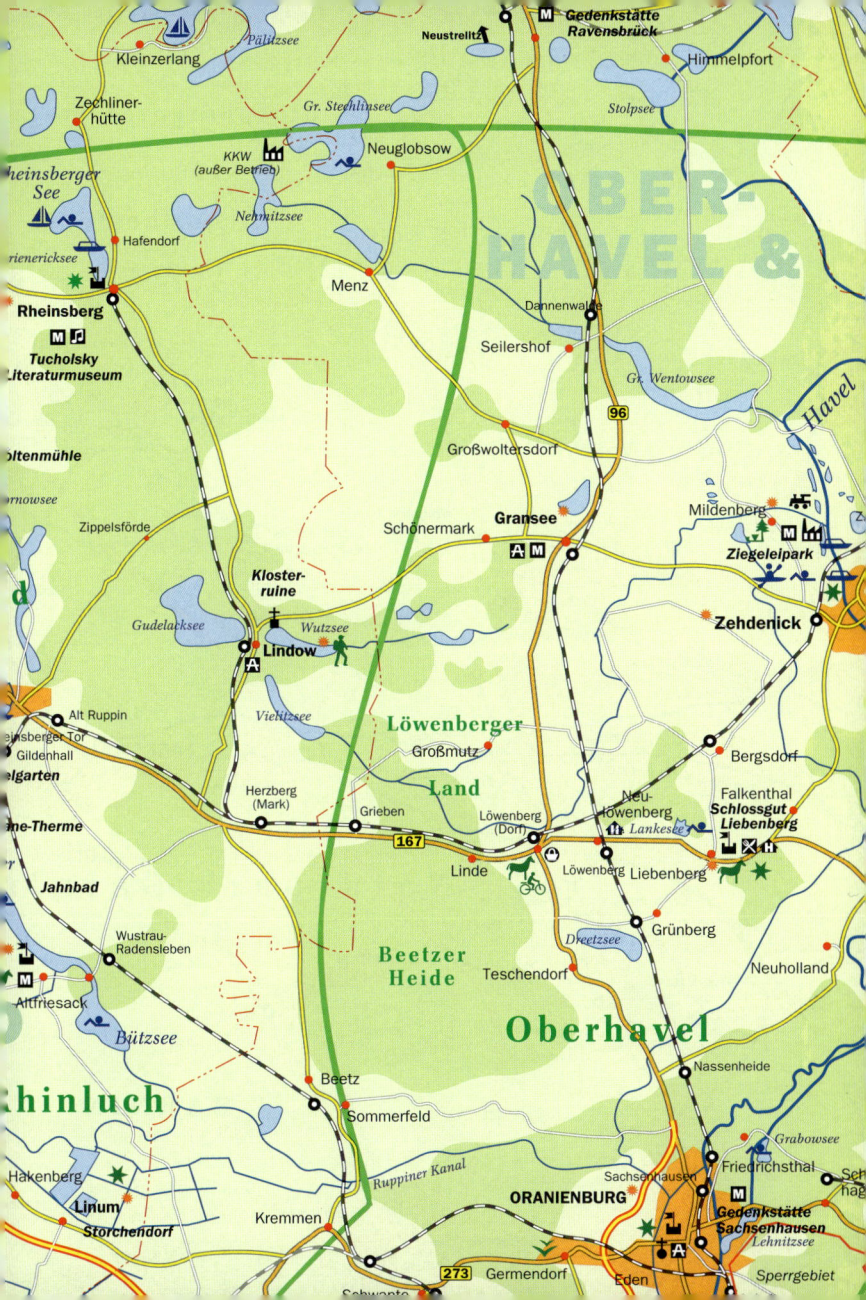

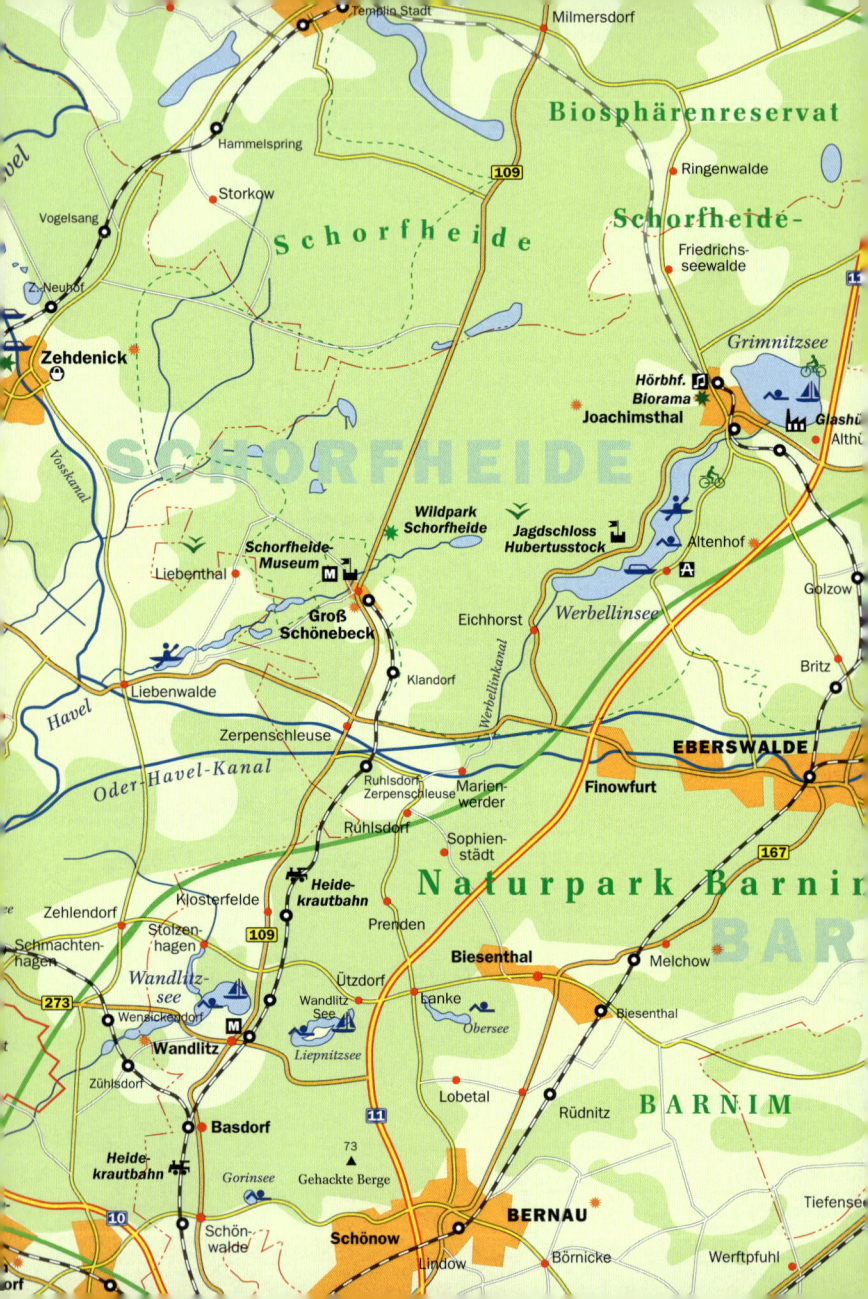

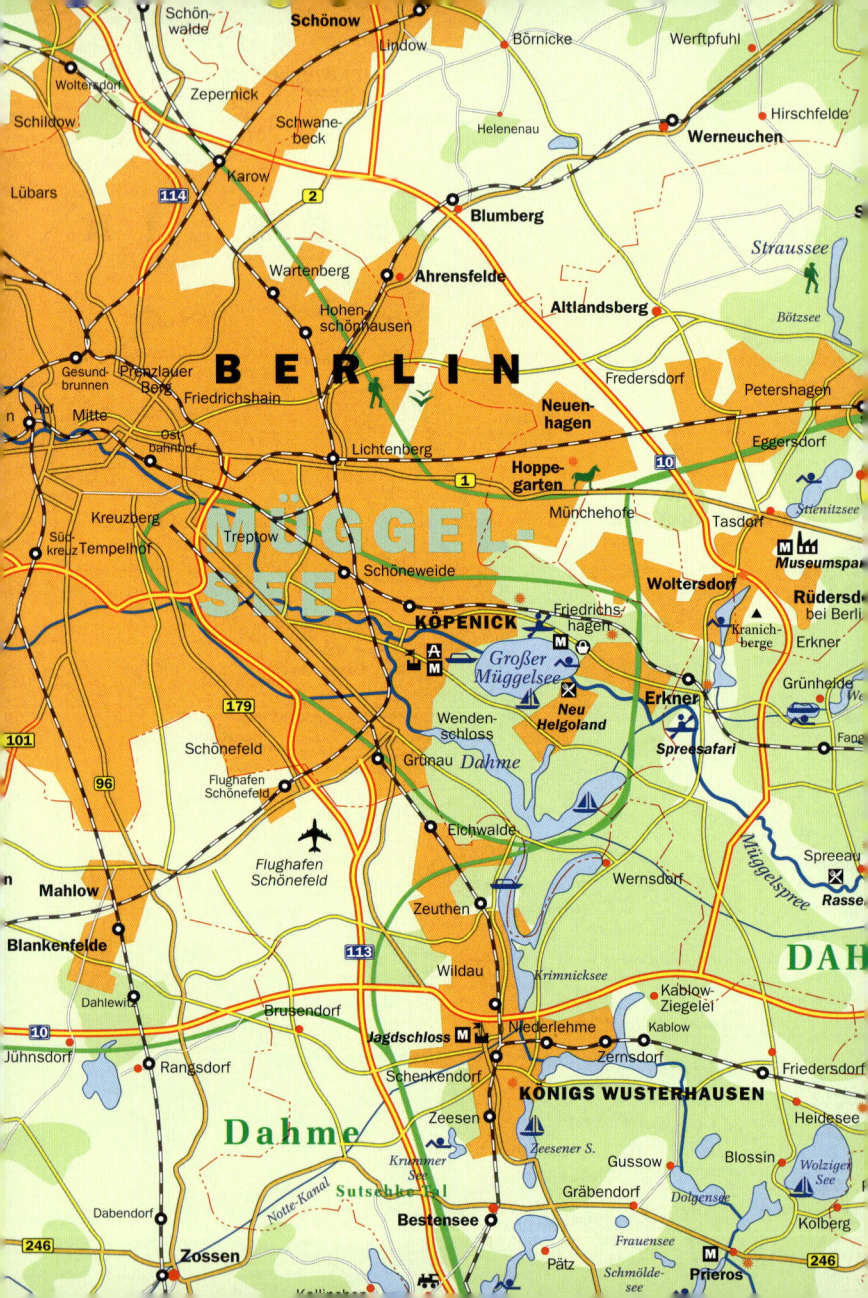

SCHWEIZ

Neutrebbin

Letschin

Prötzel

Ihlow

Reichenberg

Grunow

MÄRKISCHE

Altfriedland

Klosterdorf

130 Krugberg

Neuhardenberg

-Platkow

Ruhlsdorf

Schermützel-
see

Pritzhagener
Mühle

Buckow

Schloss

Brennerei

Wulkow

Gusow-

M

Garzin

Brecht-Weigel-Haus

Sperrgebiet

Zinnfigurenm.

M

Seelow-
Gusow

Gr. Klobichsee

SCHWEIZ

Garzau

Waldsieversdorf

Gr. Däbersee

Alt
Rosenthal

Seelow

Obersdorf

Trebnitz

Müncheberg

1

Maxsee

Stobber

kendorf

ffindustrie

Kagel

Liebenb.
See

DAHME-SEEN &

Falkenhagen

Georgenthal

Hangelsberg

Steinhöfel

N

3 km

© pmv PETER MEYER VERLAG

Berliner

Dom

Bergenbrück

Spreenhagen

M T

Spree

FÜRSTENWALDE

296/297

143

12

Markgrafensteine

Petersdorf

Urstromtal

Rauner Berge

SaarowTherme

Bad Saarow

Neu
Boston

Dorsch

Storkow
(Mark)

Pieskow

Bad Saarow Strand

ia

Groß
Schauen

Scharmützel

Gr. Storkower
See

see

Diensdorf-
Radlow

Erlebniswelt
Fischerhof

Hubertshöhe

Herzberg

Rietz

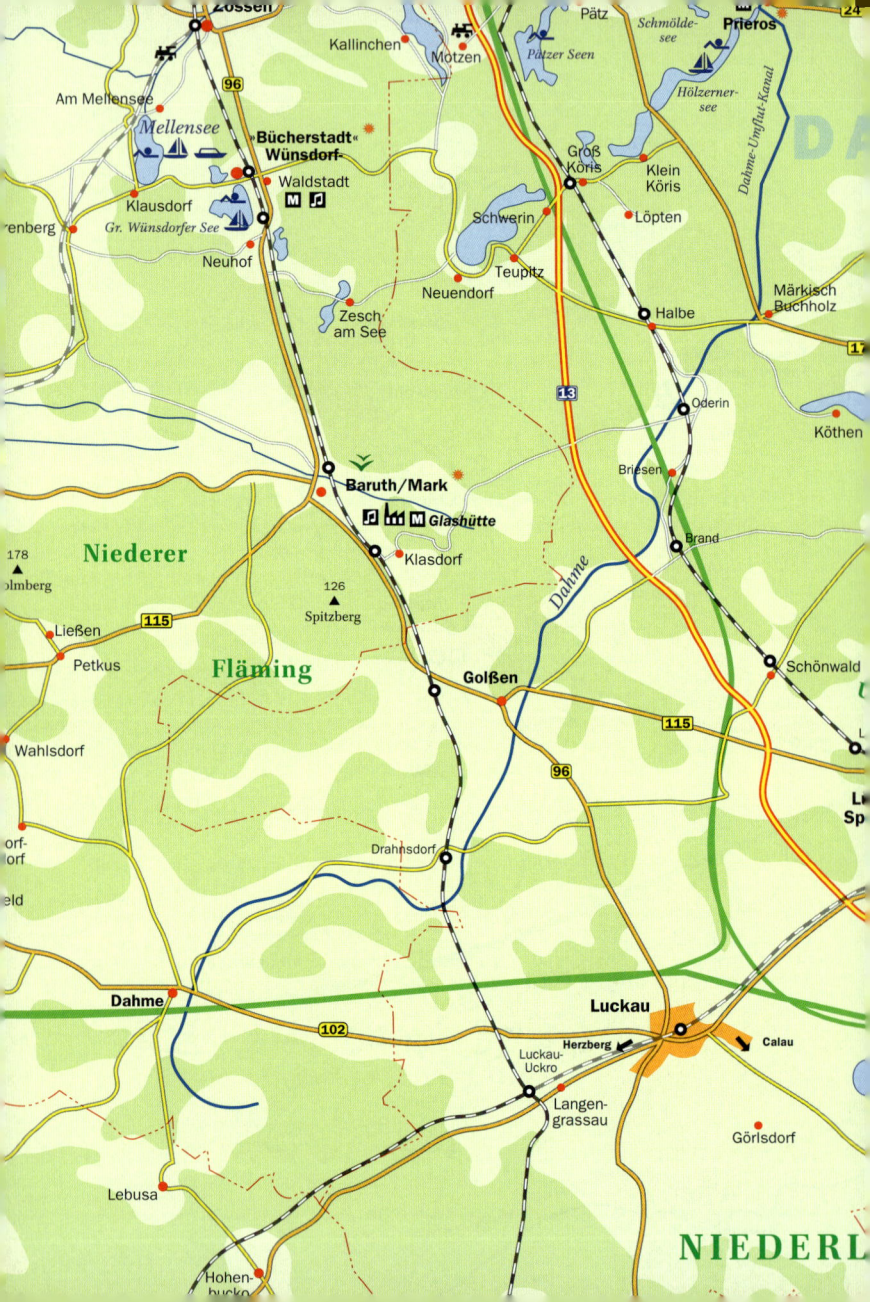

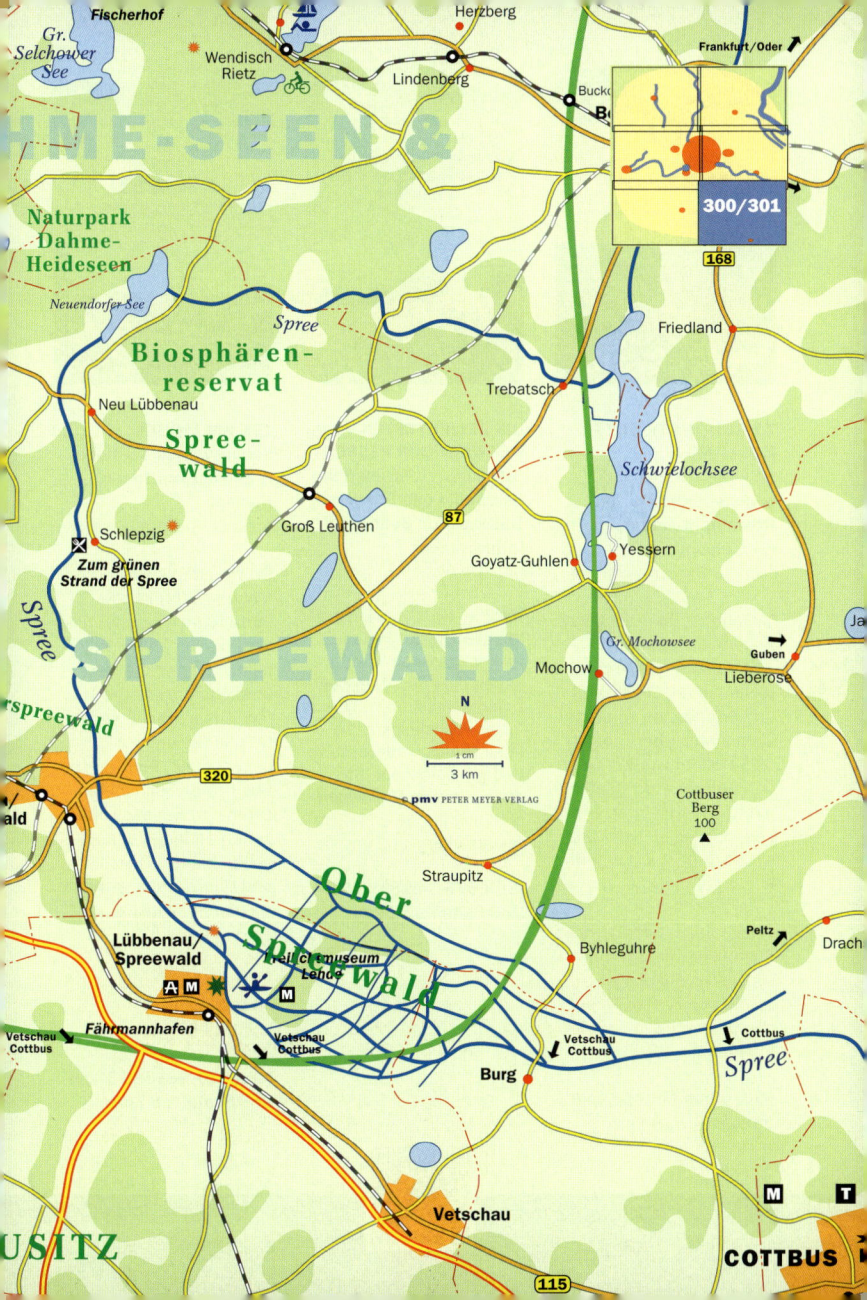

77 SCHÖNSTE ORTE HOLLAND
Schlösser, Parks und sehenswerte Orte. Mit Restaurant- und Hotelempfehlungen
Monika Diepstraten

Holland ist überraschend anders. Dieses Buch zeigt, was es jenseits von Windmühlen, Grachten und Sanddünen zu entdecken lohnt. Übersichtlich und modern werden Orte und Sehenswürdigkeiten mit allen Reiseinfos und besonderen Einkehr- und Unterkunfttipps auf den Punkt gebracht.

Für Urlauber, Grenzgänger, Ausflügler mit Lust auf die schönsten Sehenswürdigkeiten und besten Tipps aus Gastronomie und Hotelerie.

ISBN 978-3-89859-180-5
256 Seiten; 18 Euro

DIE BELIEBTESTEN WANDERWEGE DER HESSEN
30 Touren zwischen Reinhardswald und Odenwald. Das Buch zur Sendung des hr-fernsehens
Annette Sievers

Welcher ist der beliebteste Wanderweg der Hessen? In einer großen Aktion haben die Zuschauer des hr-fernsehens abgestimmt: 30 abwechslungsreiche, landschaftlich interessante und wunderschöne Strecken aus dem Bundesland sind nun in Film und Buch festgehalten.

ISBN 978-3-89859-327-4.
256 Seiten, 18 Euro.

199 KM MOSEL
Sehenswertes, Ausflüge & Einkehr von Trier bis Koblenz
Annette Sievers (Hrsg.)

Ob Weinbergswanderung, Moselschifffahrt oder Porta Nigra – wer mit diesem prall gefüllten Reiseführer aufbricht, erlebt abwechslungsreiche Touren. Ansprechend gestaltet und hintergründig beschrieben, führt dieses Buch zu den schönsten Orten und Sehenswürdigkeiten entlang der deutschen Mosel, Einkehr- und Übernachtungsmöglichkeiten inklusive.

»So viel Genuss auf 256 Seiten ist kaum zu überbieten.«
Literatur-Report

ISBN 978-3-89859-310-6
256 Seiten; 18 Euro